KB274801

한승헌 변호사
스피치의 현장

한승헌 변호사 스피치의 현장

초판 1쇄 2010년 9월 27일

지은이 한승헌
펴낸이 김석규 **담당PD** 이경주 **펴낸곳** 매경출판(주)
등 록 2003년 4월 24일(No. 2-3759)
주 소 우)100-728 서울 중구 필동1가 30번지 매경미디어센터 9층
전 화 02)2000-2631(출판팀) 02)2000-2636(마케팅팀)
팩 스 02)2000-2609 **이메일** publish@mk.co.kr
인쇄·제본 (주)M-print 031)8071-0961

ISBN 978-89-7442-685-9
값 15,000원

한승헌 변호사

스피치의 현장

매일경제신문사

단상의 스피치와 단하의 공감

　세상이 변해감에 따라 행사도 많아지고 그만큼 연설도 많아졌다. 사회적 지위가 높은 사람이나 무슨 명사쯤 되어야 마이크 앞에 서는 것으로 알았던 시절은 지나갔다. 지금은 모두에게 연설의 기회가 열려 있다. 다소 딱딱하고 웅장한 느낌을 주는 연설이라는 말 대신—연설이라는 표현이 어울리지 않는 자리도 있기에—이번 글에서는 편의상 '스피치'라는 말을 썼다.

　나도 사회생활을 하면서 공직을 넘나들다보니 이런저런 행사에서 스피치를 (해야)할 기회가 적지 않았다. 내가 행사의 주최측이거나 주인공인 경우도 있고, 반대로 외부 행사에 초청을 받아 스피치를 하게 된 경우도 있다. 스피치는 말이니까 즉석 발언(애드리브)을 해도 되지만, (따라서 그 내용을 미리 글로 써야 할 까닭은 없겠지만) 사전에 내용과 표현을 다듬어보는 의미에서 원고를 준비하는 것은 바람직한 일이다. 행사의 성격에 따라서는 정중한 낭독을 해야 할 때도 있기 때문이다. 그래서 나는 되도록 원고를 준비하는 편이며, 그렇게 하기를 권하고 싶다.

스피치 원고는 누가 쓰는가? 스피치를 할 사람(스피커) 본인이 쓰는 경우가 있는가 하면, 남이 써주는 것을 읽기만 하는 경우도 있다. 물론 절충 형식도 없지는 않다. 나는 '직접 작성형'에 속한다.

공직 또는 민간 기관·단체의 장으로서는 밑에서 작성한 원고에 따르는 수도 있었지만, 부적당하거나 미흡한 대목은 직접 손질을 하곤 했다. 아니, 처음부터 내가 기초를 할 때도 많았다. 하물며 개인 자격으로 하는 스피치는 말할 나위도 없었다. 원고를 썼다고 해서 모두 낭독을 한 것은 아니고, 다만 사전에 발언 내용을 정리하고 다듬어보는 글을 써 봄으로서 일종의 예습을 하는 것이었다.

그렇게 하다 보니 내 컴퓨터에는 어느새 스스로도 놀랄 만큼 많은 스피치 원고가 쌓이게 되었다. 거의 다 기억할만한 내력과 사연이 담긴 글들이었다. 단 한 번의 스피치와 함께 묻혀버리기에는 그 글들이 좀 아깝다는 생각이 들었다. 그래서 자칫 일회용으로 끝날 뻔한 원고들을 출력하여 이번에 한 권의 책으로 꾸미게 되었다. 그리고 출판사 측의 희망에 따라 스피치(또는 연설문 작성)의 일반론과 '체험을 통한 길잡이'를 새로 써서 보완하였다.

행사 스피치라고 해도 그 성격상 여러 가지가 있기 마련이다. 내가 남겨놓은 스피치 원고를 취합해보면 1) 축사(기관·단체 행사, 출판기념회, 문화·학술 등 행사), 2) 조사·추모사·추모강연·고유문, 3) 기념사와 인사말씀, 4) 격려사·헌정사·덕담, 5) 취(이)임사와 수락연설 그리고 답사, 6) 건배사, 7) 주례사 등으로 분류할 수 있다.

신분과 입장에 따라서 성격이 다른 스피치가 얼마든지 있을 수 있지만, 크게 나누어보면 우리들의 귀에 익숙해진 애·경사(즉 애사 또는 경사)라는 말로 요약할 수가 있다. 인간사와 세상사가 희로애락으로 점철되었다고 본대도 이야기는 별로 달라지지 않는다. 노(怒)에 속할 법한 규탄·성토대회, 반대·비판 집회, 공격적 선동적 발언 등이 '애·경사' 아닌 제3형으로 추가된다고나 할까?

그러면 그런 스피치 원고는 어떻게 써야 하는가?

아리스토텔레스는 스피치 준비에 관하여 첫째 고안(Invention), 둘째 배열(Arrangement), 셋째 스타일(Style) 정하기, 넷째 암기(Memorization), 다섯째 전달(Delivery)의 다섯 단계 나누는 방법론을 제시했다. 수긍할 만한 의견으로 보인다. 스피치 원고 작성을 놓고 말할 때, 거기에 무슨 일률적인 요령이나 비결이 있다고는 생각지 않는다. 의례문(儀禮文)의 틀이 없는 것은 아니지만, 그렇다고 궤도차량 같은 레일만 있는 것은 아니다. 따라서 나는 스피치 원고 작성의 일반적 요령 같은 것을 말할 생각은 없고, 다만 내 체험과 생각을 중심으로 해서 유의사항 몇 가지를 정리해보기로 한다.

첫째로, 밑에서 써 올리는 원고를 그대로 낭독만 하지 말고, 사전에 검토를 하여 '내 의견'을 반영토록 한다. 미리 스피치의 내용에 관한 지침을 내리는 것도 바람직하다.

둘째, 직접 문안을 작성할 경우에도, 이번에는 역으로 참모들의 검토를 거쳐 사실관계의 착오 등을 막도록 한다.

셋째로는 품위와 격조를 살려나가되, 너무 사무적이거나 통속적인 표현 또는 어려운 말은 피하도록 한다.

넷째, 연설문은 말하기를 위한 글이므로 문어체로 쓰지 말고 구어체를 살려서 쓴다. 그리고 한 문단을 너무 길게 쓰지 않아야 말하기도 좋고 듣기에도 신선하다.

다섯째, 감동을 주거나 기억에 입력될만한 이야기를 한두 군데 삽입해 놓는다. 그 내용은 구체적일수록 좋다.

여섯째, 아무리 내용이 좋아도 너무 딱딱하면 감점이다. 쉬운 말과 해학을 배합하여 장내 분위기를 장악할만한 유머를 활용하면 금상첨화다.

일곱째, 주최측의 희망하는 제한 시간을 넘기지 않도록 원고 분량을 미리 측정해서 (중요한 행사에는) 오디션을 해본다. 눈치 없이 장황하게 말을 늘어놓는 것은 반칙이다.

여덟째, 낭독이 아닌 암기 발언일 적에는 설령 기억이 막히더라도 머뭇거리거나 당황하지 말고 말의 맥을 이어가며 흐름을 살린다.

아홉째, 사전 원고나 원고에 의한 예습이 없는 경우에는 열쇠 말 몇

마디를 종이나 머릿속에 메모했다가 스피치의 골격으로 삼으면 효과
적이다.

　이렇게 한 권의 책으로 묶어놓고 보니, 스피치 현장의 재생 같아서
감회가 새롭다. 그리고 그 현장에서 치러졌던 행사의 의미가 되살아
나는 느낌마저 든다. 이 변변치 못한 책이 만인스피치시대를 살아가
는 독자 여러분께 조금이라도 도움이 된다면 망외(望外)의 보람으로
알겠다.

　이 책을 간행하는 데 노고를 다해주신 매일경제출판의 김석규 대표
님과 이경주 PD님 그리고 창조게릴라의 김은주 대표님에게 감사를 드
린다.

한 승 헌 씀

축사Ⅱ 출판기념회

4장 조사·추도사·추모 강연·고유문
| 체험 중심의 길잡이 | ······ 158

인사말씀Ⅱ·기념사 민간행사의 주최 측 또는 주인공으로서

건배사·송년사

10장 주례사

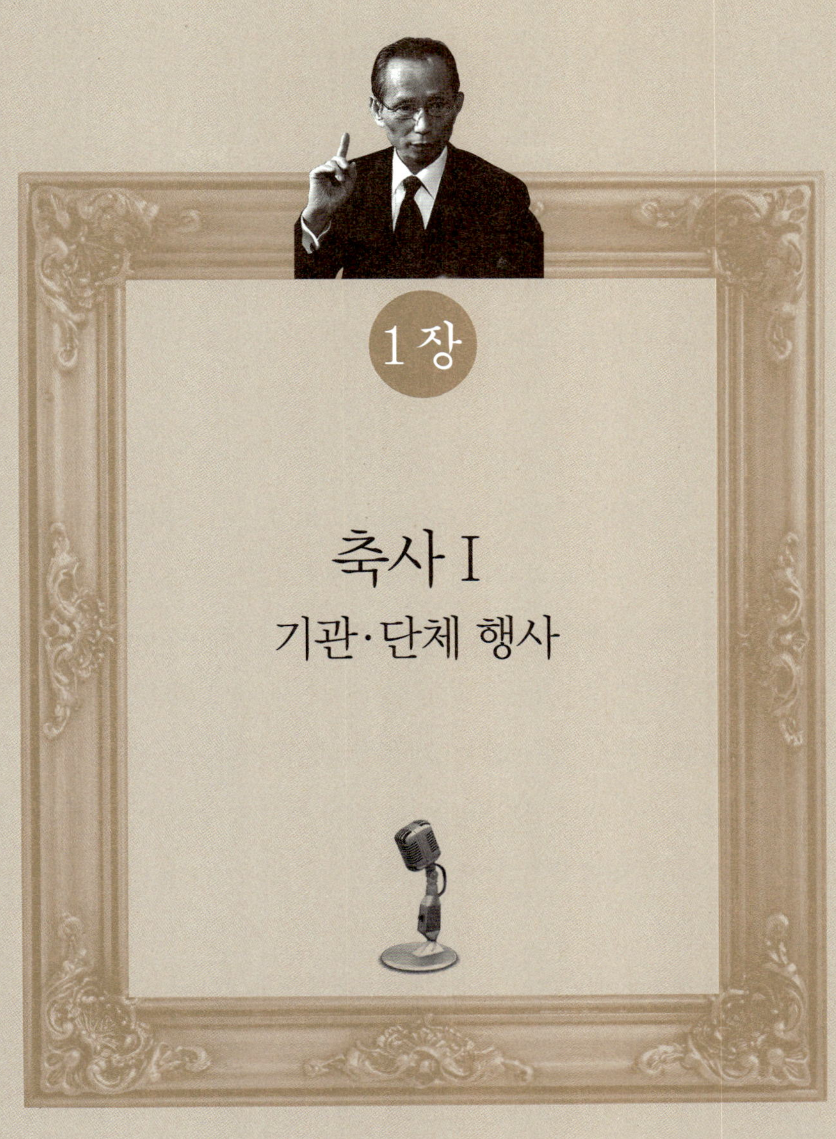

축사 I

기관·단체 행사

기관이나 단체가 주최하는 각종 행사에서 축사를 하는 경우에는 두 가지가 있다.

관련 기관 또는 단체의 장(또는 CEO)으로서 축사를 하는 경우와 업무 관련 여부 간에 외부행사에 개인 자격으로 축사를 하는 경우이다. 전자의 경우에는 조직 안의 당무자가 써주는 축사를 그대로 낭독하는 수가 많아, 축사를 하는 CEO 자신의 개인 생각이 개입할 여지가 별로 없다. 물론 CEO가 내용을 수정하거나 수정을 명할 수는 있으나, 공적 기관 사이의 축사는 대개 틀이나 내용이 정형화되어 있어서 융통성이 별로 없는 편이다.

반면, 기관장의 자격이 아닌 개인으로 축사를 하는 경우에는 기존의 틀에서 벗어난 개성 있는 표현을 구사할 수 있다. 이 장(章)에 실린 축사는 거의 내가 개인 자격으로 한 것들이다. 그러나 조금만 살펴본다면, 당시 현직은 아니었더라도 나의 종사 분야나 전직과의 상관성 때문에 축사 의뢰를 받은 사례들이 많았음을 알 수 있다. 그러기에 나의 전문성이 축사를 내실 있게 하는 밑천이 되기도 하고, 어느 정도 개성 있는 표현과 감성까지 배합할 수 있어서 좋았다.

기관·단체의 행사는 축사 의뢰를 전후해서 관련 자료를 보내주는 것이 보통이다. 그러나 그렇지 않을 때는 보내달라고 요청을 해서 행사의 내용과 성격을 정확히 파악하여 축사를 준비하도록 해야 한다. 미리 작성해서 낭독을 할 것인가, 또는 그냥 말로 할 것인가를 정하되, CEO의 자격으로 하는 축사는 대개 서면으로 준비하는 경향이 있다.

드물기는 하지만, 예정에 없었는데 현장에서 호명 당하여 즉석 축사를 한 경험도 있다. 혹시 그럴 위험(?)이 있는 모임에 갈 때에는 만일의 경우에 대비해서 머릿속에 간략한 준비를 해두기도 한다. 준비 없는 스피치가 오히려 길어지는 수도 있는데, 짧게 하는 편이 득책이다. 행사 기관의 CEO만 칭송하지 말고 그 임원·간부나 구성원들의 공로도 함께 치하하는 것이 좋다. 축사의 경우에도 유머러스한 대목이 좀 들어가야 지루하지 않고 분위기도 밝아진다.

내 모교의 서거석 총장 취임식 때 가서 축사를 했을 때의 이야기이다. 나는 "훌륭한 인물을 거물 또는 거목이라고 하는데, 우리 대학의 총장님은 거목보다 단단한 거석이십니다"라고 하여 장내를 웃졌다. 대한배구협회 상임고문이라는 난데없는 직함을 받은 내가 회장 취임식에서 즉석 축사를 요청받았다. 몇 번 사양하다 결국 단상으로 올라가 입을 열었다. "여러분, 제가 왜 여기 올라왔는지 아십니까? 모르시지요? 사실은 저도 잘 모르겠습니다." 장내는 폭소로 뒤덮였다.

이런 일화도 있다. 내 주치의인 의대 교수의 정년퇴임 때에는 "M 박사 같은 명의(名醫)의 정년 축하행사에는 마땅히 '환자대표'의 축사가 있어야 되지 않겠습니까?" 하고 '자가발전'을 하기도 했다. 여성단체의 행사에 가서는 '나는 독재정권 시절부터 줄곧 친여세력이었다' 라고 커밍아웃을 했더니, 참석자들의 눈빛이 달라졌다. 구차한 해설을 했다. "그렇게들 한문을 모르십니까? 계집녀(女)자 친여 말입니다." 유식한 여러 말보다 이처럼 단순하고 재치 있는 한마디의 말이 현장의 분위기를 살려주는데 훨씬 효과적일 수 있다.

'친여세력'이 됩시다

한국여성기금추진위원회 발족식 축사(1999.12.6.)

　저는 이 땅의 남성들에게 모두 '친여세력'이 되자고 호소하기 위해서 이 자리에 나왔습니다. 저는 오래 전부터, 그러니까 군사독재 정권 시절에도 친여세력 내지 친여인물이었습니다. 조금도 빈말이 아닙니다. 농담은 더욱이나 아닙니다. 저의 그런 친여성향은 세상에 별로 알려진 적이 없습니다. 이 말을 듣고서 혹시 배신이라고 흥분하거나 의외라고 생각하는 분들을 위해서 굳이 한자로 쓰자면 '계집 녀' 자를 쓴 친여세력(親女勢力) 이렇습니다.

　이제 납득이 되셨을 줄 믿습니다. 무릇 여성을 위하는 일이 남성의 무슨 선심처럼 보여서는 안 됩니다. 소박하게 생각해서 우리 할머니, 어머니, 아내, 딸이 모두 여성이고 보면, 그들에 대한 우리의 사랑은 바로 우리 자신의 도리이자 책무가 아니겠습니까. 그러기에 저는 '한국여성기금' 의 확보도 곧 여성만의 일이 아니라고 믿고 있습니다. 우리가 진정 건강하고 정의로운 사회를 갈망할진대, 국민의 '절반' 인 여성에게도 공평한 미래를 보장해 줄 수 있는 큰 밑천을 마련해야 합니다.

그 밑천, 혹시 '밑천' 이라는 말이 고상하지 않다면 '기반' 이라고 할까요? 그런 밑천 또는 기반이 이번 '여성기금' 의 모금을 통하여 더욱 넓혀지고 튼튼해지기를 기대합니다. 여기에는 남성 여러분의 자발적인 참여가 아주 절실합니다. 그런고로 저는 이번 계제에 우리들 남성 모두가 '친여세력' 이 되어 여성의 미래를 위해서 힘을 모아 줄 것을 간곡히 당부합니다. 그것이 바로 남성 자신을 위해서도 큰 축복이 되리라는 것을 저는 확실하게 보증합니다.

아무쪼록 앞으로 여성기금의 모금과 배분이 바르고 투명하게 이루어짐으로써 이 땅의 평등사회를 이룩하는 데 크게 이바지하는 사업으로 발전되기를 간절히 바라면서, 국민여러분의 뜨거운 성원과 참여를 호소합니다. 감사합니다.

사형제도 완전 폐지의 그날까지

국제앰네스티 한국지부·사형폐지범종교인연합, 사형폐지국가선포식 축사(2007.10.10.)

누가 뭐라 해도 역사는 전진하고 있습니다. 오늘 이 모임에서도 우리는 그 이치를 다시금 확인할 수 있습니다. 법의 이름에 가탁하여 사람의 목숨을 함부로 빼앗던 사법살인과 같은 권력의 야만에서 벗어나는 시대가 이 땅에도 열린 것입니다.

여기까지 오는 동안, 사형의 존폐를 둘러싼 오랜 논쟁 속에서 생명형의 폐지를 주장하는 많은 선구적 외침들이 있었습니다. 1970년대 초, 국제앰네스티의 사형폐지운동에 참여했던 한 사람으로서 오늘의 감회를 여러분과 함께 나누어 간직하고 싶습니다.

사상, 체제, 권력, 응보관념 따위의 도그마에 끌려 벌이는 야만 속에서 법과 판결로 포장한 살인은 이제 없어져야 합니다. 사형폐지를 주장하는 한 편의 글 때문에 반공법으로 묶여 법정에 서야 했던 변호사가 있었습니다. 사형폐지를 주장하는 것은 곧 북괴 간첩의 사형을 반대하는 것이니 용공 이적이라는 논리 아닌 논리였습니다. 법원조차도, 심지어 대법원조차도 유죄판결을 내렸습니다.

사형폐지는 주장만 해도 범죄라는 그런 시대를 밀어낼 수 있었던 것은 인간의 존엄을 살리려는 꾸준한 싸움과 어이없는 희생으로 얻어낸 귀결이었다고 하겠습니다. 사형제도를 그대로 둔 입법자의 과오 못지않게, 그런 극형을 거부하지 못한 사법의 과오 또한 무겁게 보아야 합니다. 여기서 우리는 인혁당사건을 잊을 수가 없습니다. 그런데 참으로 역설적이게도 그와 같은 사법살인의 희생자가 있었기에 사법살인의 추방에 함성이 더 높아지게 되었습니다.

오늘 우리가 '10년 동안 사형 집행을 하지 않은 사실상의 사형폐지국가' 가 될 수 있게 해준 국민의 정부와 참여정부의 두 분 대통령에게 감사와 경의를 표하고자 합니다. 그 두 분 대통령의 남다른 생명 존중의 의지가 없었다면 오늘의 이 자리 또한 있을 수가 없었을 것입니다.

세계의 많은 나라들이 그러했듯이 이제 우리나라도 사형을 제도상

     한승헌 변호사 스피치의 현장

으로 아주 없애는 나라가 되어야 합니다. '사실상 폐지국가'에서 '법률상 폐지국가'로 격상해야 합니다. 그것이 문명국가의 귀결점이자 자랑입니다. 사형의 완전 폐지를 걱정하시는 국민들은 이미 사형을 폐지한 여러 선진국들의 실태를 알아보시면 생각이 달라질 것으로 믿습니다. 국가의 형벌은 사람을 살려놓은 상태에서 과하는 제도입니다. 법에 의한 생명 박탈은 법의 영역을 넘어선 죄악입니다.

이제 그런 야만으로부터 인간의 존엄을 지킬 수 있을 만큼 우리 국민은 성숙해졌습니다. 상황도 많아 달라졌습니다. 바로 이 자리가 그런 변화를 증명해주고 있습니다. 지금까지 지속적으로 사형폐지운동을 벌이고, 또 그에 참여 성원해주신 각계의 여러분께 감사와 격려를 보내고자 합니다.

아무쪼록 국회는 지금 계류 중인 사형폐지특별법을 하루 속히 통과시켜야 합니다. 앞으로 제도상으로 사형이 폐지되는 그날까지 오늘 확인된 이 결집된 힘과 열기를 살려나감으로써 이 땅에서 사형제도를 궁극적으로 추방합시다. 그리고 그런 숭고한 목적이 이루어고 나서, 그 일을 기념하는 뜻 깊은 자리에서 우리 다시 만납시다.

사법살인에 의해서 고귀한 생명을 빼앗긴 분들의 명복을 빌며, 그 유족들에게 위로의 말씀을 드립니다.

양심수와 압제 없는 세상을 향하여

국제앰네스티 한국지부 창립 30주년 기념식 축사(2002.3.28.)

오늘, 국제앰네스티 한국지부 창립 30주년을 진심으로 축하드립니다. 1972년 3월 바로 오늘, 국제앰네스티 한국위원회가 출범할 때 창립 이사로 참여했던 한 사람으로서, 결코 평탄하지 못했던 지난날을 뒤돌아보며 남다른 감회를 느끼게 됩니다.

두루 아시는 바와 같이 국제앰네스티는 전 세계의 양심수를 돕는 국제민간인권기구로서, 1961년에 탄생한 이후 오늘에 이르기까지 온 지구상의 정치적 탄압과 권력적 야만에 맞서 인간의 존엄을 수호하는 힘겨운 소임을 다해 왔습니다. 앰네스티가 표방한 양심수의 석방, 사형의 폐지, 고문의 철폐, 공정한 재판의 촉구, 수감자 처우의 개선 등은 민주주의와 인권, 그리고 인간의 존엄과 자유를 갈망

한승헌 변호사 스피치의 현장

하는 온 인류의 보편적 염원에 부합하는 목표였습니다.

지금부터 30년 전, 이 땅에 국제앰네스티의 깃발이 처음 펄럭이게 된 것도 당시의 어둡고 숨 막히는 국내 정치 상황과 무관하지 않았습니다. 박정희 유신정권의 반민주적 탄압으로 많은 사람들이 고통 받던 그 시절에, 앞서 말씀드린 바와 같은 앰네스티의 이념과 목표는 뜨거운 호응을 얻기에 족했습니다. 바로 이 국내 정세의 특수성 때문에 앰네스티의 이른바 '자국문제 개입 금지의 원칙' 과의 갈등을 겪어야 했던 경험도 있었습니다. 또한 당시의 독재권력으로부터 반정부 단체로 낙인찍혀 온갖 핍박을 당하기도 했습니다.

그런 시련 속에서도 한국앰네스티는 AI(Amnesty International)가 지향하는 본래 목표에 합당한 많은 활동을 해왔습니다. 이 나라 각계의 지도급 인사와 양심적 시민들이 앰네스티의 깃발 아래 모여들어 참으로 어렵고 험난한 여건을 무릅쓰고 참여와 성원을 아끼지 않았습니다.

그러나 1980년 봄, 정치군부의 내란으로 5.17과 5.18이 터졌을 때, 한국앰네스티에도 검거와 수색의 마수가 미쳤습니다. 한때는 한국앰네스티의 소재지가 런던으로 표시되기도 했고, 사무실은 폐쇄되고 조직은 마비되는 비운을 겪기도 했습니다. 그런 광기 어린

폭풍 속에서도 '철조망에 둘러싸인 촛불(AI의 로고)'은 아주 꺼질
수가 없었습니다. 이런저런 우여곡절을 겪으면서 한국앰네스티는
오늘날 보듯이 재건과 발전의 역사를 이룩했습니다.

저는 이 자리를 빌어, 한국앰네스티의 맥을 이어오신 한국지부의
허창수 지부장님을 비롯한 임원·회원, 그리고 후원자 여러분께 경
의와 감사를 드리고자 합니다. 아울러 많은 기대와 당부의 말씀도
드리고 싶습니다.

지금 지구의 여러 곳에서는 여전히 인간의 존엄과 권리가 짓밟히
고 있으며, 전쟁과 기아로 생존권 자체가 허망하게 되어가고 있는
가 하면 국내에도 앰네스티가 오히려 캠페인과 시정 요구의 대상이
될만한 문제들이 적지 않기 때문입니다.

이번에 《한국앰네스티 30년 약사》를 발간하고 세계인권포스터
전시 등 행사를 갖게 된 것도 매우 뜻있는 일입니다.

앞으로 한국앰네스티가 정의와 양심을 지키고자하는 많은 사람
들의 마음에 보다 깊이 뿌리를 내리고 역동성을 넓혀 감으로써 더
욱 위대한 발자취를 남길 수 있기를 간절히 바라마지 않습니다.

세계를 향한 사랑의 손길

월드비전 창립 52주년 기념식 축사(2002.10.4.)

우리는 6.25전란으로 황폐했던 이 땅에 사랑의 횃불을 올린 선명회를 기억합니다. 선명회 합창단의 그 귀여운 모습들을 잊지 못합니다. 바로 그 선명회가 '월드비전'이 되어 창립 52주년을 맞게 된 것을 충심으로 축하드립니다. 선명회시대를 거쳐 오늘의 월드비전이 있기까지 헌신해 오신 역대 임직원과 많은 참여자 여러분들께 흠모와 감사의 정을 금할 수 없습니다.

또한 오늘의 이 뜻 깊은 행사를 마련하신 오재식 회장님, 그리고 관계자 여러분께 경의를 표합니다. 아울러 이 자리를 함께 하신 각계의 여러분께도 진심으로 반갑다는 인사를 드립니다.

일전에 《월드비전 한국 50년사》를 읽고 놀라움과 더불어 큰 감동을 받았습니다. 그리고 월드비전의 손길은 곧 하느님의 손길이었다는 생각이 들었습니다. 한국전쟁 중 전쟁고아와 미망인을 돕는 초기 사업이 눈물겨웠다면, 이제 해외의 수많은 어린이들을 돕는 세계 최대의 기독교사회복지기관으로 성장했으니 얼마나 자랑스러운 일입니까.

바로 오늘도 월드비전은 세계를 향한 사랑의 손길을 멈추지 않고, 아사 위기에 처해 있는 아프리카의 어린이들을 위한 모금행사를 열고 있습니다. 인종과 국적을 초월한 숭고한 사랑의 모금행사가 좋은 성과를 거두게 되기를 빕니다. 시민 각계의 여러분께서도 이 보람 있는 행사에 정성을 다하여 참여하시기를 권면합니다.

지난날 우리가 전쟁의 폐허 속에서 헐벗고 굶주림에 시달릴 때, 해외 여러 나라로부터 온정이 끊이지 않았던 사실을 잊어서는 안 됩니다. 이제는 우리가 그들의 은혜에 보답하는 의미에서 뿐 아니라 그리스도의 참사랑을 실천하는 의미에서도 마땅히 우리 사랑의 손길을 세계로 향하여 뻗쳐야 할 것입니다.

아무쪼록 월드비전이 펼치는 이 사랑의 운동이 지구상에서 굶주림과 질병, 그 밖의 고통이 사라지는 날까지 지속되기를 바랍니다. 월드비전의 끊임없는 발전과 임직원 및 후원자 여러분의 건승을 기원합니다.

환자 대표(?)의 감사와 축원

연세대학교 의과대학 민진식 교수 정년퇴임행사 축사(2002.8.24.)

민진식(1937~2004) 의학자, 의사. 연세대학교 의과대학 교수, 대한외과학회 회장. 연세대 세브란스병원 암센터 원장. 대한암학회 회장

존경하는 민진식 교수님께서 어느 사이에 정년을 맞으셨다는 것이 믿어지지 않습니다. 지난 40년간 봉직하신 정든 연세의료원 세브란스병원을 떠나시게 된 것이 그동안 선생님의 인술로 건강을 유지해 온 환자의 한 사람으로서 무척이나 애석합니다. 그리고 선생님의 남다른 헌신에 대해 감사와 경의를 표해 마지않습니다.

박사님께서는 참으로 긴 세월을 연세의료원 세브란스병원에서 외과의로 봉직하셨습니다. 많은 사람의 소중한 목숨을 구하고, 병의 고통에서 벗어나게 해주심으로써 고귀한 인술을 실천해오셨습니다. 동시에 연세대학교 의과대학 교수로서 후학의 양성에도 커다란 공헌을 하셨습니다. 뿐만 아니라 해외 여러 나라의 저명한 대학 및 연구소의 객원교수 또는 방문교수로서 한국의 의학 수준을 온 세계에 과시하셨습니다. 연세암센터병원 원장, 대한암학회 회장, 대한외과학회 회장을 역임하시면서 많은 업적을 남기신 것도 우리가 익히 알고 있습니다.

이처럼 민 박사님은 의료 활동에서는 물론이고, 학술연구와 학회 활동을 통하여 국내외에서 널리 높은 평가를 받아왔습니다. 실로 민 박사님은 진료와 교육, 그리고 연구 등 여러 방면에서 찬연한 발자취를 남기셨습니다. 제 자신과 가족도 민 박사님께서 보살펴주신 은덕으로 지금까지 건강하게 살아왔습니다. 실로 민 박사님은 많은 사람들의 생명의 은인이자 건강의 파수꾼이 되어주셨습니다. 저는 민 박사님을 상록수에 비유하곤 합니다. 그리고 푸른 상록수처럼 많은 분들의 존경과 감사의 대상이 되셨습니다.

의사와 변호사는 다 같이 프로페셔널이라고 하지만 '의사선생님' 이란 호칭은 있어도 '변호사선생님' 이라고는 하지 않습니다. '의사를 샀다' 고 말하는 사람은 없는데, '변호사를 샀다' 고 하는 말은 쉽게 듣습니다. 고명한 사람들도 아무렇지도 않게 그리 말합니다. 그렇다면 저는 40년 이상 몸을 팔아온 셈입니다. 그런 면에서 의사 선생님들이 부러우면서도 평가의 차등 역시 당연하다고 생각합니다. 세상에 권리·의무를 가려주는 일보다 생명과 건강을 지켜주는 일이 보다 성스럽기 때문입니다.

생명과 건강을 지키는 박애의 길에 정년이 있을 수는 없습니다. 더구나 법적인 정년이 활동의 정년은 아니라고 봅니다. 아니, 오랜 연륜과 경험을 바탕으로 해서 지금부터가 정말 원숙한 인술을 펴나갈 수 있는 시기라 생각합니다. 박사님께서는 비록 연세동산을 떠나시더라도 원로 의료인으로서 예전 못지 않은 많은 봉사를 하시게 될 것으로 믿습니다.

바라옵건대, 하느님께서 우리 민 박사님을 치하해주시고 축복해주심은 물론이고, 더 큰 능력을 허락하시어 더욱 보배로운 귀한 일꾼으로 써주시기를 간절히 기도드립니다. 내조에 힘을 다해 오신 사모님께도 무한한 경의를 표하고자 합니다.

추사(秋思) 민진식 박사님, 이 가을에 많은 생각을 하실 민 박사님, 감사합니다. 참으로 감사합니다. 앞으로 더욱 큰 축복과 보람과 영광을 누리시기를 빕니다.

불의한 시대에 사서 고생한 의인들이여!

민통련(민주통일민중운동연합) 창립 20주년 기념식 축사(2005.4.7.)

　오늘, 민통련(민주통일민중운동연합) 창립 20주년을 축하하는 자리에 서게 되니 지난 날 그 조직과 활동에 몸 바치신 여러분께 감사와 존경의 말씀이 앞서게 됩니다. 아울러 민통련의 염원인 민주화가 이만큼이라도 이루어진 세상을 보지 못하고 우리 곁을 홀연히 떠나가신 문익환 목사님과 계훈제 선생님을 비롯한 여러 선열 영령들께 삼가 애도와 추모의 뜻을 표합니다.

　두루 아시는 대로 민통련은 이 나라 80년대 전반기에 성장해온 부문운동과 지역운동을 하나로 결집시킨 통일전선운동의 중심세력이었습니다. 민통련은 이름 그대로 민주, 통일, 그리고 민중의 힘을 지고한 가치로 받들고, 이를 짓밟는 포악한 군사독재에 맞서 처절

한승헌 변호사 스피치의 현장

하고 강렬하게 싸웠습니다. 전 국민적인 유신헌법철폐운동, 5.3인 천항쟁, 그리고 6월민주항쟁 등에서 선도적·주도적 역할을 감당함으로써 군부정권의 퇴진과 민주정부의 출현에 크게 이바지하였습니다.

이제는 왕년에 감옥과 거리에서 싸운 투사들이 머리띠를 풀고서, 예전 말로 하자면, 제도권 안으로 진입하여 나름대로 새 시대가 요구하는 직분을 다하고 있습니다. 국가의 요직을 맡는 등 공직에 취임하여 일하는 분도 적지 않습니다. 그러나 그런 일은, 아니 그런 일들조차도 민주·통일을 지향하는 먼 도정의 징검다리 역이며, 민중이 원하는 세상에 이르는 릴레이 계주의 한 부분이라고 믿습니다.

'민통련의 핵심인사가 권력의 핵심에 진입' 운운하는 기사 제목을 읽고 격세지감을 느끼기도 했습니다. 그러나 우리는 거기서 무슨 성공이나 영광을 떠올리기보다는 또 하나의 시대를 감당해야 하는 무거운 사명을 깨달아야 합니다. 영광을 함께 하고자 하는 사람은 먼저 고난을 함께 하라는 말이 있습니다. 개인 차원의 고난의 대가나 고진감래라는 인과응보를 말하는 것은 아닐 것입니다. 고난이 우리 모두의 것이었듯 영광도 우리 모두의 것이 될 때에만 고난의 의미가 있고 영광도 가치가 있다고 믿습니다.

민통련은 반독재투쟁에 앞장서 싸울 때 오로지 나라의 민주화를 위해서 하나로 뭉쳤습니다. 그렇습니다. 우리가 군사독재 아래서 위험과 핍박을 무릅쓰고 싸울 때에는 오직 '대아' 만 생각했습니다. 그러나 일정 수준의 민주사회가 도래하여 전시가 평시로 바뀌고 투쟁의 성과가 가시화되면서 혹시라도 소아가 대아를 밀어낸 일은 없는지 우리는 자문자계해야 합니다. 민통련이 자랑하는 부문과 지역의 연합이나 통합은 나 아닌 우리, 더 크고 더 넓고 더 강한 우리를 이룩하는 위대한 '하나 됨' 이었습니다. 그때의 그 초심, 그 순정, 그 신조는 앞으로도 우리가 공유해야 할 정신적 덕목입니다.

어쩌다 서로 사이에 입장을 달리하고, 견해를 달리하고, 이해를 달리한다고 해도 '민주와 통일을 민중의 힘으로' 라는 숭고한 공통의 분모를 무너뜨려서는 안 됩니다. 아직 온전한 민주대동의 세상이 오지 않았습니다. 민중이 주인이 되는, 겨레가 하나가 되는 세상을 꺼려하고 역사의 전진을 방해하는 세력이 남아 있습니다. 혹시라도 누가 무슨 명목으로라도 그런 사람들과 한 편이 되는 일이 있다면 그는 민통련의 정신을 저버렸다는 평가를 면치 못할 것입니다.

조직으로서의 민통련은 해산되었지만, 이념이나 정신으로서의 민통련은 사라질 수가 없다고 봅니다. 변화된 시대상황에 알맞게

 한승헌 변호사 스피치의 현장

모양새나 방식이나 입지를 좀 달리할망정, 민주와 통일을 지향하는 근본 바탕은 변할 수가 없습니다.

우리 국민들이 민통련을 따르고 성원하고 높이 평가한 것은 여러분의 '사서 고생하는 의인정신' 때문이었습니다. 세상 사람들이 불의를 외면하거나 그와 맞서는 일을 선택과목쯤으로 알고 저울질할 때, 여러분은 그것을 선택 아닌 필수과목으로 알고 나섰습니다. 그로해서 불러들인 고난과 상처가 아직도 삶의 어려움으로 남아있는 그 옛날의 선배 동지들을 잊지 마시기 바랍니다. 그들의 아픔과 한숨까지도 우리 모두의 것으로 끌어안고 다시 한마음 되어 새로운 역사의 행진을 계속할 때, 민통련 여러분의 애국적 헌신은 이 나라 역사 위에 빛나는 결실의 발자국을 남기게 될 것입니다.

민통련의 투쟁에 참여했던 의인 여러분, 그리고 이 땅의 민주와 통일을 위하여 몸 바치신 선배 동지 여러분께 영광스러운 역사가 함께 하기를 빌면서 저의 말씀을 마치고자 합니다.

장애인의 인간다운 삶을 지향하여

장애인 인권헌장 선포 3주년 기념 장애인 인권상 시상식 축사(2001.12.3.)

오늘 이 행사는 저에게 조금 낯설면서 또한 감명 깊은 자리입니다. 그리고 개인적으로 많은 것을 생각케 하는 시간입니다. 우선, 장애인 인권헌장 선포 3주년을 맞이하여 지금까지 이 헌장의 이념을 구현하기 위해서 헌신해 오신 각계의 여러분께 진심으로 경의를 표합니다.

1998년 12월, 우리나라에서 처음으로 장애인 인권헌장이 제정된 것은 장애인의 권익과 인간다운 삶을 지향하는 데 있어 역사적인 계기였다고 할 수 있습니다. 그러나 헌장은 그 준수와 실천을 통해서만 규범의 생명이 있다고 할진대, 막상 우리의 현실을 보면 아쉬움이 적지 않습니다.

장애인들에 대한 편견과 차별은 예전에 비해서 많이 바로잡히기는 했지만, 아직도 만족할만한 상태는 아닙니다. 인간다운 삶을 영위할 수 있는 기회와 편의가 제대로 주어진 것 같지도 않습니다. 취업이나 그 밖의 참여의 기회가 너무도 제한되어 있는가 하면, 복지에서도 개선의 여지가 많습니다. 장애인 보호를 위한 관계 법령은 미비하고 국가정책에도 반성할 대목이 적지 않습니다.

획기적인 헌장이 선포된 지 3년이 지났으면 이제는 그 헌장의 목표가 가시적으로 구현되어야 할 단계입니다. 국가의 정책적 뒷받침은 물론이고, 장애인단체의 자활적인 노력이 중요합니다. 그러나 무엇보다 절실한 것은 사회 각계의 올바른 이해와 따뜻한 사랑이 아닐 수 없습니다. 이런 기념행사도 장애인단체만이 아닌 범정부, 또는 범국민적 차원으로 격상시킴으로써 장애인의 인권과 복지에 관한 인식과 참여의 파장을 넓히도록 했어야 합니다.

이처럼 우리 사회에서 아직은 소외지대를 벗어나지 못한 장애인의 권익을 향상시키는데 크게 이바지한 단체와 독지가들이 있다는 것은 참으로 반가운 일입니다. 그러한 공로로 오늘 이 자리에서 장애인 인권상을 받게 된 수상자 여러분께 축하와 아울러 존경의 뜻을 표합니다.

무릇 사람의 심신의 장애는 본인 자신의 노력만으로 극복되기 어렵습니다. 따라서 국가와 사회의 각별한 도움과 보살핌이 꼭 있어야 합니다. 그러나 구체적인 실천은 어렵습니다. 오늘 인권상을 받으시는 분들은 고통스럽고 소외되기 쉬운 형제들에 대한 뜨거운 인간애를 몸소 실천하는 모범을 보여주셨습니다. 어려움을 겪는 형제들을 돕는 일은 자선이나 생색이 아닌 우리 모두의 의무이자 도리이기도 합니다. 나라와 사회의 배려, 그리고 뜻 있는 분들의 사랑이 뒷받침 될 때 비로소 우리 모두 온전한 인간의 삶을 누릴 수 있고, 위대하고 감격적인 공헌도 할 수 있는 것입니다. 스티븐 호킹 박사의 음성합성기나 애덤 킹 군의 티타늄 의족을 보면서 그 점을 한층 더 절실하게 느끼게 되었습니다.

정부는 앞으로 장애인들을 위해 보다 적극적이고 획기적인 시책을 펴나가야 하겠습니다. 민간 각계는 그들을 이해하고 돕는 일에 나서서 집단 또는 개인으로 광범한 장애인 돕기 운동을 지속적으로 전개해야 합니다.

여러모로 어려운 여건 속에서 힘거운 활동을 해 오신 장애인단체의 여러분과 고통스럽고 불편한 나날을 살아오시는 장애인 형제 여러분께 위로와 격려의 말씀을 드리고, 수상자 제위에게 다시금 축하의 인사를 드리면서 이만 맺고자합니다.

정보화시대 저작권 연구의 구심체로

(사)한국저작권법학회 창립식 축사(2002.7.5.)

　사단법인 한국저작권법학회의 발족을 축하합니다. 비법인 상태로 머물던 같은 명칭의 학회가 오랫동안 휴면상태에 있었는데, 이제 법인격을 갖춘 의젓한 학회로 등록까지 마쳤다니, 동학자의 한 사람으로서 기쁘기 그지없습니다.

　우리나라에서의 저작권 연구는 근년에 들어 많은 발전을 보이고 있습니다. 하지만 앞으로 개척하고 천착해야 할 분야와 과제는 너무도 넓고 많습니다. 시대의 흐름에 따라 저작권 환경도 엄청나게 변하고 있습니다. 인터넷의 출현으로 대표되는 새로운 미디어시대가 도래함에 따라 다양한 저작물의 출현과 그 이용 형태의 변화는 필연적으로 저작권 규범의 새로운 정립과 대응을 불러왔습니다. 복

제기술의 발달과 지식산업의 다변화로 말미암아 저작권의 수비 범위가 날로 넓어지고 있습니다. 심지어 일각에서는 저작권 위기론이 등장할 지경에 이르렀습니다.

이런 상황, 이런 변화 속에서 저작권 규범의 정립과 해석에 관련된 연구는 한층 더 중요하다고 하겠습니다. 이번에 새로 탄생하는 한국저작권법학회와 회원 여러분께서는 위와 같은 여러 과제를 학문적으로 탐구하는데 중추적 역할을 다해주시리라고 믿습니다. 현행법의 실증적 점검에서부터 현실에 맞는 법제의 도출에 이르기까지, 이 분야 연구자 여러분들이 하셔야 될 일은 참으로 광범위합니다. 여기서는 이론과 현실 사이의 조화, 권리자와 이용자 사이의 이익의 형평 등이 그 지향점이 되어야 하겠습니다.

우리의 실정에서는 첨단적인 새 미디어에만 편중한 나머지, 출판이나 음악 등과 같은 전통적 저작물의 보호 이용에 관한 연구를 소홀해서는 안 될 것입니다. '가장 오래 된 문제가 가장 새로운 문제'라는 말이 있습니다. 지식과 정보가 국익을 좌우하는 시대에 그 생산과 축척, 유통에 관한 국내법적인 교통정리는 물론이고, 저작권의 국제질서에 대응하는 연구가 절실한 것은 모두 아시는 바와 같습니다. 따라서 만인저작자시대, 만인이용자시대에 합당한 저작권 지식의 대중화에 힘써야겠습니다.

저작권 규범은 관념적 이론의 산물이 아니라, 현실성 즉 산학협 동적인 면이 중시되기 때문에 상아탑적인 울타리 밖의 현상 관찰이 반드시 병행되어야 합니다. 그런 의미에서, 학회 출범을 기념하는 첫 번째 연구 행사의 주제를 '한글 글자체의 법적 보호방안'으로 정한 것은 매우 적절한 선택이었다고 하겠습니다.

바라건대, 오늘 이처럼 각계 여러분의 축복과 기대 속에 상서로운 출발을 하게 된 한국저작권법학회가 우리나라 지적재산권법학계의 역량과 수준을 한결 높게 끌어올림으로써, 학술·문화·예술의 발전에는 물론이고, 정보화시대의 새로운 유통질서 확립에 크게 이바지해주시기를 간절히 바라면서, 저의 축하와 격려의 말씀을 마치고자 합니다.

'국민에 의한 사법'의 길잡이 되어

국민사법참여연구회 창립식 축사(2007.3.31.)

　　법학계와 법조계의 여러분을 이렇게 한 자리에서 뵙게 되어 반갑습니다. 오늘 저는 '국민의 사법참여 연구회'의 창립을 크게 반기면서, 진심으로 축하의 말씀을 드립니다. 법학·법조계의 석학, 전문가 여러분 앞에서 국민의 사법 참여의 당위성 등에 대하여 재론할 필요는 없겠습니다. 그러나 아직도 일반 국민들이나 혹은 일부 논자에 따라서는 전문 법관이 아닌 일반 국민의 재판 참여에 부정적 내지 회의적 시각을 갖고 있는 사람이 많은 것도 사실입니다.

　　심지어 대의민주주의의 주역이라 할 국회의원들조차도 그러합니다. 지금 국회에 계류 중인 '국민의 형사재판 참여에 관한 법률'의 심의가 중단된 채 오랫동안 방치되어 있는 현실이 오늘날 이 나

　　　　　　　　　　　　　　　　한승헌 변호사 스피치의 현장

라 정치권의 수준과 본분일탈을 말해주고 있습니다.

여러분께서는 사법제도개혁추진위원회가 위의 법안을 완성하는 과정에서 직·간접으로 많은 도움을 주셨습니다. 몸소 참여해 주신 분들의 기여도는 더욱이나 컸습니다. 사법개혁 작업의 한 자락을 책임지고 일했던 사람으로서 새삼 감사를 드리지 않을 수 없습니다.

우리에게 매우 낯선 배심·참심제 재판을 도입하자는 주장은 그 이론적 논리적 정당성에도 불구하고 상당한 의문이나 반대에 부딪혀야 했습니다. 건국 이래 전문 직업법관들에 의한 재판만 경험해 온 국민들로서는 걱정이 앞서는 것도 무리가 아니라고 봅니다.

그러한 국면을 타개하는 데는 학계 전문가 여러분들의 논의와 계몽이 큰 역할을 했다고 하겠습니다. 우려와 반대의 선봉에 있을 법도 한 사법부가 국민의 형사재판 참여를 수용한 것은 매우 바람직한 변화였습니다. 사법개혁을 위한 공론화 단계에서 학계와 법조계의 그러한 전향적 자세는 사개추위에서 제도 설계의 단일안을 마련하는데 융합된 힘이 되었습니다. 여기에다 네 번의 모의재판을 통하여 시민들의 높은 관심과 수준을 확인함으로써 배(참)심 재판에 대한 일반적인 우려는 많이 해소되었습니다.

문제는 여의도(국회)에서 드러났습니다. 국민의 형사재판 참여에 관한 법안이 2005년 12월에 국회에 제출된 지 어언 1년 반이 다가오고 있는데, 아직 국회에서는 누구도 큰 관심을 두지 않고 있습니다. 여·야는 정치싸움에 영일이 없고, 거기에다 대선을 의식한 작태들이 국정 심의라는 본분과는 점점 더 멀어져 가는 양상을 보이고 있습니다. 그러나 모처럼 마련된 획기적인 중요 법안이 아예 사장되거나 소박을 맞는 것을 그냥 묵과할 수만은 없습니다.

이러한 현실 인식과 그에 따른 우려가 오늘 이 연구회를 탄생시킨 중요한 동인의 하나가 아닌가 생각합니다. 아무쪼록 우리 실정에 합당한 국민참여재판의 모델과 제도 확립 방안, 그리고 그 시행 단계의 여러 문제점 등에 대한 완성도 높은 모범답안을 기대합니다. 실인즉, 법학·법조계가 하나가 되어 이만한 모임을 이룩한 것만으로도 높이 평가되어야 한다고 믿습니다. 법학만큼 현실과의 연계성이 강한 학문도 없다고 봅니다. 이론과 현실, 학문과 현장이 괴리되지 않아야 생명 있는 법학이요, 사법이라고 할 것입니다. 그래서 이 연구모임은 참으로 의미 있는 존재라고 하겠습니다.

연구는 연구자의 학문적 만족을 넘어서 널리 그 성과가 공유되고 전파되어 한 시대의 진운에 구체적으로 이바지해야 합니다. 그러기에 오늘 출범하는 이 연구모임의 성과도 여기 관악산 기슭(서울대학

   한승헌 변호사 스피치의 현장

교)의 제한된 공간을 벗어나 온 나라 · 여러 분야에 파급되고, 특히 저 여의도에 있는 선량들에게도 계몽과 설득의 특효약으로 작용할 수 있게 되기를 간절히 바랍니다.

사개추위 활동시한 안에 국민의 사법참여 관계법이 통과되지 못해서 못내 아쉽고 속이 상했는데, 그 완결을 지향하는 큰 추진력이 잠재된 이런 연구단체가 출범하게 된 것은 하나의 경사나 다름이 없습니다. 아무쪼록 국민을 위한 사법에서 국민에 의한 사법으로 차원을 높이는 선진화 사법시스템을 확립하는 데 크게 기여해주시기를 기대합니다.

사개추위에 참여했던 한 사람으로서 여러분께 무한한 감사와 경의를 표하면서 이 연구모임이 장차는 사법개혁 과제 전반으로 관심과 역량을 넓혀나가 주셨으면 하는 저의 소망을 첨가하면서 이만 축사에 갈음하고자 합니다.

차별의 벽을 실력으로 허물고

전북대학교 2001학년도 입학식 축사(2001.3.2.)

가슴 벅찬 희망을 안고 자랑스러운 전북대학교에 입학하는 신입생 여러분! 축하합니다. 저는 지금부터 43년 전인 1957년, 바로 이 전북대학교를 졸업한 동문의 한사람으로서 사랑하는 후배 여러분들을 격려하기 위해서 이 자리에 나왔습니다.

사랑하는 후배 여러분! 대학생활은 여러분의 삶에서 가장 소중하고 값진 배움과 체험의 시기입니다. 이런 기회는 그것을 바라는 모든 사람에게 주어지는 것은 아닙니다. 따라서 오늘 이 자리에 서 계신 여러분은 선택의 축복을 받은 사람들입니다. 그러나 이런 축복에는 적지 않은 책무가 따릅니다.

우선 여러분은 학업에 열정을 기울여야 합니다. 여기서 학업이란, 엊그제까지의 입시를 위한 공부와는 다른 진리 탐구를 말합니다. 대학은 깊은 학문을 익히고 연구하는 전당입니다. 많이 배우고, 많이 읽고, 많이 사색하고, 많이 쓰는 것이 학문의 정도(正道)입니다. 대학생활을 당장의 감미로운 청춘의 구가쯤으로 허송한다면, 그것은 자신에게 돌이킬 수 없는 안타까운 손실입니다. 젊은이다운 기상과 낭만을 살려나가는 일은 중요하지만, 그것이 학업을 소홀히 하는 구실이 되어서는 안 됩니다.

여러분은 전북대학교 학생으로서 자부심과 긍지를 가지기 바랍니다. 우리 학교는 반세기의 전통을 가진 국립종합대학교입니다. 그동안 해가 다르게 발전해오면서 작년에는 전국 44개 국공립대학 중 최우수대학으로 선정되기까지 했습니다. 우리 대학은 시설, 환경, 교수진, 학사운영, 연구 성과 등 여러 면에서 선두권에 올라있는 대학입니다. 이처럼 훌륭한 배움의 터전에 몸담게 된 여러분의 행운이 다시없이 부럽습니다.

1950년대 후반 제가 이 학교에 재학할 당시, 학교의 인적·물적 여건은 너무도 빈약했습니다. 한국전쟁 휴전 직후여서 사회가 피폐하고 생활도 어렵다보니 면학분위기도 열악했습니다. 그런 가운데서도 당시 학생들은 정말 대견스러울 만큼 열심히 공부하면서 미래의 꿈을 접지 않았습니다.

우리나라는 유감스럽게도 나쁜 의미의 학벌·학연이 지배하는 사회입니다. 이런 풍토는 물론 타파되어야 마땅합니다. 그러나 우리는 그것을 외치기만 할 것이 아니라, 먼저 각자의 실력을 길러야 합니다. 여러분의 꾸준한 노력과 뛰어난 실력만이 우리 사회의 병폐라 할 학벌사회의 장벽을 무너뜨리는 힘이 될 것입니다. 그러므로 실력을 갖추지 않고 학교·학력 차별의 풍토만을 원망하거나 또는 체념에 빠진다면 불행한 일입니다.

여러분의 선배 중에는 그러한 불리한 여건을 자기 노력과 실력으로 극복하고 우리 사회 각계에서 크게 이바지하고 있는 인재들이 적지 않습니다. 그들은 모두 우리들의 자랑입니다. 여러분도 어떤 난관 속에서도 좌절하거나 패배의식에 젖어들지 말고 스스로의 힘을 길러서 나라와 사회에 이바지하는 자랑스러운 전북대인이 되어 주시기 바랍니다.

또한 앎을 통해서 깨달음을 얻고 그것을 바르게 실천하는 사람이 되어 주시기 바랍니다. 많이 아는 것도 중요하지만 바르게 아는 것이 더 중요합니다. 지식은 소중하지만 그것은 지성인이나 생활인으로서 갖추어야 할 필요조건의 하나일 뿐입니다. 진실로 배운 사람이라면, 의로운 마음, 겸손한 자세, 양심적인 행실, 그리고 이웃과 형제들에 대한 사랑을 아울러 갖추어야 합니다. 특히 약하고 소외받는 형제들에 대한 도리를 잊어서는 안 됩니다.

지식인의 이중성을 철저하게 경계해야 합니다. 머리·심장·손이 조화와 일치를 이루는 전인적 인간이 되어야 합니다. 늘 이 사회와 민중들에 대한 남다른 책무를 잊지 마시기 바랍니다. 이 세상의 불의한 요소를 배격하고 정의로운 사회를 건설하는데 실천으로 이바지하는, 그래서 기대와 신뢰를 받는 도덕적 인간이 되어 주시길 바랍니다.

젊은 여러분은 기성세대가 뿌리 내려 둔 악의 유산을 단연코 거부해야 합니다. 개탄스러운 부조리의 계승자가 되지 말고, 새롭고 참신한 '대안적 존재'가 되어 주기 바랍니다. 그러기 위해서는 기성세대의 장단점을 제대로 분별하여 좋은 점을 본받고 그릇된 점은 반면교사로 삼길 바랍니다. 논어에 보면 '선과 악이 모두 나의 스승'이라는 구절이 있습니다. 그 뜻을 충분히 새겨 항상 눈을 열어 세상을 보십시오.

지금은 전문성이 강조되는 시대입니다. 연구를 위해서는 물론, 생활이나 취업을 위해서도 전문적인 자기 분야의 천착이 절실히 요구됩니다. 이러한 시대적인 변화를 재빠르게 읽고 이를 성실히 수용해야만 극심한 생존경쟁에서 살아남고 이겨낼 수 있습니다.

이제 여러분은 자율적이며 이성적인 한 인간으로 성숙했습니다. 고등학교까지의 이런저런 굴레를 벗고 자유인이 되었습니다. 지금부터 여러분은 자신의 정체성을 정립하고 점검하며 각자의 운명을 스스로 다스려야 합니다. 물론 인생 여정에서 얼마쯤의 회의, 외로움이나 방황도 있을 수 있습니다. 그러나 그러한 여러 정신적 요인은 여러분의 강인한 신념과 의지가 있다면 충분히 물리칠 수 있습니다.

아무쪼록 오늘의 감격과 축복이 여러분의 다짐과 실천으로 이어져서 자랑스러운 전북대인의 이름을 드높이고, 여러분의 젊음과 미래가 찬란히 빛나기를 간절히 소망합니다. 다시 한 번 여러분의 입학을 축하합니다.

로스쿨 교육의 새로운 지평

서울대학교 공익인권법센터 프로노보 국제심포지엄 축사(2008.5.17.)

우리나라의 법학전문대학원, 즉 로스쿨 제도의 도입 과정에서는 입학 정원을 둘러싼 격론이 쟁점의 전부가 되다시피 했습니다. 인가 경쟁에 뛰어든 대학 측은 물론이고, 교수 · 법조계 · 시민단체 등이 여기에 매달려 격론을 벌였습니다. 언론도 그런 문제에만 불을 질렀습니다. 그리고 지역 안배 문제와 인가 학교 수의 다과가 그 다음의 지뢰였습니다.

저는 사법제도 개혁의 추진을 책임진 입장에서 다양한 여러 견해를 폭넓게 이해하고 수렴하는 처지에 있었지만, 로스쿨의 정원이나 인가 학교 수에만 몰입하지 말고, 좀 더 로스쿨의 본질과 맞닿은 논의가 전개되었으면 하는 아쉬움을 경험했습니다.

예비인가를 따는 것에 못지 않게, 대학 측이나 교수들은 무엇을 어떻게 가르쳐야 할 것인가에 관해서 얼마나 고민하고 대비하는지, 궁금하고 걱정스러웠습니다. 적어도 공개적이고 수준 있는 논의나 연구 발표 같은 것은 매우 드물었습니다. 종래 법과대학(학부)에서의 법학교육과는 다른 차별성을 살려서 국제화시대의 경쟁력 있는 법조인의 양성에 합당한 새로운 교육을 탐구하는 공론의 장이 절실히 요구되었습니다.

그런 관점에서 볼 때 이번 심포지엄은 매우 환영할만한 행사가 아닐 수 없습니다. 더욱이, 로스쿨과 공익인권법을 다루는 이번의 주제가 우리의 시대정신에 부합된다고 하겠습니다. 그것이 법조인의 공익적 활동의 일환인 이른바 프로보노와 공익 봉사를 포괄하는 일이라면, 정의 실현의 사명을 다해야 할 법조인의 양성에서는 절실히 필요하고 중요한 과제일 수밖에 없습니다.

법조인의 양성과 교육은 법률업자의 면허시험 준비와는 달라야 합니다. 로스쿨에서는 고도의 전문직에 요구되는 지식 배양과 아울러 공공적 의무를 자각하고 실천하는 기회가 제공되어야 합니다. 이번 심포지엄을 통하여, 위와 같은 목표를 향해 나아갈 수 있는 프로그램을 개발하고 활용하는 과제에 대하여 여러 전문가들의 중지가 모아져 공익인권법 프로그램의 활성화 내지 법조인의 공익활동에 신기원을 이루는 실효성 있는 방안들이 나오기를 기대합니다.

또한 전국의 모든 로스쿨에 이러한 새 물결이 넘쳐흘러서 프로보노가 보편화되는 교육과 활동이 정착되기를 바랍니다. 뿐만 아니라 우리 기성 법조계가 이 문제에 깊은 관심을 갖고, 특히 변호사의 공익활동을 보다 확대하고 내실화시킴으로써 '법 앞의 불평등' 을 시정하는 본을 보여야 마땅할 것입니다.

이번 심포지엄을 준비하신 공익변호사그룹 '공감' 과 서울대학교 법과대학 공익인권법센터의 여러분, 그리고 발제와 토론을 맡아주신 여러분께 감사와 치하의 말씀을 드립니다. 아무쪼록 오늘의 이와 같은 논의의 장(場)이 새로운 각성을 불러일으켜, 자칫 신분이나 소득의 우위를 탐하는 것으로 오해되기 쉬운 법조인들이 그 전문성을 내세운 기능적 존재에 안일하지 말고, 정의와 평등 그리고 인권이라는 인류사회의 보편적 가치를 추구하고 구현하는 새로운 법조인상의 정립에 크게 이바지하게 되기를 간절히 염원합니다.

공익변호사 활동의 선구적 발걸음

공익변호사그룹 '공감' 5주년 기념 세미나 축사(2009.5.25.)

먼저, 충격과 슬픔을 남기고 우리와 유명을 달리 하신 노무현 전 대통령의 명복을 빕니다. 우리는, 그 분이 실천으로 보여주신 올바른 변호사의 길도 다시금 되새겨보아야 할 것입니다.

오늘 이 행사는 참으로 뜻 깊은 모임이자, 다 함께 축하할 만할 자리입니다. '가회동 언덕의 하얀 집에 따뜻한 햇볕이 내려쬐던 5년 전 겨울, 아름다운재단 한 귀퉁이에서 움튼 작은 싹이었다' 라고 스스로 추억하는 공익변호사그룹 '공감', 그 건강한 성장을 확인하고 격려하는 자리이기 때문입니다. 저는 이번 행사 초청의 말씀 첫머리의 그 대목을 읽으면서, 문득 '겨울' 과 '햇볕' 의 상징성을 생각하게 되었습니다.

이 세상의 주변적 존재로서 가난하고 소외당하고 차별받고 힘없는 사람들의 삶을 '겨울'에 비유한다면, 그들에게 인간다운 삶을 안겨주고, 그래서 겨울의 추위를 이겨낼 따스함을 주는 '햇볕'은 다름 아닌 사회공동체의 따뜻한 손길이라고 믿습니다. 공익변호사 그룹 '공감'은 바로 겨울 같은 현실 속에 사는 형제들에게 햇볕처럼 따스한 사랑을 부어주는 갸륵한 변호사들의 모임입니다.

변호사 내지 법조인들은 언필칭 사회정의와 인권 옹호를 입에 올리면서도, 실천으로 그 사명을 다하고 있지는 못합니다. 법규범이 현란하게 내세우는 자유과 평등도 만인의 것이 되지는 못합니다. 법 앞의 평등은 아무런 담보도 없는 선언적 어음일 뿐입니다. '변호인의 조력을 받을 권리'는 '변호인의 조력을 받는 데 필요한 돈을 낼만한 사람들만의 권리'입니다.

이런 기본권의 허구성을 직시하지 않고서는 정의로운 법치주의를 기대할 수가 없습니다. 변호사의 공익활동은 그런 성찰에서 우러난 당연한 실천 명제입니다. 근자에는 변호사단체와 법무법인 또는 개인의 차원에서 이에 대한 자각이 싹트고, 상당한 실적도 보이고 있습니다. 그러나 그것이 아직은 부수적 장식적 활동 내지 시혜성을 벗어나지 못하는 아쉬움이 있습니다.

이런 풍토 속에서 오로지 변호사의 공익활동만을 위해서 헌신하는 '공감'의 탄생은 그 자체로서 매우 선구적이었고, 그래서 역사적인 의미가 크다고 하지 않을 수 없습니다. 이런 획기적인 일에 발 벗고 나선 '공감'의 변호사 일곱 분은 뜨거운 박수를 받아 마땅합니다. 낮은 보수와 격무를 무릅쓰고 이 시대의 변호사들이 소홀히 하기 쉬운 공익활동에 힘겹게 헌신해 오신 이 분들의 선구적 헌신에 대하여 만장하신 여러분과 함께 경의를 표하고 감사를 드립니다.

'공감'이 수행해 온 공익활동은 종래의 소위 '인권변호사'들의 관심과 손길이 미처 미치지 못했던 대상과 분야에까지 확대되었으며, 또 형사재판의 영역을 넘어 정책과 제도의 문제에까지 지평을 넓혀갔습니다. 공익소송, 공익단체 및 단체 활동에 대한 법률 지원, 법률교육, 공익법 관련 제도 개선 등을 통하여 사회적 약자와 소수자를 보호하고 구체적인 권익 보장을 이룩하기 위해 힘써 왔습니다.

국내 최초라는 명예와 책무를 아울러 되새기며, 부디 이 땅의 공익변호사 활동의 개척자이자 모범생이 되어주시기를 기대합니다. 오늘의 기념 세미나가 지금까지의 공익변호사 활동의 성과를 짚어보고, 다음 단계의 도약을 모색하는 유익한 계기가 되기를 바랍니다. 또한 이어서 열리는 후원의 밤 행사에 여러 단체와 많은 분들의 참여와 성원이 있기를 간곡히 당부 드립니다.

 한승헌 변호사 스피치의 현장

인간사회는 세속적인 이득과 욕심을 떠나서, '사서 고생하는' 사람들, '피할 수 있는 손해를 감수하는 사람들' 의 헌신에 의해서 더욱 아름답게 진보하는 것입니다. 바로 그런 일에 선도적으로 나선 '공감' 의 여러 변호사님들, 염형국, 김영수, 소라미, 장정훈, 황필규, 장서연, 차혜령 변호사와 두 분의 간사에게 감사와 격려의 박수를 보냅시다.

이 땅의 시민운동사에 남긴 커다란 발자취

경실련(경제정의실천연합) 창립 10주년 기념식 축사(1999.12.10.)

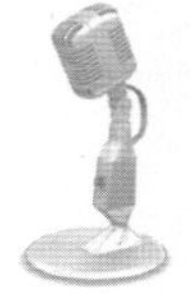

오늘 경실련(경제정의실천연합) 창립 10주년을 맞이하여 그동안 경실련이 한국 사회에서의 경제정의 실천과 시민민주주의 구현을 위해서 크게 이바지한 데 대하여 감사와 경의를 표합니다. 아울러 지금까지 경실련을 이끌어 오신 역대 임원과 회원 여러분께 치하의 말씀을 드리고자 합니다.

경실련은 이 땅의 시민운동사에 선구적인 자취를 남겼을 뿐 아니라 사회의 변화와 개혁을 이끌어 내는 데 큰 몫을 다했습니다. 강산도 변한다는 10년의 세월이 흐르는 동안 경실련은 크게 성장·발전하였습니다. 그래서 내세울 공적이 많습니다. 국민의 참여와 성원도 뜨거웠고 영향력도 상당합니다. 매우 반가운 일입니다.

그러나 이렇게 될 때까지는 어려움도 적지 않았으리라고 봅니다. 재정난과 조직 내의 불화·갈등 등으로 상당한 진통도 있었던 것으로 압니다. 한 조직의 재정의 대외 의존도는 자칫 조직의 자주성과 역함수 관계를 이룰 수도 있고, 조직 내의 다양한 의견이 불화와 갈등으로 번질 염려도 있습니다.

경실련 또한 그와 같은 일반론에서 아주 예외일 수는 없었을 터이고 보면, 문제는 그런 난관 내지 위기를 대국적으로 그리고 슬기롭게 극복했다는 점이 매우 대견스럽고 다행스럽습니다. 특히 최근 이석연 변호사께서 사무총장으로 취임하시고, 이를 계기로 조직을 개편하여 새천년의 미래에 대비하는 전열을 가다듬게 되었다고 하니 반가운 일입니다.

비정부기구(NGO)의 활동 분야는 국내외적으로 날로 확대되고, 그만큼 비중과 책임도 무거워지고 있습니다. 특히 한국 사회에서는 아직도 NGO가 할 일이 많고, 그에 대한 기대도 큽니다. 입법·행정을 비롯한 국정의 감시는 물론이고 환경, 교육, 소비자보호 등 인간의 존엄성과 삶의 질을 높이는 공동체운동이 더욱 활발히 전개되어야 합니다.

이와 같은 소임을 다하기 위해서는 NGO가 단순한 폭로나 반대에 머물지 않고 과학적인 검증 등 성실한 사실 확인, 정책대안의 제시, 현실성 있는 조정·해결의 모색 등이 따라야 할 것입니다.

조직 내부의 민주성을 견지하고 민주정의와 경제정의를 추구하는 집단다운 도덕성을 견지하는 것을 잊지 말아야 합니다. 또한 실적과시나 경쟁의식에서 비롯되는 허물도 스스로 경계하여야 합니다. 비판하는 자는 언제나 겸손해야 합니다. 이런 덕목을 이미 체득하신 여러분께 제가 노파심으로 사족을 붙인 것을 이해하여 주시기 바랍니다.

우리시대를 암울하게 하는 검은 유산과 그릇된 잔재를 제거하고, 부패와 낭비, 그리고 비능률 따위를 추방함으로써 이 땅에 정의로운 사회를 건설하는 일에 경실련이 크게 이바지해주시기를 간절히 바라면서 축사에 갈음합니다.

양성평등의 높은 차원까지

한국가정법률상담소 곽배희 소장 취임식 축사(2000.3.1.)

곽배희(1946~) 한국가정법률상담소 상담위원, 한국가정
법률상담소장(현), 공연윤리위원회 위원, 서울가정법원조
정위원

오늘, 한국가정법률상담소 곽배희 소장님의 취임을 축하드립니다. 이번에 영광스러운 중책을 맡게 된 신임 소장님은 대학을 나오신 뒤 지금까지 오로지 가정법률상담소에서 헌신해오셨으며, 그분의 경력, 전문성, 창의성, 추진력, 업적, 덕망 등 여러 요소가 가정법률상담소의 책임자로서 자타가 공인하는 적임자이십니다.

어느 분이 업적을 쌓거나 중책을 맡게 되면 으레 그 배우자 되시는 분의 내조를 치하하는 법인데, 바로 같은 이치로 곽 소장님께 내조와 외조를 다해드린 부군 김종철 선생께도 박수를 보내드립니다.

이 자리에 서니 이태영 박사님을 흠모하는 마음이 다시금 간절해집니다. 저는 법조계의 후배로서 이 박사님으로부터 많은 사랑과 지도를 받았습니다. 특히 제가 고난에 처해 있을 때, 과분하신 격려와 위로와 도움을 주셨습니다.

저는 이 박사님의 훌륭하신 점을 다음 세 가지로 요약해 봅니다. 첫째, 우리나라의 첫 여성변호사로서 당대의 인습과 수구적인 사고와 편견에 맞서 그처럼 과감하게 싸우셨다는 점이고, 둘째는 법조인은 보수가 따르는 소송사건을 가지고 법정출입만 할 것이 아니라 법정 밖에서 사회적인 소임을 찾아야 한다는 본을 보여주셨습니다. 소외되고 차별받는 사람들을 위한 법률가의 책무를 몸소 실천하셨습니다. 셋째는 법의 테두리 안에서 조언을 하는 법률상담에 그치지 아니하고 정의와 평등에 어긋나는 실정법을 개정하는 운동에도 앞장섰다는 점입니다.

그러한 활동의 중심축이 바로 이 가정법률상담소였습니다. 이 박사님의 그 높은 뜻을 받들어 도와드리고 또 계승해 오신 임직원 여러분의 노고에 대해서 진심으로 경의를 표합니다. 저는 이런 모임에서 축사를 할 만한 사람이 아닌데도 저에게 요청을 하신 것은 제가 '친여세력' 이기 때문이 아닌가 싶습니다. 저는 분명히 친여세력입니다. 왕년의 군사독재 치하에서도 저는 친여세력이었고 줄곧 그렇게 살아왔습니다. 계집녀(女)자 '친여' 말입니다. 지난번 여성기금추진위원회 창립 행사 때 축사를 하면서 제가 그렇게 말했더니 뜨거운 박수가 나왔습니다. 그러나 제가 그 말을 맨 처음 한 것은 실인즉《가정법률상담소 30년사》출판기념회 때, 바로 이 자리에서였습니다. 그 때 듣고계시던 강원용 목사님께서 의아스럽다는 표정을 지으시던 기억이 납니다.

저는 '친여'는 하되 아부성 친여는 하지 않습니다. 제가 감사원에 근무할 때 〈여성신문〉의 한 여기자와 인터뷰를 한 적이 있는데, '여성 30% 할당제'에 대해서 어떻게 생각하느냐고 물어왔습니다. 지당한 일이라는 응답을 기대했을지도 모를 그에게 저는 이렇게 대답했습니다. "여성 30% 할당제는 여성들이 앞장서서 반대해야 합니다." 그러자 그 여기자의 표정이 달라졌습니다. 불만스럽다는 기색이었습니다. 이어서 저는 "30%를 반대하는 것이 아니라 할당을 반대하라는 것입니다. 남성지배 체제 하에서 마치 선심처럼 '할당'해 주는 것을 좋아해서는 안 된다는 뜻입니다. 자력으로 30%, 40%를 차지한다는 마음가짐이 중요하지요." 이렇게 말했습니다. 제 말은 여성이 지위를 높여나가는 과도적 방식으로 국제기구나 외국에서 할당제를 권고하거나 시행하고 있다는 것을 몰라서 한 말이 아니라 우리나라 여성의 자력 배양을 역설하는 뜻이었습니다.

실제로 여성의 차별, 소외 또는 고통 문제가 나오면 저는 한 남성으로서 부끄럽다는 생각이 듭니다. 그런 원인 중의 대부분이 남성의 탓에서 연유한다고 보아야 하기 때문입니다. 그러므로 여성의 문제는 곧 남성의 문제요, 남녀양성의 문제 즉, 인간의 문제로 귀결이 됩니다.

하지만 어디까지나 여성 스스로의 노력이 앞서야 하며, 자주적인 힘의 배양·축적이 중요합니다. 가정법률상담소는 바로 그러한 실천운동의 선두를 지켜온 중심체입니다. 이러한 가정법률상담소의 자랑스러운 전통과 업적은 비단 여성만이 아니라 남성들에게도 많은 반성과 깨달음을 주었습니다. 저도 그 영향을 받은 사람 중의 하나입니다.

오늘날 한국 여성의 지위가 제도나 현실면에서 이만큼 향상된 데는 이태영 박사님의 선구자적인 헌신과 가정법률상담소의 활동이 큰 지렛대가 되었다고 믿습니다. 새로운 세기를 '여성의 세기' 라고 말한 미래학자가 있었습니다만 가정법률상담소가 비단 여성만을 위해서가 아니라 가정과 사회에서의 동반자인 남성까지도 함께 하는 보편적이고 정의로운 인간공동체를 다져 나가 주시기를 바랍니다. 다시 한 번 곽배희 소장님의 취임을 축하하면서 한국가정법률상담소의 무궁한 발전과 임직원 여러분의 건투를 빕니다.

2장
축사 Ⅱ
출판기념회

요즘은 만인저작자시대이다. 글을 쓰는 것을 업으로 삼는 전업 작가나 학자가 아니더라도 책을 내는 경우가 많다. 예전에 비해 저자의 신분이나 직업도 다양해지고 출판되는 책 또한 크게 증가했다. 책의 출간 종수가 많아짐에 따라서 출판기념회도 그만큼 많이 열린다. 출판기념회라는 행사의 식순에는 반드시 들어있는 것이 '축사' 이다.

이처럼 축사가 흔하다고 해서 쉽게 생각하고 대충 때울 수도 있겠지만, 그것은 엄연한 '불성실' 이기에 예의에 합당한 자세가 아니다. 이왕에 축사를 하는 이상, 축사답게 해야 옳다. 나는 흔히 말하는 자의 반·타의 반으로 출판기념회에 나가서 축사를 하는 일이 가끔 있는데, 그때마다 이른바 '사전학습' 을 하고 나간다.

우선 책의 저자와 그 책에 대한 정보가 필수적이다. 출판기념회를 하기 전에 주최 측이나 저자가 신간 저서를 보내주는 것이 관례지만, 그렇지 않은 경우도 있다. 서평이 아닌 축사라도 가능하면 그

책을 읽어보고 나가는 편이 좋다. 그래야 책의 내용도 거론해가면서 듣는 이에게 보다 실감나는 축사를 할 수 있다. 좀 더 풍부한 밑천을 챙기기 위해서 인터넷 사이트에 들어가 관련 정보를 모으는 노력도 권하고 싶다. 저자와 각별한 친분을 갖고 있다고 해도 미처 알지 못했던 내용을 새롭게 알게 되고 이를 코멘트 할 수도 있기 때문이다.

나는 책의 격조, 즉 '책격' 에 따라서 서면으로 축사를 준비하기도 한다. 지은이의 인성과 활동업적 등에 관해서 언급하고 나서 책의 내용이나 출판에 얽힌 사연을 놓고 말한다. 점잖게 말한다고 너무 딱딱해지면 곤란하다. 학술적인 책이라 하더라도 그 저자나 책에 얽힌 에피소드를 곁들여 분위기를 더욱 밝게 하는 것이 좋다. 해학적인 비판도 칭송 이상의 덕담 효과가 있다.

어느 목사님의 자서전 출판기념회 축사에서 나는 "사모님을 그렇게 고생시켜놓고 기껏 '얌전하던 여자가 투사가 되었다.' 는 정도로 넘어간 것은 지나치다고 봅니다. 사모님께 의당 했어야 할 사과와 위로의 말씀이 없는 점은 반성의 여지가 있다고 생각지 않으십니까?" 라고 말해서 좌중을 웃기기도 했다. 유머는 어느 자리에서도 약효가 있는 법이다.

　　그러나 축하가 지나쳐서 과장이나 웅변에 흐르지 않도록 해야
한다. '용비어천가'도 절제하는 것이 좋다. 책을 읽지 못하고 축사
를 하게 되면, 지은이의 삶에 대해서 말하는데에서 그치기도 한다.
서평이 아니라면 그럴 수도 있다고 보는 사람이 많다. 그래도 책의
한 두 군데라도 눈여겨두었다가 살짝 언급을 하면 더욱 생동감이
크다.

　　김 아무개 목사님이 한 출판기념회의 서평 순서 때 단상에 올라
가시더니, 첫마디가 이러했다. "저는 이 책을 한 페이지도 읽지 않
고 나왔습니다." 장내에 폭소가 넘쳤다. '역시 목사님이라 정직하
시구나'라며 감탄하는 이도 있었다. 그런데 목사님의 말씀은 이렇
게 이어졌다. "책이 나오기 전에 원고를 다 읽었습니다." 이번엔 박
수까지 나왔다. 서평에서 기대되는 본질적인 이야기는 아니지만,
앞서 말한 대로 우리 풍토에서 학술적인 저서가 아니라면 축사와
서평은 얼마쯤 호환성이 있으니, 무슨 '본질'론에 얽매일 필요는
없지 않을까? 축사에는 논리보다 정서가 더 힘이 있으니까. 내조·
외조에 헌신한 배우자에 대한 칭송도 필수라고 할 수 있다.

민중신학과 함께 여전히 우리 곁에

《안병무 평전》 출판기념회 축사(2007.10.22)

안병무(1922~1996) 신학자, 한국신학대학 교수, 대학원장, 계간 〈신학사상〉 월간 〈현존〉 발행인, 한국신학연구소 이사장, 3.1민주구국선언사건으로 복역, 저서 《역사와 해석》 등

안병무 박사님께서 우리 곁을 떠나 하늘나라로 가신 지 어언 10년하고도 한 해가 지났습니다. 하지만 오늘 우리가 다함께 축하하는 《안병무 평전》의 상재(上梓)를 통하여 박사님께서 다시 우리 곁에 와 계십니다. 신학자의 근엄한 모습으로, 선각자의 부릅뜬 눈으로, 만인의 스승다운 따뜻한 시선으로, 일그러진 세상을 걱정하시는 심각한 표정으로, 그리고 유머 넘치는 해학어린 말씀과 함께, 그렇게 안 박사님의 모습이 고스란히 책 속에 담겨져 이 자리에 와 계십니다.

이런 소중한 시간, 소중한 체험을 갖게 해주신 이 평전의 작가 김남일 선생과 사계절 출판사의 강맑실 사장님께 고맙다는 말씀을 드립니다. 안 박사님의 격조 높은 삶과 신학을 담아내는 작업이 얼마나 힘드셨을까 헤아려 봅니다. 이 평전의 서술 또한 매우 격이 높아서, 우리 범속한 후학들이 가까이 하기에는 좀 먼 자리에 안 박사님이 계신다는 생각까지 하게 되었습니다.

'안 박사님은 깊은 학문의 숲 속에서 사변(思辨)의 세계로 도피하지 않고 현실의 진리를 붙잡고자 하셨다' 는 저자의 평가는 아주 적절했습니다. '억눌린 민중들의 삶 속에서 고난당한 예수를 만난 사람' 이란 말씀도 공감이 가고도 남습니다. 한국 민중신학의 기반을 쌓으셨다는 이야기를 제가 하는 것은 괜한 중복이 될 것 같아서 언급을 줄이겠습니다.

저는 젊은 시절에 안 박사님의 강연과 저술을 통하여 새로운 시각으로 기독교를 보게 되었습니다. 평화의 종교라는 기독교가 과연 역사 속에서 평화적인 역할을 다했는가? 역사상 가장 피를 많이 흘린 종교 아닌가? 이스라엘 백성의 선민의식에 문제는 없는가? 종교가 그 자체의 본질을 착각하여 관념화되고 집단의식에 사로잡혀 있지는 않는가? 이런 비판적 견해에 저는 신학의 통념이나 일반적인 신학자의 말과는 다른 새롭고 정직한 목소리를 듣는 것 같았습니다. '기독교 열강(列强)이 세계를 식민지화하고 온갖 만행을 저지를 때, 기독교는 무엇을 했는가' 라는 말씀에도 박수를 치고 싶었습니

     한승헌 변호사 스피치의 현장

다. 그처럼 솔직하고 용기 있고 양심적인 음성이야 말로 올바른 하느님의 신앙, 올바른 기독교를 추구하는 바른 길이라고 깨닫게 되었습니다.

저는 안 박사님의 여러 면모 가운데서 소년처럼 순박하고 해학 넘치는 인간성에 대해서 말씀을 드리고자 합니다. 안 박사님은 마가복음의 예수님 상을 중시하신 것으로 압니다. 한 강연회에서 그는 우리는 예수의 활동기간을 3년 동안으로 알고 있지만 그것은 요한복음에 따르는 통념이고 마가복음에 따르면 겨우 1년 밖에 안 된다는 사실을 상기시키고 나서, 그 1년이란 시간은 강렬한 운동의 연속이었을 것이라고 했습니다. 여기까지는 괜찮습니다. 그런데 그 다음 말씀인즉, "그렇다면 사람이 진짜 사람답게 살자면 1년 밖에 못 사는 것이다. 그런데 저기 함석헌 선생님이 오래 사시는 것 보니까 가짜 아닌지 모르겠다." 참으로 대단한 해학입니다. 동시에 지금 우리의 삶도 가짜가 아닌지 되돌아보게 하는 말씀이기도 합니다.

박사님의 유머러스함을 엿볼 수 있는 일화가 또 있습니다. 1976년의 '3.1민주구국선언사건'(명동성당사건)으로 감옥에 계신 동안에 사모님 박영숙 여사께서 새 집을 장만하셨다고 합니다. 석방되어 나오신 안 박사님께서, 나는 집이 어딘 줄도 모른다고 하자, 담당 형사가 모셔다주겠다며 "아이고, 걱정 마세요. 제가 밤낮으로 사모님을 잘 보살펴드렸으니까요." 그러자 안 박사님은 "아니, 밤에도 사모님을 돌봐드렸단 말이야?"라고 응수하셨습니다. 그 우환 중에도 이런 대단하신 해학을 구사하실 정도였습니다.

저는 한신(한국신학대학)을 다닌 사람도 아니고, 신학을 공부한 사람도 아닙니다. 그런 저는 반독재 민주화운동의 도도한 물결 속에서 안 박님과 만날 수가 있었습니다. 강연회, 기도회, 무슨 무슨 회의나 모임의 자리, 시위 현장 등에서 정말 전공이나 직업의 울타리를 넘어서 선생님을 접할 수 있었던 것은 여간 값진 행운이 아니었습니다. 그것이 박정희, 전두환 두 사람의 덕분임을 부정할 생각이 추호도 없습니다. 선생님 은덕으로 많이 배우고 많이 깨달았습니다. 이것이 저 혼자만의 체험은 아니라고 믿습니다.

어느덧 겨레의 스승들이 여러 분 세상을 떠나셨습니다. 안 박사님 외에도 문익환, 계훈제, 서남동, 유인호, 김관석, 송건호, 이우정 선생 등 참 훌륭하신 여러 어른들이 먼저 가셨습니다. 선생님 없는 교실이나 어른 없는 집안처럼 중심을 잃어가는 세상이 되었습니다. 그 분들은 역대 군사정권의 독재에 맞서 선각자답게 민중의 나아갈 길을 밝혀주면서 온갖 박해를 이겨내던 지도자들이었습니다.

지금은 먼저 가신 분들의 빈자리가 너무도 넓습니다. 그 빈자리를 대신할 인물을 찾기가 힘듭니다. 안 박사님과 같은 거목의 존재가 새삼 그립고 절실합니다. 우리는 이번의 평전을 통해서 안 박사님과 다시 만나고, 배우고, 깨닫고, 다짐하는 계기를 마련해야 할 것입니다. 그래서 안 박사님의 유지를 받들고 실천하는 일에 크고 작은 힘을 보태나갑시다.

박영숙 사모님께서 바로 부군이시자 동지이기도 했던 안 박사님의 몫까지도 겸해서 많은 활동을 하시는 데 대해서 진심으로 경의를 표합니다. 오늘 자리를 함께 하신 여러분과 함께 다시금 안 박사님을 간절히 추모하면서 유족 여러분께 삼가 위로의 말씀을 드립니다.

장애우들을 위한 사랑의 매체로

〈열린 지평〉 창간 7주년 축사(2000.11.10.)

　〈열린 지평〉 창간 7주년을 진심으로 축하하면서, 그 동안 장애인과 함께 하는 잡지를 표방하고 꾸준히 헌신해 오신 여러분께 깊은 감사를 드립니다.

　몇 해 전, 영국의 세계적 우주물리학자인 스티븐 호킹 박사가 서울에 왔을 때 신라호텔에서 강연을 한 적이 있습니다. 그때 휠체어에 몸을 실은 그가 강연장에 들어와서 맨 처음 한 말은 "내 말이 들립니까?" 였습니다. 그러자 장내에서는 "예스"라는 감동적인 합창(?)이 울려 퍼졌습니다. 그때 저는 아무 말도 하지 않았습니다. 우리가 들은 것은 호킹 박사의 말(목소리)이 아니라, 그의 휠체어에 장치된 정밀기계의 합성음이었기 때문입니다.

그 자리에서 저는 두 가지 일에 경탄했습니다. 장애라는 장애는 모두 갖춘 불행을 딛고 세계적인 물리학자가 된 호킹 박사의 놀라운 의지와 노력이 그 하나요, 그로 하여금 그런 연구와 결실이 가능하도록 도와주고 발성기까지 발명한 뜻있는 사람들의 보살핌이 다른 하나였습니다.

장애인 자신의 의지와 세상 사람들(비장애인)의 손길이 합침으로써 그처럼 위대하고도 감동적인 휴먼 드라마가 탄생할 수 있었습니다. 여기서 우리는 장애인 스스로의 노력 외에 거기에 힘을 실어주고 길을 터주는 사회의 도움이 필수적이라는 사실을 재확인하게 됩니다. 그런데도 우리 주변에는 아직도 방치되어 있거나 좌절에 빠져 있는 장애우들이 있는가 하면, 그들의 인간다운 삶의 문제에 대해서 무관심하거나 외면하는 사람이 많습니다. 그러므로 장애인과 비장애인을 함께 깨달음과 실천의 마당으로 이끌어내는 일이 매우 중요합니다.

〈열린 지평〉은 바로 그와 같은 중요한 소임을 충실하게 다해 온 실천적 사랑의 매체입니다. 이 잡지는 장애인을 위한 잡지이면서 동시에 비장애인을 위한 잡지라고 보는 것이 옳을 것입니다. 사실 오늘날 장애인 복지의 문제는 사회 각계의 연대적 노력에 의해서 해결될 수 있는 과제이며, 따라서 그것은 다름 아닌 비장애인의 책무로 인식되어야 마땅하기 때문입니다.

물론, 장애인을 위한 여러 규범은 국제적으로나 국내적으로 많이 정립되어 있으며, 우리 국내법도 장애인 복지에 관해서 상당 수준의 제도적 장치를 갖추고 있기는 합니다. 그렇지만 법과 현실은 서로 적지 않게 괴리되어 있으며 법조문이 하나의 장식에 지나지 않는 경우도 있습니다. 그에 못지않게 심각한 것으로 사회 일반의 무관심, 몰이해, 또는 냉대를 들 수 있습니다. 더러는 장애인 스스로의 의지와 노력이 미흡한 사례도 없지 않습니다.

이와 같은 문제점을 부각시키고 대응하는 데 있어서 〈열린 지평〉이 거둔 성과는 실로 크다 하겠습니다. 이 잡지는 장애인에 대한 무관심과 편견을 벗어나서 그들의 인간다운 삶을 위한 실천적 사랑을 파종한 공로가 역연합니다. 사회 각계에 종신회원, 찬조회원, 정기구독회원 등 많은 후원자들이 동참하고 있는가 하면, 여러 면에서 사랑의 매체로 존립 발전할 수 있는 건강성을 갖추고 있습니다.

우리나라 잡지들은 대개 지속성이 약하다고 합니다. 특히 공익성을 띤 비영리적 매체는 단명에 그치기 쉬운데도 〈열린 지평〉은 지난 7년 동안 온갖 어려움을 극복하고 튼실하게 성장해왔으니 여간 고맙고 기쁜 일이 아닐 수 없습니다. 이 척박한 세상인심 속에서도 〈열린 지평〉과 같이 섬기고 베푸는 따스한 손길이 있기에 우리 사회가 이만큼이라도 지탱되는 것이라고 생각합니다.

아무쪼록 〈열린 지평〉이 장애우들의 자립 의지와 인간적인 삶을 북돋아줌으로써 모든 사람이 더불어 살아가는 평등과 사랑의 세계를 건설하는 데 큰 몫을 다해주기를 기대합니다. 그러자면 비장애인들의 몰이해, 독선, 사랑의 결핍 등 '정신적 장애'의 치유도 병행 또는 선행되어야 할 것이며, 그런 의미에서 〈열린 지평〉이 장애인만이 아니라 비장애인을 위한 깨달음과 실천의 시범교실이 되어 주기를 바랍니다. 그리고 이렇게 숭고한 일을 하는 〈열린 지평〉에 국민 여러분의 정성 어린 참여와 후원(종신회원, 참여회원 가입 등)이 이어지기를 간절히 당부합니다.

끝으로, 발행인 최선례 여사, 편집인 박연신 여사의 남다른 헌신에 경의를 표하며, 실무진 여러분의 노고에 치하를 드리고자 합니다.

하느님의 의를 위해 핍박받은 성직자

박형규 목사 회고록 《나의 믿음은 길 위에 있다》 출판기념회 축사(2010.5.6.)

박형규(1923~) 기독교방송 상무이사, 서울제일교회 목사, 남산부활절예배사건으로 옥고, 기독교장로회 총회장, 한국기독교교회협의회 인권위원장, 민주화운동기념사업회 이사장. 저서 《해방의 길목에서》 등

저는 박형규 목사님의 이번 회고록 뒤표지에 이런 글을 썼습니다.

— 박형규 목사님은 '그냥 목사'와는 다른 삶을 보여주셨습니다. 교회 밖 세상을 위하여 사서 고생한 성직자이셨습니다. 그러기에 박해의 표적이 되어 고난을 겪으셨고, 그런 현장에서 저는 박 목사님을 만나게 되었습니다. 구치소 접견실과 법정에서 피고인과 변호인의 처지로, 감옥 안에서 똑같이 수의를 입은 몸으로, 서울 중부경찰서 앞 노상예배에서 설교자와 참석자로서, 시국기도모임의 단상과 단하에서. 서로 마주하여 이 세상의 아픔을 함께 나누며 간절한 염원을 불태울 때, 의연하게 고행의 길을 앞서 가는 그 분의 올곧은 믿음에 저는 감동했습니다. —

저는 변호사이면서 많은 피고인(또는 피의자)들로부터 감화를 받았습니다. 그 첫번째 피고인이 바로 박형규 목사님이셨습니다. 박 목사님은 너무 많은 일을 하셨습니다. 기독학생운동, KNCC (한국기독교교회협의회)를 중심으로 한 여러 활동, 도시빈민선교 등 이루 헤아릴 수 없을 만큼의 고역을 맡아 하셨습니다. 불의한 권력의 핍박을 받아가며 하느님의 의를 이 세상에서 이룩하기 위한 선한 싸움을 마다하지 않으셨습니다. 그런 과정에서 목사님은 내란음모나 빨갱이로, 또는 횡령범으로 몰려 감옥과 수사기관의 단골손님이 되셨습니다.

세상에는 '주여, 주여' 하고 목청을 높이는 사람은 많지만, 주의 뜻대로 행하는 사람은 많지 않습니다. 그런 마이너리티(소수자)의 선두에는 언제나 박 목사님이 계셨습니다. 입술로가 아니라 행함을 통하여 하느님의 의를 좇는 것이 참된 신앙인의 길이란 것을 박 목사님은 온 몸으로 가르쳐 주셨습니다. 오늘 우리가 함께 그 간행을 축하하는 목사님의 이번 회고록에는 그런 사연과 교훈과 감동이 아울러 담겨져 있습니다.

1973년 말에 박 목사님의 책 《해방의 길목에서》가 출간되었을 때, '기독교적인 이념과 예수의 제자 된 실천이 합일된 산 증거' 라는 평가가 나온 바 있었습니다. 이번 회고록을 놓고서도 우리는 같은 말을 할 수가 있지 않을까 생각합니다. 《해방의 길목에서》를 국가보안법 위반으로 문제 삼으려던 검사가 목적 달성에 실패를 하고서, 각서 한 장 써놓고 나가라는 요구를 했습니다. 그때 목사님은 '내가 지금까지 행한 모든 행위는 내 신앙, 내 종교의 가르침에 따라 한 것입니다. 앞으로도 이 신념을 꺾을 수는 없습니다' 라고 쓰셨다고 합니다.

저도 이 땅의 암울했던 한 시대를 이끌어 오신 목사님의 삶을 지켜보면서, 그리고 이번에 나온 회고록을 읽으면서, 목사님의 그와 같은 신앙고백적인 각서의 진정성을 재확인할 수가 있었습니다. 그러고 보면, 이 회고록의 제목인 '나의 믿음은 길 위에 있다' 를 '나의 길은 믿음 위에 있다' 로 바꾸어 보는 것이 더 합당하지 않을까 하는 생각이 들기도 합니다.

박 목사님은 세속의 기준으로 보면, 안 해도 될 고생을 사서 하신 성직자이십니다. 뿐만 아니라 많은 사람에게 바로 그 '안 해도 될 고생' 을 사서 하게끔 감화를 주고 영향력을 미친 분이시기도 합니다. 그런 확산 효과로 해서 한국의 기독교는 이 나라의 민주화에 큰 몫을 다할 수 있었습니다. 그런데 어쩌다가 지금 또 다른 권세 있는 사람들에 의해서, 모처럼 힘들게 가꾸어 온 소중한 민주세상이 뒤틀리기 시작했습니다. 그러기에 지난날의 반민주 · 억압통치시대에 박 목사님께서 몸소 보여주신 의로운 싸움은 오늘의 우리에게도 큰 가르침과 깨우침을 주고 있습니다.

군이 이 회고록에서 좀 아쉬웠던 점을 찾는다면, 사모님 조정하 여사에 대한 부분이 아닐까 합니다. 책에는 '남편과 아들의 구속을 계기로 얌전한 며느리가 투사가 되었다' 라고만 언급되어 있는데, 그런 고난에 대한 남편으로서의 심심한 유감 표명 등 소회가 누락 되어 있습니다. 그야 언어 이전의 문제이고, 또 평소에 두고두고 해 오신 말씀이라 군이 책에까지 쓸 필요가 없었다고 짐작은 합니다. 그래도 명문으로 사죄하는 말씀을 남겨두셨더라면 더 좋지 않았을 까 하는 생각이 듭니다.

훌륭한 삶을 훌륭한 회고록으로 정리해주신 신홍범 선생께 치하 와 감사의 말씀을 드립니다. 언론민주화를 위해 싸워 오신 그동안 의 헌신에 후한 가산점이 붙을만한 성과라고 평가하고 싶습니다.

이 회고록이 이처럼 단하하고 격조 높게 세상에 나올 수 있도록 심혈을 다해주신 '창비' 의 여러분에게도 칭송의 말씀을 전하고자 합니다. 아무쪼록 박 목사님 내외분께서 더욱 건강하셔서, 앞으로 도 후학들에게 변함없는 사표가 되어주시기를 간곡히 바라면서, 저 의 축하 말씀을 마치고자 합니다.

거짓의 장막을 걷어내기 위한 싸움의 역정

리영희 선생 고희 축하 및 《동굴 속의 독백》 출판기념회 축사(2000.4.1.)

리영희(1929~) 합동통신 외신부장, 조선일보 외신부장
(해직). 한양대학교 신문방송학과 교수(2회 해직)《전환시
대의 논리》등 저서 다수. 만해 실천상 등 받음

1989년 12월, 그러니까 지금부터 꼭 10년 전 이맘 때, 제가 리영
희 선생님의 회갑기념문집 첫머리에 헌정사를 쓴 것이 바로 엊그제
같은데, 오늘 선생의 칠순 축하의 자리에 나오게 되니 새삼스레 인
생이 빠른지 세월이 빠른지 알 수 없구나 하는 감회에 젖게 됩니다.

'고희(古稀)' 라는 말은 적어도 리영희 선생에게는 합당치가 않습
니다. 젊은이가 무색할 그의 정열과 패기 때문만은 아닙니다. 두루
아시다시피 '고희' 는 중국의 시선(詩仙)이라는 두보(杜甫)의 시 〈곡
강이수(曲江二首)〉의 한 구절인 '인생칠십고래희(人生七十古來稀)'
에서 나온 말입니다. 두보 시대에 사람의 평균 수명은 40, 50을 넘
지 못했을 것이고, 그러기에 칠십이면 '고래희' 라고 불렀던 것입니

한승헌 변호사 스피치의 현장

다. 실제로 그 시를 쓸 때 두보의 나이는 47세였다고 합니다. 그러니 오늘날 한국인의 평균 수명이 74세로 늘어난 마당에 '고래희' 라는 말은 난센스입니다. 그 말은 디지털시대의 아날로그 같은 것입니다. 또 하나, 두보의 그 시는 그가 조정의 부패에 실망한 나머지 곡강 가에 가서 옷까지 잡혀가며 매일 술을 마시고 자연을 벗 삼아 위안과 즐거움을 찾으면서 쓴 시입니다. 그러나 리 선생은 그런 현실도피적인 자세로 살아오신 분이 아니기에 더욱이나 두보의 '고희' 를 그대로 대입해서는 안 된다는 말입니다.

아시다시피 리 교수님은 거짓의 장막을 걷어내고 진리와 진실을 밝혀내고자 오랫동안 참으로 치열하게 살아오신 학자입니다. 그가 택한 길은 엄청난 싸움과 수난의 역정이었습니다. 그러기에 세속에 상심하고 한숨만 쉬며 술에서 위안을 찾던 두보의 그 '고래희' 라는 시구는 리영희 선생에게 전혀 맞지 않습니다. 그러나 리 선생이 일찍이 우리 시대에 여간해서 찾아보기 힘든 의로운 선배라는 뜻에서는 '고래희' 가 분명합니다. 이처럼 고래로 보기 드문 분을 동시대에 만날 수 있었다는 것은 우리 모두의 기쁨이자 행복이자 자랑이기도 합니다.

우리는 오랜 세월, 포악한 광풍을 이겨내고 자랑스러운 연륜을 쌓아 오신 리 선생님께 마음을 함께하고 고난을 함께하고 또한 조

국의 현실을 더불어 아파해온 모든 분들과 더불어 흠모와 사랑과
축하의 뜻을 전하고자 합니다.

"탐욕과 패도(覇道)에 눈이 먼 자들의 광란이 이 땅을 어지럽힐
때, 그 많은 사람들이 침묵하거나 추종하면서 제 나름의 변명을 창
작하고 있을 때, 리 교수께서만은 곧고 바른 선비의 길, 스승의 길을
지켜오셨습니다."

저는 선생의 회갑기념문집의 헌정사에 썼던 이 말을 오늘 다시
함으로써 왜 우리가 이분을 뜨겁게 존경해야 하는가를, 특히 오늘
의 젊은이들에게 알려주고 싶습니다. 이번에 간행된《동굴 속의
독백》뒷부분에 신홍범 선생과 유홍준 선생의 인물평전이 실려 있
고 오늘 행사의 다음 순서에 나오실 정현백, 백낙청 두 교수님께서
본격적인 좋은 말씀을 해주실 것이기에 저는 이 말씀만 하고자 합
니다.

저는 리 교수님께서 구속되었을 때는 변호인으로서, 1980년 봄
5·17 사태 때 남산 지하실에 끌려가 함께 고초를 겪은 '동문' 으로
서, 그리고 70년대 실직자들의 '으악새모임' 의 한 형제로서 이 분
과 얽힌 얼마쯤의 회고담이 있습니다. 하지만 그것은 피차 추방된
몸으로 울분을 달래며 드나들던 옛날의 그 골목집을 다시 찾아가서

한승헌 변호사 스피치의 현장

반주감으로 삼는 것이 좋겠습니다. 오늘 이 자리가 리 교수님을 흠모하고 축복하는 마음을 전하는 자리일 뿐 아니라, 지금껏 의로운 수난과 핍박의 아픔 때문에 괴로워하고 있는 분들에게 위로와 힘이 되고 겨레의 하나됨과 민주주의를 열망하는 이 땅의 동포들에게 소망과 다짐을 안겨주는 계기가 되기를 간절히 바랍니다.

민족운동의 선구적 변호사

허근욱 《민족 변호사 허헌》 출판기념회 축사(2001.5.4.)

《민족변호사 허헌》의 출간은 매우 뜻 깊은 일입니다. 아시다시피 긍인(兢人) 선생은 민족의 독립을 위해서, 그리고 해방 조국의 하나됨을 위하여 헌신한 민족의 지도자였습니다. 해방 후 이분이 북한 정권에 참여한 행적 때문에 남한의 입장에서 다른 평가를 하는 사람도 있겠으나, 적어도 일제 치하의 민족운동과 해방 후의 좌우합작 노력은 제대로 평가받아야 마땅할 것입니다.

긍인 선생은 실로 오랜 세월 나라와 겨레를 위하여 헌신하셨습니다. 청년운동, 신앙, 교육, 언론, 변론 등 여러 분야에서 큰 발자취를 남기셨습니다. 그중에서도 저는 변호사 허헌, 즉 긍인 선생의 변호사로서의 활동에 주목하고자 합니다. 선생은 일제하에서 변호사가

한승헌 변호사 스피치의 현장

되신 후 민족운동·독립운동 사건의 변호에 몸을 아끼지 않으셨습니다. 3·1운동 민족대표의 변호인단, 〈신생활〉지 필화사건, 언론압박탄핵사건, 의열단사건, 조선공산당사건, 여운형사건, 광주학생사건 등 여러 항일사건의 변호를 맡아서 법정투쟁을 하셨습니다. 변호만 한 것이 아니라 동지적 투쟁에도 참여하여 독립운동가 가족을 돕고 항일운동의 선두에 나섰다가 옥고를 치루는가 하면, 1943년의 경성방송국 단파사건으로 다시 투옥되어 오랜 수감생활을 했습니다. 긍인 선생의 변호활동에는 가인(街人) 김병노(金炳魯), 애산(愛山) 이인(李仁) 같은 민족적인 법조계 지도자가 함께 하였습니다. 징역을 산 것으로 그치지 않고 변호사 자격을 박탈당하기도 하였습니다.

저는 법조인의 한 사람으로서 일제치하에서 훌륭한 선배들이 민족 독립운동의 대열에서 큰 자취를 남긴 것을 자랑스럽게 생각합니다. 이런 긍인 선생의 삶이 우리에게 제대로 알려지지 못하고 망각의 세월이 흘러간 것은 참으로 아쉬운 일이었습니다. 다행히 이제 그의 영애 허근욱(許槿旭) 여사의 노력으로 이와 같은 전기가 나오게 된 것은 매우 다행스러운 일이 아닐 수 없습니다. 저는 허 여사와 오랫동안 문우로서 교분을 이어온 사이입니다. 같은 시대를 살아가는 지식인으로서 허 여사의 아픔에 위로를 보내고, 이 책의 출간에 대하여 치하의 말씀을 드립니다.

한 '사회의사'의 물음과 답안

한완상 교수 《다시 한국의 지식인에게》 출판기념회 축사(2000.4.21.)

한완상(1936~) 서울대 교수, 한국기독학생총연맹 이사장, 방송위원회 위원, 한국사회학회 회장, 부총리 겸 교육인적자원부장과, 통일부장관, 대한적십자사 총재. 저서 《민중사회학》 등

오늘 한완상 총장님의 신간 《다시 한국의 지식인에게》의 출판기념회에 와서 축사를 하게 되어 저도 다시 기쁩니다. 이 자리에 계신 각계의 여러분은 한 박사님과 공사 간에 여러 모양의 교분을 갖고 있는 분들이며, 그 인연이나 관계는 공적인 것이든 사적인 것이든 매우 소중하다고 하겠습니다.

저 역시 그러합니다. 민주화운동, 인권운동에 뜻을 함께 했고 방송위원으로 같이 일한 적도 있습니다. 외국 출장도 함께 다녔고 감옥에도 동행하였습니다. 추방된 실업자의 아픔 속에서 '으악새'라는 모임도 같이 하고, 테니스도 같이 치고, 분노와 걱정과 다짐도 함께 나누었습니다. 이분에게서 지식인의 자세와 신앙적 열정을 배웠고 인간다운 심성도 본받고자 하였습니다.

이것은 저 혼자만의 입장이 아니라 오늘 자리를 함께 하신 여러분, 아니 한국사회의 동시대를 살아가는 많은 분들의 공통된 체험이자 생각이 아닌가 합니다. 그러기에 이 모임은 통상의 출판기념회를 넘어선 각별한 의미가 있는 자리라고 하겠습니다. 한 박사님은 이왕에도 많은 저술을 통하여 학문에 이바지하고 세상에 깨우침을 주신 바 있습니다. 그의 글은 언제나 우리에게 깨달음과 다짐의 촉매가 되었습니다. 이번에 간행된《다시 한국의 지식인에게》역시 그러합니다.

그는 오늘날의 급격한 현상적 변화가 우리 삶의 보편적인 가치들을 훼손하는 방향으로 나아가는 것은 아닌지, "우리에게 더 없이 소중한 평화, 정의, 자유, 인권과 같은 가치는 어떻게 될 것인가?" 라는 의문과 경고를 던집니다. 또한 그는 우리의 정치현실, 경제현상, 교육실태, 종교의 실상, 남북관계, 시민사회 등 광범한 역사와 현실의 제 문제에 관해서 남다른 통찰력을 가지고 비판적인 견해를 담아냈습니다.

글은 곧 사람이라고 합니다. 글은 그 필자와 일체를 이루지 않으면 공허하고 위선적인 말장난이 되기 쉽습니다. 같은 말도 그런 말을 할 만한 사람이 해야 합니다. 이 책을 읽으면서 우리는 과연 글은 곧 사람이자 사람이 곧 글이라는 호환성 또는 일체성을 재확인하게 됩니다.

한 박사님은 서울대 교수, 통일원장관 겸 부총리, 대학 총장 등 약력도 화려하지만 실직과 투옥이라는 고난의 '음력' 도 화려합니다. 그는 양지에서나 음지에서나 변함없는 자기 소신을 견지하며 살아왔습니다. 우리 역사, 우리 사회, 우리 현실의 병을 고치는 '사회의사' 로서의 사명과 역할을 일관되게 추구하며 살아오셨습니다.

이분의 글과 말 그리고 다양한 활동은 바로 그 '사회의사' 로서의 역동적인 실천이었습니다 그가 강조하는 학문의 정합성(整合性) 즉 지식인의 실천성의 중요함을 몸소 보여준 것입니다. 벌거벗은 권력과의 싸움, 민중사회학의 제창, 냉전구조 해체를 위한 집념과 남북 공변공영론(共變共榮論) 등도 바로 그 실증의 한 단면입니다.

한 박사님은 진보적이고 지행(知行)이 일치하는 과감한 지식인이자 신앙인입니다. 바로 그런 성향 때문에 뜨거운 공감과 갈채도 받았지만, 비난과 모함도 적지 않았습니다. 정의와 이성의 외침은 언제나 그런 반대자들과의 싸움을 피할 수가 없었고, 고난과 박해를 무릅써야 했습니다. 그 뿐 아니라 더러는 외로운 소수로 밀리거

　　　　　　　　　한승헌 변호사 스피치의 현장

나 패배감에 젖을 때도 있습니다. 그러나 하느님의 역사, 인류의 역사는 단막극이 아닙니다. 비록 더디고 혹은 좌절로 보일지라도 정론(正論)은 마침내 역사를 바로 이끌어가는 큰 길을 차지하게 됩니다. 저자가 통일부총리 시절에 의도했던 한반도 냉전체제의 해빙이 정작 당시의 정부 아래서는 좌절된 듯했으나 오늘 김대중정부의 햇볕정책에서 같은 맥락을 확인할 수 있게 된 것은 우연한 일이 아닙니다.

우리는 한 박사님에게서 많은 것을 배우고 많은 것을 기대합니다. 세상에는 공부해서 머리에 먹물 든 사람이 세속의 욕망과 부귀영화에 끌리어 지식을 팔고 양심을 파는 학기(學妓)로 전락하는 사람도 드물지 않습니다. 이런 한심한 세상에서 한 박사와 같이 소신과 양심과 믿음을 지켜나가는 선비가 계시다는 것은 우리에게 큰 자부심과 위로를 줍니다.

지금은 한 박사님과 같은 '사회의사' 가 예전 못지않게 절실히 아쉬운 시대입니다. 역사는 궁극적으로는 전진하는 것이지만, 그 과정에서는 비틀거림과 반동이 여간 세지 않은 것 같습니다. 역사의 진전을 가로막거나 역진시키려는 세력은 어디에나 있습니다. 그러나 공자 말씀처럼 선과 악이 모두 나의 스승입니다. 우리의 스승입니다. 결국 성패는 우리 모두에게 달려 있습니다.

그렇다면 '사회의사' 의 고달픈 일을 한 박사에게만 맡겨놓고 박수나 칠 것이 아니라 우리들 각자가 '사회의사' 가 되고, 혹시 전문의가 못 되면 인턴·레지던트 혹은 간호사가 되어 서로 힘을 모으는 것이 동시대를 살아가는 지식인의 도리라고 생각합니다. 그리고 오늘 이 축하모임은 그러한 참여와 결집과 합심을 다짐하는 자리가 되었으면 합니다.

박사님은 지금 상지대학교 총장으로서 여전히 현역으로 많은 일을 하고 계십니다. 영원한 현역, 은퇴 없는 스승으로서 겨레의 마음에 변치 않는 사랑과 믿음과 소망을 심어주는 하느님의 종으로 남아 계시기를 간절히 빌면서, 그리고 사모님이신 김형 여사의 내·외조에 치하의 박수를 보내면서 저의 축사를 마치고자 합니다.

민주화의 길에서 만난 피고인과 변호인

이미경 의원 《엄마는 왜 국회의원 해?》 출판기념회 축사(2007.12.27.)

이미경(1950~) 에큐메니칼 현대선교협의회 간사, 대통령긴급조치위반으로 옥고, 한국여성단체연합 공동대표, 국회의원, 국회문화관광위원회 위원장, 민주당 사무총장(현). 저서 《한국의 가난한 여성에 관한 연구》 등

이미경 의원님의 저서 《엄마는 왜 국회의원 해?》의 출판을 진심으로 축하합니다. 두루 아시는 바와 같이 이 의원께서는 학창시절부터 학생운동, 여성운동, 반독대 민주화운동에 앞장서 오셨고, 지금은 3선 의원의 무게를 넘어서는 정치인입니다.

저는 1974년 초, 박정희 유신정권이 소위 대통령긴급조치 1호를 선포하고 유신헌법 반대자들을 마구 잡아들이던 때, 서울구치소 접견실에서 처음으로 이 의원님을 만났습니다. 이 의원은 이화여대 영문과 3학년 재학시절부터 시작하여 대학 졸업 후에도 줄곧 에큐메니칼 현대선교협의회 간사로서 일해 오고 있었습니다. 그때 이해학 목사님 등 성직자 6명이 긴급조치 위반으로 구속되자, 이 의원님은 그 사실을 전국에 널리 알리는 유인물을 만들어 우송 배포하였는데, 그것이 죄라고 구속이 되었던 것입니다. 당시의 긴급조치라는 것은 유신헌법을 반대하는 (남의) 행위를 알리기만 해도 처벌하는, 그런 황당한 조항을 구비하고(?) 있었던 것입니다. 이 의원님은 함께 구속된 다른 젊은이들과 더불어 법정 안팎에서 의연한 언동을 보여주었습니다.

그런데 그 사건의 법정에서 기상천외의 문답이 오갔습니다. 군법회의 심판관 한 사람이 김동완 목사님에게, 이미경이 당신 애인이 아니냐고 물었습니다. 이에 김 목사님은 "아닙니다. 그러나 저로서는 그렇게 되기를 희망합니다"라고 말했습니다. 이런 천하의 명답에 때 아닌 폭소가 터졌습니다. 그 살벌하던 박정권의 유신독재 속에서도 이 의원님은 그야말로 불굴의 의지를 가지고 민주화운동은 물론이고 여성운동, 정신대대책위, 엔지오운동, 평화운동, 통일운동에 이르기까지 참으로 광범한 활동을 계속하셨습니다.

1996년 국회의원이 되신 뒤에는 환경, 노동, 문화, 교육 분야에 주목할 만한 의정활동을 남기셨고, 어느덧 3선의 관록으로 당의 최고위원이 되셨습니다. 이 의원님은 시민운동에서 정치권 활동에 이르기까지 재야정신을 견지해오셨습니다. 1997년 11월, 민주당이 신한국당과 합당됨으로서 앉은 채로 한나라당 소속 의원이 되었지만, 2년 뒤 한국군의 동티모르 파병안의 국회 의결 과정에서 한나라 당의 당론을 따르지 않고 외로운 찬성 기립을 한 것은 너무도 유명한 일입니다.

저는 앞서 말한 대로 긴급조치사건에서 변호인과 피고인의 처지로 이 의원님과 초대면을 한 뒤, 재야 민주화운동, 시민운동의 마당에서 뜻과 방향을 같이 하고, 발걸음을 함께 했습니다. 정치권에 들어가서도 예전 재야시절과 변함없는 그의 행보가 대견스럽고 고맙습니다.

이번에 출간되는 저서에도 이 의원님의 그런 실체가 잘 배어있습니다. 더러 정치인이 자기를 알리는 책에서는 자기선전에 기운 나머지 과장이나 조작 등 '자가발전'이 끼어들기 쉬운데, 이 책에서는 전혀 그런 '성형수술'의 흔적이 없습니다. 저는 거기에 적힌 내용과 사연을 상당부분 알고 있기 때문에 이 책의 정직성을 보증할 수가 있습니다. 자랑거리만 내세우는 정치인의 저서에는 우선 믿음이 가지 않습니다. 그런데 이 책은 다릅니다.

2004년 4월, 국군의 이락 추가 파병 표결에서 이 의원께서 소신과 당론 사이에서 고민하다가 당론에 따라 소신을 접고 찬성표를 던지게 되었는데, 그때의 회한을 고백한 대목도 그의 솔직한 일면을 잘 보여주고 있습니다.

저는 말과 글의 생명은 진실과 감동에 있다고 믿습니다. 삶과 생각이 아울러 진실해야 글도 진실합니다. 감동은 그 진실에서 나오는 자기(磁氣)와도 같은 것입니다. 마음에 와 닿는 전류이기도 합니다. 앞서의 이락 추가 파병 찬성 이야기에서도 그저 내 본의가 아니었다고 끝났다면, 변명만 있고 감동은 없었을 것입니다. 한 시민단체에서 인턴으로 일하고 있는 딸이 '엄마는 뭐 하러 국회의원 해?' 하고 물어 온 이야기를 놓치지 않고 썼다는 데에 진한 여운이 남습니다. 사랑하는 딸 나래의 그 한 마디가 비수처럼 가슴을 후벼 팠다는 고백에서 감동은 더욱 진해집니다.

지금의 정치 환경은 전례 없이 미묘하고도 엄청난 변화의 풍운을 안고 있습니다. 이런 시기일수록 정치인의 실체(본색)에 대한 국민의 올바른 판단 즉 옥석분별이 중요하다고 봅니다. 아무쪼록 많은 분들이 이 책을 통하여 정치인 이미경의 드러난 성적 뿐 아니라 인간 이미경의 아름다운 내면까지도 가슴을 열고 만날 수 있게 되기를 바라면서 축하의 말씀을 맺고자 합니다. 아무쪼록 이 의원께서 앞으로도 계속 정치의 중심에서 이 나라를 바르게 이끌어 나가는 지도자가 되시기를 빕니다.

시련의 한 복판에서 나온 책

한명숙 전 총리 《부드러운 열정 세상을 품다》 출판기념회 축사(2010.2.26.)

한명숙(1944~) 한국크리스챤아카데미 간사, 크리스챤
아카데미사건으로 옥고, 한국여성민우회 회장, 한국여성
단체연합 공동대표, 국회의원, 국무총리. 민주당 서울시장
후보

'시련의 한 복판에서 책 한 권을 냅니다.'

이번 행사 초청의 말씀 첫머리에 적힌 말입니다. 여기 '시련의 한
복판' 이란 말의 뜻을 우리는 이미 공감하고 이 자리에 모였습니다.
인간 한명숙이 겪어왔고 지금도 겪고 있는 고난과 시련은 우리 겨레
의 그것과 맞닿아 있는 상징성을 내포하고 있습니다. 그러기에 오늘
출판을 기념하는 이 '책 한 권' 은 한명숙 개인의 체험과 생각에 멈
추는 것이 아니라, 바로 우리가 알아야 할 상황인식과 지향점을 담
고 있다고 하겠습니다.

그를 박해한 권력은 예전에도 있었고 지금도 있습니다. 왜 그렇
습니까? 그는 예나 지금이나 불의에 맞선 의인의 길을 걸어왔기 때

문입니다. 그에게 닥치는 화근의 궁극은 불의를 외면하지 못한 우직에 있습니다. 불의를 외면하는 사람은 정의를 외면하는 사람입니다. 불의가 판을 흐려놓는 이 세상에서 그나마 우리가 주저앉지 않고 또 희망을 저버리지 않는 것은 바로 한명숙과 같이 의로운 일에 앞장서는 인물이 있기 때문입니다.

저는 2007년 8월에 나온 한 총리 내외분의 서간집 출판 때도 축사를 했습니다. 그의 순정, 적극성, 담대함, 열정, 비단 같은 마음을 그 때 칭송했듯이, 오늘도 같은 말을 하고 싶습니다. 저는 이 분과 한 동네에서 살았고, 같은 청주 한씨 종친이며, 내외분의 고난의 세월을 지켜본 사람입니다. 그리고 지금도 그의 후원회장으로 이름을 걸어놓고 있습니다. 후원회장인 저는 이름 그대로 뒤에서 밀어주는 직분입니다. 그러므로 여러분께서는 앞에서 이끌어주십시오. 그렇게 함으로써, 옛날 졸업식 노래의 한 구절처럼 '앞에서 끌어주고 뒤에서 밀며, 우리나라 짊어지고 나갈 우리들' 이 되도록 합시다.

한명숙은 우리나라 첫 여성 총리로서 이름을 날렸고 공로도 많습니다. 그러나 그는 총리가 되지 않았어도, 총리 벼슬 아니라도 높임을 받기에 족할 만큼 훌륭하고 또 나라의 운명을 감당할만한 거목이었습니다. 한 시인은 〈춘향〉이라는 시에서 이몽룡을 두고 '그는 사또가 되어 돌아오지 않아도 좋았다' 고 읊었습니다. 그렇습니다.

한명숙은 총리라는 자리를 거치지 않았더라도 그의 삶을 통해서 확인된 진정성과 헌신성만으로도 우리 국민의 존경과 신뢰를 받기에 충분한 지도적 인물입니다.

오늘의 이 자리, 이번의 책을 통해서 우리는 인간 한명숙을 더욱 정확히 알고, 그를 사랑하는 마음을 더욱 키워나갑시다. 그가 이 나라, 이 겨레, 우리 형제들을 위해서 지금까지 남다른 고난의 길을 걸어왔듯이, 앞으로도 바른 세상 이룩하는 일에 주저 없이 나설 때에 우리 모두 그의 순수한 뜻을 믿고 힘을 실어주었으면 합니다.

우리 모두 그의 애독자가 됩시다. 그의 말과 글을 통해서 그의 마음을 읽읍시다. 그리고 깨달음을 얻읍시다. 그리하여 그에 대한 감사와 격려를 어떤 모습으로 보여주어야 할 것인지도 생각하고 다짐을 합시다. 영광을 함께 하고자 하면, 먼저 고난을 함께 하라고 했습니다.

고난 속에서 비로소 인간은 자기 자신을 알게 된다고 했습니다. 한명숙은 고난 속에서 더욱 찬연한 사람입니다. 그는 '사서 고생한 사람' 입니다. 지금도 마찬가지입니다. 자기 욕심과 계산이 없는 이타적인 험한 길을 마다하지 않고 더욱 치열하게 살아왔습니다. 그의 과거는 그에 대한 우리 믿음의 근거이자 증명이며, 오늘의 그의 청정하고 강인한 의지는 이 나라의 내일의 희망이자 담보입니다.

하고 싶은 말, 준비한 말이 많습니다만, 시간이 다 되었습니다. 하기는, 굳이 이런저런 말로 하지 않아도 우리가 나누어야 할 생각과 다짐은 이심전심으로 공감하고 있는 터이기도 합니다. 그래서 제가 '이심' 하고 선창을 하면 여러분께서는 '전심' 하고 화답해주시는 것으로 오늘의 제 순서를 마치고자 합니다.

"이심!" ("전심!")
감사합니다.

한·일간의 올바른 역사인식의 장(場)으로

일본 NPO 하늘하우스 기관지 〈하늘 하우스〉 창간 축사(2002.10.15.)

 몇 해 전부터 영상 '하늘(ハヌル)' 은 나에게 많은 감동을 주었습니다. 바로 그 그룹이 모체가 되어 NPO 하늘 하우스가 탄생하고, 거기에 새로이 계간지 〈하늘 하우스〉를 발간하게 되었다는 소식은 나를 또 한 번 기쁘게 해주었습니다. 마에다겐지(前田憲二), 가야누마노리코(管沼紀子), 이의칙…. 한일 간의 역사와 문화를 바로 알기 위한 이분들의 줄기찬 노력은 나로 하여금 예전과는 다른 또 하나의 일본을 알게 하였습니다. 진실과 평화를 파괴하는 왜곡과 편견을 바로잡기 위해서 그들은 때로는 자국 내의 비난과 위험에도 직면해야 했습니다. 그런데도 그들은 불굴의 신념을 져버리지 않았습니다. 지금까지 영상 '하늘' 이 세상에 내놓은 여러 작품(영상물)이 그것을 증명해줍니다. 특히 〈백만인의 신세타령〉은 일본 식민지 지

배하의 한국인들이 겪은 온갖 참상을 당사자의 생생한 육성을 통하여 접할 수 있는 다큐멘터리 영상물로서 한일 두 나라에서 높은 평가를 받았습니다.

위의 분들은 온갖 어려움을 무릅쓰고 그 영상물을 완성하였고, 나아가서 상영을 강행하였습니다. 여기서 굳이 '강행'이라고 하는 것은 일본 내의 우익 내지 국수주의자들의 위협과 방해가 상영 현장까지 미쳤기 때문입니다. 나는 일본사회에 아직도 그런 구시대적 요소가 남아있다는 데 놀랐고, 그럴수록 앞서의 세 분과 그 지원자들에게 경의를 갖게 되었습니다. 바로 이런 분들이 이제 한일 문화교류의 새로운 장(章)과 장(場)을 열고자 하늘 하우스라는 NPO의 깃발 아래 같은 이름의 계간지를 낸다는 것은 그 의의가 크다 아니 할 수 없습니다. 발기인도 한일 두 나라에서 나오고, 잡지도 두 나라 말로 나온다고 하니 더욱 그러합니다.

저는 〈하늘 하우스〉가 진정 한일 간의 올바른 역사인식을 깨우치고 다져서 서로의 문화와 전통에 대한 이해를 높임으로써 평화와 우호, 연대와 전진에 크게 이바지해 줄 것으로 확신합니다. 그리고 하늘 하우스가 NPO를 내세우는 것을 환영하면서도, 행여 그것이 소극적 의미의 비영리에 멈추지 않기를 바랍니다. NPO는 동시에 Non-Paradox, Non-Political, Non-Pollution이어야 합니다. 이것도

'무엇 무엇이 아니다' 에 그치지 않고, 역설(모순)적인 것, 정치(당파)적인 것, 그리고 속세의 오염(공해) 등과 싸우고, 배제하고, 그러면서 초월해야 함을 뜻한다고 적극적인 해석을 해 봅니다. 한 마디로 순수성과 용기가 전제되어야 합니다.

또한 한 두 사람의 재력가에 의존하는 것보다는 많은 회원과 후원자들이 십시일반(十匙一飯)으로 힘을 모아야만 재정의 '비집중화(Non-Centralized)원칙' 에도 부합되는 것으로 '풀뿌리 운동' 의 성공에 요체(要諦)가 되는 것입니다.

하늘 하우스의 사업계획 가운데는 국제 심포지엄, 연구모임, 조사 기행, 유학생 지원, 강제연행 피해자 등을 위한 양로원, 전시 공연장의 건립 등 매우 의욕적인 구상이 담겨 있습니다. 이만한 사업은 의욕만으로는 안 되고 재원이 따라야 하는데, 사람에게는 머리(또는 심장)와 주머니 사정이 서로 일치되지 않는 수가 많아서 걱정입니다. 금액의 많고 적음에 관계없이 재정적 후원자 내지 참여자가 많이 나오기를 빌면서, 운영기금의 자립에도 지혜를 모으기를 바랍니다.

계간지 〈하늘 하우스〉가 연구와 홍보뿐만 아니라 재원의 확보에도 크게 기여하는 다목적 매체의 역할을 다해줄 것으로 기대합니다. 이번에 과연 창간호답게 한일 두 나라의 학자, 문인, 시민운동가 등 훌륭한 필진이 좋은 글을 기고하여 첫 출발의 지면을 빛내주어서 기쁩니다. 아무쪼록 〈하늘 하우스〉가 당초에 목적한 바, 한일 역사·문화 바로 알기와 양 국민간의 이해·교류의 증진에 크게 공헌하기를 바라면서 마에다 감독을 비롯한 이 운동 참여자 및 필진 여러분들의 건승을 기원합니다.

새 책 만들기와 헌 책 사랑

《범우 윤형두 화갑기념문집》 출판기념회 축사(1995.12.27)

윤형두(1935~) 도서출판 범우사 설립, 회장(현) 월간 〈다리〉 발행인, 〈다리〉지 필화사건으로 구속(무죄판결), 한국출판학회 회장, 중앙대학교 신문방송대학원 객원교수, 한국출판협동조합 이사장, 한국출판진흥재단 이사장, 한국출판문화재단 이사장. 저서 《범우 윤형두 전집》 등

한 인간이 60까지 사는 동안 얼마나 많은 일을 할 수 있을까. 이 해답을 윤형두 사장에게서 찾는 사람은 '놀라움' 과 만나게 될 것입니다. 한평생 변함없이 정도(正道)를 걷는 사람이 얼마나 될 것인가라는 의문을 갖는 사람도 윤형두 사장을 머리에 떠올리고는 반가움을 금치못할 것입니다. 이래서 오늘 윤 사장의 회갑은 우리 모두의 축복이자 기쁨이 됩니다.

그는 40년 동안 출판 외길을 걸어왔고 마침내는 출판과 인생의 양면에서 입지전적인 성공을 거둔 인물의 전형이 되었습니다. 생각하면 그의 삶은 비범의 연속이었습니다. 인간 윤형두, 그는 어려서부터 순탄치 않은 현실과 맞부딪쳐야 했습니다. 침략자의 땅(일본)

에서 국민학교를 다닐 때는 마늘 냄새 때문에 수모를 겪어야 했고, B29의 폭음에 쫓기며 현해탄을 건너와야 했던 상처받은 소년이었습니다. 고국 땅 남쪽 하늘 밑 여수 돌산(突山) 바닷가에서 그는 해일만큼이나 엄청난 현실의 광란을 체험하였고, 6.25를 겪고 나서 무작정 상경한 뒤에는 더욱이나 황량한 세태와 싸워야 했습니다. 괴로움은 대단했지만 그는 결코 좌절하지 않았고 또 야합하지도 않았습니다. 1971년에 월간 〈다리〉 사건으로 옥고를 치르는 등 갖가지 수난 속에서 그는 오히려 강인한 야인의 모습을 다져나갔던 것입니다.

지금에 와서 윤형두 사장의 발자취를 요약하기는 그리 간단치가 않습니다. 출판인으로부터 시작하여 수필가, 출판학의 개척자, 출판학회의 중흥자, 고서 수집 · 연구가, 산악인, 출판장학사업의 독지가 등. 이렇게 다양한 타이틀을 일순(一巡)하고 나면 다시 출판인 윤형두와 만나게 됩니다. 그는 궁극적으로 '범우사의 윤형두' 이기를 원하는 사람입니다.

윤 사장의 화갑문집에 글을 써야 할 사람, 쓰고 싶은 사람은 참으로 많습니다. 그의 삶과 생각의 폭이 넓었던 만큼 교우의 폭도 넓었던 때문입니다. 따라서 이 문집에 글을 쓴 사람들은 그 중의 극히 일부일 수밖에 없음을 안타깝게 생각합니다.

　　　　　　　　

필자마다 윤 사장과 나눈 체험과 교분은 다를 수 있지만, 그러면서도 어떤 공통인자 같은 것이 여러 글을 통해서 부각되고 있습니다. 그것은 윤 사장의 착한 심성과 따뜻한 인간미, 그리고 투철한 직업의식과 자기향상을 위한 노력 등으로 요약할 수 있겠습니다. 소리없이 남을 돕고 베푸는 손길도 그에게서 빼놓을 수 없는 덕목의 하나일 것입니다.

회갑은 나이 먹는 과정의 한 시점일 뿐인데도 사람들은 거기에 나름대로의 의미를 부여하거나 하나의 단락으로 삼으려고 합니다. 윤 사장은 이 단락조차도 대인풍(大人風)으로 담담하게 넘기는 터여서, 이 기념문집의 간행에 대해서도 그의 사양은 여간이 아니었습니다. 바라건대 윤 사장의 화갑이 더욱 풍성하고 아름다운 인생 하반기의 기점이 되기를 기대하면서 진정어린 축복을 보내는 바입니다.

3장
축사 Ⅲ
문화·예술·학술 행사 등

이번 장에는 공연, 전시회, 미술관 개관, 문화훈장 서훈, 영화 제작발표회, 학술 세미나, 한가위 대잔치, 저작권법 시행 50주년, 비영리단체 발족, 학술상 시상식 등 여러 행사에서의 스피치가 망라되어 있다.

문화, 예술, 학술 행사를 한 마디로 문화행사라고 크게 묶어서 말한다면, 거기에는 축사도 문화적 안목이 담겨 있어야 한다. 어느 정도 문화에 대한 전문성 내지 소양도 갖추어야 축사다운 축사를 할 수 있다. 그런 의미에서 나는 문화행사에 나가서 축사를 할 주제는 아니다. 그런데도 이런저런 인연으로 해서 징발을 당해서 분수에 없는 스피치를 하곤 했다.

음악 · 미술 · 영화에 대한 밑천 부족을 아쉬워하면서 책이나 자료 또는 인터넷을 통하여 벼락치기 공부를 해가지고 간신히 '과락' 축사를 면한 적도 있었다. 동학농민혁명을 주제로 한 뮤직드라마 공연의 축사는 내가 지나날 10년 동안이나 동학농민혁명기념사업회의 이사장을 지낸 전력이 있어서 별 어려움 없이 감당했다. 연극·뮤지컬 등 공연물에서는 여러 배역과 스태프들의 참여를 염두에 두고 그들에 대한 격려·감사를 잊지 않도록 한다.

나는 미술인도 아니고 그 분야에 이렇다 할 식견도 없지만, 주인공들과의 인연으로 해서 전시회장에서도 축하의 말씀을 하지 않을 수 없었다. 나이 80이 넘어서 처음 서울 전시의 기회를 갖게 된 재일 동포 오병학 화백의 전시회는 나와 절친한 일본인 영화감독(그는 일제의 한국 침략을 영상으로 고발한 다큐멘터리 감독이다)과의 친분으로 내가 화랑을 주선했던 터였다. 무엇보다도 그의 민족의식과 고난에 찬 삶에 마음이 끌렸던 것이다.

고암 미술관의 개관 때는 고암 이응노 화백이 동백림사건으로 수감되었을 때 변호를 했던 인연으로 마이크 앞에 나갔다. 일본 영화 〈KT〉는 김대중 납치사건을 다룬 영화였기에 상업성보다 진실을 밝히는 데 주력해달라는 당부를 하고자 일본에 건너가 그 제작발표회에 나갔었다. 일본 영화감독 마에다겐지 감독의 한국 문화훈장 서훈에는 자기 나라의 과거를 고발한 그의 양심과 용기를 존경하는 마음에서 축하의 말을 사양하지 않았다.

가장 걸맞지 않은 축사는 국립암센터가 주최한 '품위 있는 죽음'

이라는 심포지엄에서였다. 그런 주제의 행사에 왜 하필이면 나더러 축사를 해달라는 것이냐고 반문을 하면서 사양 아닌 거절을 했었다. 하지만 박재갑 원장의 간청에 마음 약한 내가 물러서고 마침내 축사를 하게 되었다.

법조인 내지 법학도는 매사를 '옳다, 그르다', '희다, 검다', '이다, 아니다' 라는 2분법적 시각으로 말하는 습성이 있다. 다른 분야의 인사들도 흑백논리에 오염되어 있는 사례를 자주 보게 되는데, 적어도 문화 분야를 대하는 경우만이라도 흑백 아닌 진·선·미를 사고의 바탕에 깔고 시야를 넓혀서 말을 업그레이드했으면 좋겠다고 나 자신에게 타이르곤 한다.

한 재야 사학자의 초상

제15회 단재상 시상식(수상자 이이화 선생) 축사(2001.5.9.)

이이화(1937~) 역사학자, 역사문제연구소 소장, 동학농
민전쟁 100주년 기념행사 추진위원장, 동학 100주년 기념
단체협의회 공동대표, 동학농민혁명기념재단 이사장, 단
재상 · 임창순학술상 수상. 저서 《한국사 이야기》 22권 등

오늘 열다섯 번째로 단재상(丹齋賞)을 받으신 이이화 선생님께
축하를 드립니다. 수상자이신 이이화 선생께서는 이름난 재야 사학
자로서 얼마나 독보적이고 훌륭한 분이신가 하는 점은 여러분께서
익히 잘 아시는 터이므로 여기서 말씀을 되풀이 하지 않겠습니다.
다만, 교수나 박사라는 칭호가 붙지 않는 학자로서 이런 전통 있는
상을 받으시게 되었다는 사실만으로도 이 분의 학문의 깊이와 저술
의 역량을 넉넉히 알 수가 있다는 말씀만은 드리고 싶습니다.

저는 개인적으로 선생과 인연이 깊습니다. 제 둘째가 한국사를
전공하는데, 대학 때에 이 선생한테서 한문을 배웠습니다. 한 주일
에 두 번씩 이 선생 댁에 가서 공부를 하고 왔는데, 그런 날은 밤늦

게야 집에 돌아오곤 했습니다. 선생의 댁이 교문리라서 멀기도 했지만, 또 다른 이유가 있었습니다. 공부가 끝나고 나면 반드시 술을 주신다는 것이었습니다. 그러니까 매번 장학주(獎學酒)(?)를 마시고 오느라고 귀가 시간이 더욱 늦어진 것이었습니다. 이 선생의 인정과 성품을 엿볼 수 있는 아름다운 이야기였습니다.

또 한 가지는, 제 자신이 이 선생에게서 여러 모로 도움을 받고 있다는 것입니다. 제가 사단법인 동학농민혁명기념사업회 이사장 직분을 맡고 있으면서 선생으로부터 많은 것을 배우고 있습니다. 선생께서는 동학농민혁명에 관해서 많은 연구를 하셨고, 또 기념사업회 활동에도 크게 도움을 주셨습니다. 이처럼 부자 2대가 가르침을 받았기 때문에 오늘 저의 이 축하 말씀은 결코 의례적인 인사치레일 수가 없습니다.

이이화 선생께서는 탁월하신 한학 실력과 역사 기행, 현장 답사로 널리 알려져 있습니다. 이처럼 문헌과 현장 중심의 역사 연구는 아무래도 실증사학 또는 보수적 사관에 기울기 쉬운데, 선생께서는 그와는 달리 실증을 소홀히 하지 않는 민족사학 내지 진보적 사관을 견지하고 계십니다.

선생은 역사학 내지 역사 연구를 상아탑이나 연구실에서 끌어내어, 흔히 학문이라는 이름으로 어떤 틀 속에 갇혀 있기 쉬운 역사 지식을 생동감 있는 학문으로 바꾸어 놓으셨습니다. 무엇보다도, 한 사람의 힘으로 전 22권에 달하는 역사서를 저술한다는 것부터가 놀라운 일입니다. 이와 같은 야심적인 작업을 수행하고 있는 저자에게 이번의 수상은 다시없는 큰 격려가 될 것입니다.

통사적 서술이면서 종래의 통설들을 비판하고 바로잡는가 하면, 쉽고도 신선한 문체로써 역사 지식의 대중화에 이바지하고 있는 점도 매우 반가운 일입니다.

아무쪼록 선생의 방대한 저작이 순조롭고도 알찬 결실을 맺게 되기를 빌면서, 유례없는 출판 기획으로 기대를 모으면서 또한 권위 있는 단재상 시상으로 학술 문화 발전에 촉매 역할을 해오고 있는 한길사 김언호 사장께도 경의를 표합니다. 단재상의 명성에 합당한 수상자를 선정해주신 심사위원 여러분께 감사의 말씀을 드리면서, 저의 축하 말씀을 마치고자 합니다.

자국의 과거를 고발한
한 일본인의 양심과 용기

일본 마에다겐지 감독 한국 문화훈장 서훈 축사(2001.11.7.)

마에다겐지(1936~) 다큐멘터리 영화감독, 아시아문화 연구프로젝트 운영위원, 한국정부로부터 문화훈장 서훈, NPO '하늘' 대표. 〈백만인의 신세타령〉 〈월하의 침략자〉 등 작품 다수

제가 존경하는 마에다(前田憲二) 감독께서 지난 10월 20일(2001년) 한국정부로부터 옥관(玉冠)문화훈장을 받으신 것을 진심으로 축하드립니다. 우리 정부가 외국인에게 그러한 서훈(敍勳)을 하는 예는 매우 드문 것으로 압니다.

마에다 감독은 다큐멘터리 영화의 거장(巨匠)으로 일본 전통문화에 관한 200여 편의 기록영화를 제작 감독한 관록을 갖고 있습니다. 뿐만 아니라 그는 일찍이 일본문화의 근원이라 할 한국 고대문화에 깊은 관심을 갖고 연구하면서 여러 편의 다큐멘터리 영화를 제작·감독하여, 이 분야의 독보적 존재로 존경을 받아왔습니다.

그는 일본이 한국 강점기에 자행한 한국인의 강제 징용, 강제 노동과 여자정신대에 대한 만행을 피해 당사자의 증언으로 채록하여, 〈백만인의 신세타령〉이라는 책과 영상물을 제작하였습니다. 그리고 일본 보수·우익세력의 방해와 협박을 무릅쓰고 일본 전국에 상영을 강행하고 있습니다. 그분의 작품 중 〈철과 가야(伽倻) 대왕들〉, 〈신들의 이력서〉, 그리고 〈백만인의 신세타령〉 등은 이미 한국 KBS의 전국 방송을 통하여 대단한 호평을 받은 바 있습니다.

그는 한국문화의 현장을 답사하고 촬영하기 위하여 지금까지 30여 차례나 한국을 왕래하였으며, 제작비의 부족 등 말할 수 없는 난관을 무릅쓰고 일제의 만행을 고발하고 속죄한다는 일념으로, 수지타산이 맞을 수가 없는 한국관계 다큐멘터리 영화 제작에 전력을 기울여왔습니다.

사실, 일본인으로서 일본의 역사적 과오를 폭로·규탄하는 다큐멘터리 영화를 제작한다는 것은 여간 어려운 일이 아닙니다. 대단한 양심과 용기에 실천력도 따라야 합니다. 이번 서훈에 크게 작용한 〈백만인의 신세타령〉만 해도 촬영 스태프들이 몇 차례나 한국에 와서 전국을 돌면서 수십 명의 피해 당사자들을 인터뷰하는 어려움을 겪었습니다.

이는 생각하기에 따라서는 우리 한국인이 먼저 해야 할 일을 마에다 선생이 나서 주셨다고 볼 수 있습니다. 이와 같은 그의 활동은 한일 간의 올바른 역사인식과 전향적인 관계 정립에 크게 이바지한 것으로 평가할 수 있습니다.

마에다 감독님의 고매한 인격, 강인한 신념, 올바른 역사관, 그리고 남다른 탐구정신에 다시 한 번 경의를 표하면서, 앞날의 건승을 기원합니다.

     한승헌 변호사 스피치의 현장

팔순 넘어 숙원 이룬 조국에서의
첫 전시회

재일동포 오병학 화백 서울 전시회 축사(2006.2.12.)

오병학(1924~) 재일동포 화가, 도쿄예술대 중퇴, 일본 스페인 프랑스 영국 이태리 등에서 개인전. 작품집《오병학 화집》

　오병학 화백님의 이번 서울 전시회는 '역사적' 이란 말을 앞세우기에 모자람이 없습니다. 소위 '재일(在日)' 이란 운명을 짊어지고 일본 땅에서 60여년을 살아오면서 작품 활동을 해 온 선생께서 어언 80이 넘은 백발의 나이에 그토록 바라던 조국 땅 서울에서 첫 전시회를 갖게 되었으니, 그 감격이 어찌 작가 한 사람의 심정에 그칠 수 있겠습니까?

　실인즉 저는 이 작가의 삶과 예술의 토양(土壤)이 된 시대와 공간에 많은 관심을 갖게 됩니다. 침략자의 땅에서 겪었을 차별과 수모, 그리고 가난, 그뿐인가, 갈라져 싸우는 조국과 동족의 현실을 아파하면서 그는 남다른 예술혼을 화폭에 담아 왔던 것입니다. 그의 작품에 응축(凝縮)되어 있는 우리 겨레의 유구하고도 심오한 내면세계를 감지하면서 우리는 이 작가의 담백하면서도 강렬한 화풍에 돈수(頓首)하지 않을 수가 없습니다.

제가 오 화백의 작품과 그의 생애 및 예술을 담은 다큐멘터리 필름을 접한 것은 저와 매우 절친한 마에다겐지(前田憲二) 감독 덕분이었습니다. 그가 보내온 도록(圖錄)과 비디오는 마에다 감독 자신이 경제적 어려움을 무릅쓰고 직접 제작한 것이었습니다. 남의 나라의 한 화가를 위해서 그만한 일을 한 감독에게 저는 머리를 숙이지 않을 수 없었습니다. 그 영상물이 이후 KBS를 통해서 널리 방송됨으로써 오 화백의 작품세계와 마에다 선생의 휴머니티가 국내에 널리 알려진 것은 늦게나마 다행스러운 일이었습니다.

오 화백님은 지난 4월, 이번 국내 전시를 협의하기 위해서 실로 70여년 만에 서울에 오셨습니다. 그때까지 그 분이 남한 땅을 밟을 수가 없었던 이런저런 사정은 우리가 익히 짐작할 수 있는 상황 때문이었습니다. 그러나 이제는 그에게 더 이상 금단(禁斷)의 땅은 없습니다. 이 모두가 우리 역사의 한계와 가능성을 아울러 말해주는 단면입니다. 비록 더디고 주춤거리기는 할망정, 역사는 결국 전진하고 있다는 확신을 이번 오 화백의 서울 전시회를 통해서 재확인하게 된 것입니다.

오랜 숙원이던 서울에서의 개인전을 열게 된 오 화백님께 축하를 드리며, 이번 행사가 그 분 한 개인의 보람과 기쁨을 넘어서 우리 미술계의 새로운 경사이자 우리 겨레가 공유하는 정신적 뿌리를 함께 재음미하는 뜻있는 계기가 되기를 간절히 바랍니다.

이 전시회의 개최에 아낌없는 협력과 지원을 해주신 마에다 감독님과 일본의 '하늘 하우스' 여러분, 그리고 화랑 '학고재(學古齋)'의 우찬규 사장님께 감사를 드립니다.

동학농민혁명의 역사를 담은 감동의 무대

뮤직 드라마 〈녹두꽃이 피리라〉 국립극장 공연 축사(2008.7.2.)

동학농민혁명을 소재로 한 창작 뮤직드라마 〈녹두꽃이 피리라〉를 국립극장에서 공연하게 되어 감회가 새롭습니다. 이번 공연을 주관하는 전라북도와 전북대학교가 저의 고향이자 모교이기 때문이기도 하고, 또 제가 동학농민혁명기념사업회의 이사장을 역임했기 때문이기도 합니다. 그보다도 이번 공연이 우리 역사에 큰 획을 그은 동학농민혁명의 역사적 의미를 바로 세우고, 그 숭고한 정신을 많은 국민의 가슴에 심어주는 뜻 깊은 무대가 되리라고 믿는 터여서 더욱 그렇습니다.

지금부터 114년 전, 갑오년 당시의 우리 선조들은 부정과 외세에 맞서 나라를 바로잡고 역사를 바로 세우기 위해서 분연히 항쟁에 나섰습니다. 이러한 동학농민혁명의 정신은 4.19혁명과 광주민중항쟁과 6월민주항쟁 등 우리나라 현대사의 큰 물줄기로 이어져 오늘날의 민주화를 이룩하는 역사적 원동력이 되었다는 평가를 받고 있습니다.

그런 의미에서 〈녹두꽃이 피리라〉는 동학농민혁명의 발상지인 전라북도 한 지역만이 아닌 우리 온 겨레의 혼과 정신을 담고 있다 하겠습니다. 동학농민혁명을 무대예술로 승화시킨 이 작품은 우리의 음악인 판소리와 서양의 음악인 오페라를 접목하여 새로운 장르를 개척했다는 점에서 우리 전통문화의 세계화 가능성을 보여준 성과라고도 할 수 있습니다.

이러한 결실을 맺기까지 전라북도와 전북대학교가 힘을 모아 함께 노력했다는 점 또한 높이 평가할 만한 일입니다. 지방자치단체와 대학이 손잡고 일군 이번 결실은 비단 지역의 발전을 위해서 뿐 아니라 우리나라의 정신문화 중흥을 위해서도 의의가 크다고 하겠습니다.

이번 공연을 계기로 전라북도와 전북대학교는 또 한 번의 도약을 위한 큰 걸음을 내딛게 되리라고 믿습니다. 대한민국의 미래를 책임지는 지역으로, 나아가서 동북아시대를 이끌어갈 중심체로 우뚝

서게 될 것입니다. 또한 동학농민혁명기념사업회도 자랑스러운 우리 민중의 역사를 바로 알리고, 이를 계승 발전시키는데 더욱 이바지하게 되기를 바랍니다.

끝으로, 이번 서울 공연이 성황리에 이루어질 수 있도록 열과 성을 다해주신 전라북도와 전북대학교, 그리고 물심양면으로 도와주신 전북도민회를 비롯한 각계의 여러분께 감사의 말씀을 드립니다. 아울러 바쁘신 중에도 귀한 시간을 할애하시어 오늘의 공연을 더욱 빛나게 해주신 내외 귀빈 여러분의 건강과 행복을 기원합니다.

사라진 고향 마을, 화폭에서 부활하다

김학곤 화백 기록화전 축사(2009.9.9.)

김학곤(1961~) 대한민국미술대전 특선, 대한민국미술대전 심사위원, 한국서화백일대상전 심사위원. 작품집《삶의 고향, 마음의 고향》

우리 고장 진안 태생의 김학곤 화백이 아주 특이한 작품을 가지고 여러분을 모시게 되었습니다. 전북 진안군의 5개 면을 잠식한 용담댐, 다른 지역의 물 사정을 해결하기 위해서 만든 그 댐으로 수몰된 고향 마을들을 그린 기록화입니다. 수몰지역에 있던 마을은 지금 물속에 잠겨 있는 것이 아니라 담수(湛水)하기 훨씬 전에 깨끗하게 철거되어 형체조차 없어졌습니다. 제가 자라던 마을도 그렇게 사라졌습니다. 참 허망했습니다. 2001년 용담댐 준공식에 참석했던 저는 담수 버튼을 누르는 식순에는 나가지 않고 그냥 자리에 버티고 앉아 있었습니다. 차마 내 손으로 우리 고향을 수몰시키는 버튼을 누를 수는 없었습니다.

수몰지역을 떠난 사람들은 완벽한 실향민입니다. 보통의 실향민은 돌아갈 고향마을은 있는데 무슨 사정으로 지금은 가지 못하는 사람들입니다. 그러나 제가 돌아갈 고향마을은 지금 이 지상에 없습니다.

얼마 전 제가 한 일간지에 자전적인 글을 연재하면서 고향 마을(전북 진안군 안천면 노성리 상보부락) 사진이 필요했는데, 거기에 알맞는 사진이 없었습니다. 그 때 생각난 것이 김학곤 화백의 용담댐 수몰지역 기록화였습니다. 김 화백의 도움으로 옛날 우리 마을 그림을 파일로 받아 신문에 삽화로 썼더니, 여러 사람으로부터 그림이 너무 아름답고 좋았다는 호평을 들었습니다.

이제 지상에서 사라진 제 고향마을은 김 화백의 화폭 위에만 존재합니다. 이미 사라진 그 삶의 본향(本鄕)이 김 화백의 화필을 통해서 우리 앞에 재현되었습니다. 고을마다 마을마다 발품을 팔아가며 찾아가서, 초가지붕·골목길 하나도 놓치지 않고 정밀하게 그려낸 김 화백의 작품들이 없었다면 큰 일 날 뻔 했습니다.

그렇게 완성한 기념비적인 작품들을 이번에 서울 한복판에서 전시하게 되니, 그 고장 출신의 한 사람으로서 말 그대로 감회가 새롭습니다. 김 화백은 역량을 높이 평가받는 미술인입니다. 이번 전시에서도 그의 섬세하고 아름다운 색조가 마치 동화 속의 마을을 보는 것만 같습니다.

이 시대를 살아가는 사람들 중에는 비록 저 같이 댐의 수몰민은 아니더라도, 그리워서 찾아갈 보금자리의 '원형'을 상실한 정신적인 실향민이 많다고 봅니다. 그러기에 이번 김 화백의 작품은 한 지역의 한계를 넘어서 어떤 보편성을 담고 있다고 믿습니다. 개발의 양지를 위해서 '강요된 상실'을 아쉬워하는 사람들에게 어린 시절의 색동옷 같은 아름다움을 재현시켜 줄 것이기 때문입니다.

부디, 많은 분들이 오셔서 김 화백 특유의 화풍에 공감과 격려를 보내주시면 감사하겠습니다. 전시장까지 찾아오시는 발걸음, 그 귀한 시간보다 더 귀한 정감을 느끼게 되시리라고 믿습니다.
감사합니다.

이응노 미술의 귀향

고암 미술관(서울 평창동) 개관 기념식 축사(2000.11.14.)

이응노(1904~1989) 아호 죽사, 고암. 화가. 홍익대 · 서라벌예술대 교수. 프랑스에서 창작 활동, 파리동양미술학교 설립. 동백림사건으로 복역

오늘 이응노(李應魯) 미술관 개관을 진심으로 축하합니다. 그리고 고암(顧菴) 선생의 위대한 삶과 예술혼을 추모하는 마음 간절합니다. 1994년, 고암선생의 10주기를 기념하는 회고전 때, 한 언론인이 이런 글을 썼습니다.

— 고국을 찾겠다고 벼르던 고암은 이역만리에 묻히고…. 이제 이 땅에서는 그의 흔적만이 남겨져 있을 뿐 작품을 모아둔 변변한 기념관도 없다. 작품만이 고향을 찾고 그나마 그 예술이 이국땅으로 되돌아가는 것은 우리의 비극이다. —

그때의 아쉬움은 그 칼럼 필자만의 심정이 아니었습니다. 그러기에 오늘 이 미술관 개관의 의미는 기쁨과 감격을 더하게 할 만큼 각별한 바가 있습니다. 오늘 이 자리에서 우리가 이처럼 개관을 축하하는 것은 고암선생의 예술을 위해서만이 아니라 이 나라의 문화적 체통과 예술적 자부심으로 이어지는 나라 사랑의 마음 때문이기도 합니다.

저는 고암선생의 예술을 논할만한 식견은 없습니다. 그런데도 1994년 5월 호암미술관에서 열렸던 5주기 회고전 개막 때도 참석했고, 작년의 10주기 회고전 때에는 개막 행사의 테이프를 끊는 줄에 끼어 있었습니다. 1967년 동백림사건 당시 제가 그 분의 변호인이었다는 것을 사모님이신 박인경 여사께서 기자에게 상기시켰다는 기사가 실리기도 했습니다.

그렇습니다. 저는 고암선생 내외분께서 동백림사건의 피고인으로 구속되셨을 때 그 내외분의 변호인이었습니다. 말하자면 예술 외적인 인연으로 구치소에서 두 분을 처음 뵈었고, 그 후 법정과 구치소에서 여러 번 만나게 되었습니다. 그때 사건으로 고암선생은 6.25때 북으로 간 혈육을 만나보겠다는 일념으로 동백림을 왕래한 것이 문제가 되어 고국의 법정에 묶인 채로 끌려 다니면서 감방살이를 하게 되었습니다.

고암선생은 저와의 처음 접견 때에 '유럽에 가봐라. 코리아는 몰라도 이응노라면 안다. 세계의 이응노를 남한에서 이렇게 할 수가 있느냐'고 분노하셨습니다. 선생은 조국 분단의 비극 때문에 심신에 큰 상처를 입으셨고, 뜻하지 않은 고난을 체험하게 되셨으며, 그것이 그분의 예술세계에도 적지 않은 영향이랄까 변모를 가져다주었다고 봅니다. 형집행정지로 석방되어 나오신 직후에 공개된 '밥풀조각'과 서예작품 등 새로운 옥중미술과 훗날의 '군상(群像)' 연작 시리즈에는 그분의 고난에 찬 체험과 무관할 수 없는 역사 의식이 배접되어 있다고 믿습니다.

고암선생은 어디까지나 한국의 화가로 사시면서 통일을 갈망했고, 조국의 민주화를 염원하며 말년의 작품에 그것을 담아냈습니다. 그처럼 예술 이상의 의미를 간직한 세계적인 작품을 상설 전시할 미술관을 이제야 갖게 되었으니 부끄럽고도 다행스런 일입니다. 선생께서 오늘 이 자리를 굽어보신다면 얼마나 감격하고 기뻐하실까 생각해봅니다. "그이도 살아서 함께 오셨더라면…" 10주기 회고전 때 박인경 여사께서 고백하신 애절한 아쉬움이 어찌 그 한 분의 심정 만이겠습니까?

이제 이 미술관을 통해서 우리들의 절실한 소원 하나가 이루어졌습니다. 앞으로 이 미술관이 우리 미술계, 예술계 아니 우리 모두의 염원을 이루어나가는 구심적 공간이 되기를 기대합니다. 그리고 머지않아 고암의 예술을 제대로 담아낼 웅대하고 훌륭한 미술관이 건립될 날이 오기를 고대합니다.

이 자리에서 저는 여러분과 함께 박인경 여사의 노고에 대하여 경의를 표하고자 합니다. 파리 근교 보스셀에 세워진 고암미술관에 가보았을 때도 그것을 실감했습니다. 고암선생의 삶과 예술의 동반자로서 박 여사께서 보여주신 헌신이 있었기에 고암선생의 예술이 더욱 빛날 수 있었고, 지금까지 잘 보존되고 전수되어 오늘 이만한 결실을 이룰 수 있었다고 봅니다. 그런 의미에서 우리 모두 박 여사께 감사와 격려의 박수를 보내지 않으시겠습니까.

끝으로 이 미술관을 건립하고 개관 행사를 마련하는데 수고해주신 여러분께도 두루 치하와 감사의 뜻을 표하면서 이만 저의 말씀을 맺기로 하겠습니다.

영상과 진실, 김대중 납치사건

일본 영화 〈KT〉 제작 발표회(도쿄) 축사(2001.8.5.)

여러분, 반갑습니다. 저는 한국에서 온 변호사 한승헌입니다. '김대중 선생 납치사건 진상규명을 위한 시민의 모임'의 대표를 맡고 있습니다. 오늘, 김대중 선생의 납치사건을 다룬 영화 〈KT〉의 제작 발표회에 참석하여 축사까지 하게 된 것을 매우 뜻있고 기쁜 일로 생각합니다.

저는 김대중 납치사건의 진상 규명운동을 하는 시민단체의 책임자로서 이 영화 제작의 소식을 듣고, 누구보다도 반가운 마음을 갖지 않을 수 없었습니다. 아시는 바와 같이 이 납치사건은 1973년 바로 오늘 도쿄 한복판에서 발생하였습니다. 그리고 한일 양국은 물론, 온 세계에 큰 충격을 주었습니다. 그 후 갖가지 미스터리가 아직도 풀리지 않은 채, 현해탄을 사이에 두고 정권이 몇 번 씩 바뀌었는가 하면, 납치 피해자인 김대중 선생은 대통령이 되었고, 또 노벨평화상까지 받으셨습니다. 30년의 세월이 흘렀건만, 범행의 최고 책임자가 누구인지, 일본 경시청이나 자위대의 책임은 없는 지에 대한 의혹은 풀리지 않은데다가 두 나라 정부 간의 수상한 밀착까지 얽혀서 국가권력의 도덕성까지 큰 상처를 남겼습니다.

그러나 세월이 약이라는 한국의 속담처럼, 이 사건은 시간의 흐름에 따라 망각의 늪에 잠겨가고 있습니다. 바로 이런 시점에서 이 영화가 제작되는 것은 망각의 차단, 역사적 진실의 규명이라는 관점에서 반가운 일입니다. 그리고 이 사건의 의혹과 파문, 수난자의 집권은 픽션을 능가하는 극적 요소를 갖고 있으며, 이 점에서 이 영화의 성공은 보장을 받고 있다고 하겠습니다.

영화의 성공 여부를 흔히들 수익성에 놓고 평가합니다. 물론 그것이 중요한 것은 사실이지만, 동시에 영상예술로서의 가치, 현실의 벽을 넘어서는 어떤 의미의 발견 역시 중요하다고 믿습니다. 아니, 이 두 요건을 아울러 충족시켜야만 수익성도 높일 수 있는 것이 아닌가 합니다. 특히 이 납치사건과 같은 소재를 다루는 데 있어서는 음모와 은폐의 흑막을 파헤치는 진상 규명의 노력과 고발정신까지도 따라야 된다고 생각됩니다.

픽션은 현실의 단순한 복사가 아니기 때문에, 감추어지고 왜곡된 진실을 밝혀내는데 매우 효과적인 장르이기도 합니다. 그렇기 때문에 저는 이번에 제작되는 이 영화에 많은 기대를 갖고 있으며, 저희 진상규명 시민운동단체의 현실적 한계까지도 뛰어넘는 강렬한 영상 걸작이 나올 것으로 기대합니다.

이처럼 뜻있는 영화의 기획과 제작에 큰 결단을 내리신 '시네카논'의 이봉우 사장님께 경의와 격려의 말씀을 드립니다. 끝으로 한 말씀, 이 영화가 큰 성공을 거둔 다음에 반드시 실천하실 일이 있습니다. '악당'들의 시나리오도 모른 채 죽음의 문턱까지 넘나든 사건의 주인공이자 '원작의 실연자'인 김대중 대통령께 로열티를 지불하는 것을 잊지 마시기를 당부 드립니다. 다시 한 번, 이 영화의 순조로운 제작과 큰 성공을 기원합니다.

국가유공자와 '역적' 사이

국회 갑오동학농민혁명연구회 창립 세미나 축사(2001.12.4.)

　오늘, 국회의원 연구단체인 '갑오동학농민혁명연구회'가 농민혁명군의 명예회복과 서훈 추진을 위한 학술 세미나를 개최하게 된 것을 진심으로 기쁘게 생각합니다. 김태식 회장님, 윤철상, 권오운 두 간사님을 비롯한 여러 의원님들께 경의를 표합니다. 저는 조금 일찍부터 동학농민혁명 기념사업단체를 이끌어 온 사람으로서, 오늘 세미나의 주제가 아주 반가웠습니다. 그것은 우리 모두의 과제이자 이정표를 잘 설정해준 주제였기 때문입니다.

　동학농민혁명의 민족사적 의미를 여기서 재론할 겨를은 없습니다만, 안으로는 포악 부패하고 밖으로는 자주성을 잃어가는 나라를 바로잡기 위해 목숨을 던져 싸운 그 날의 농민군들이 아직도 '역적'의 이름을 벗지 못하고 있음은 실로 마음 아픈 일이 아닐 수 없습니다. 반란의 누명을 쓴 채 순국하신 애국 영령들의 명예 회복과 그들에 대한 국가 유공자 추서는 역사와 국민의 이름으로 하루 속히 이루어져야 합니다.

이러한 목소리는 지금까지 시민운동단체와 일부 역사학자들에 의해서 제기되었습니다만, 여기에는 입법조치가 수반되어야 하는 만큼, 바로 그런 입법권을 갖고 계신 여러 의원들께서 이 문제를 거론하시는 것은 참으로 효과적인 일입니다.

제 생각으로는, 국가유공자 예우 등에 관한 법률의 '일제의 국권 침탈전후'에 대한 해석에 따라서는 현행법에 의해서도 그것이 가능한 일이라고 봅니다만, 혹시 견해를 달리하여 별도의 입법조치가 필요하다고 본다면 그 구체적인 방안으로는, 현행법을 개정 보완하는 방안도 있고, 아예 특별법을 제정하는 방식을 생각할 수 있습니다. 어느 특정인이 농민군이었거나 그 유족이라는 사실을 밝혀 낼 만한 개별적인 특정·입증이 불가능한 경우를 어떻게 할 것인지도 생각해보아야 할 것입니다. 국가 유공자의 개인별 신원 확인이 어려우면, 유공자 등록의 신청 자체가 불가능하기 때문입니다.

명예회복의 내용은 무엇으로 하며, 유족에 대한 보상까지도 포함시킬 것인가, 기념사업 조항까지도 둘 것인가 등에 관해서도 유익한 의견 교환이 있으면 좋겠습니다. 아직 다듬어지지 않은 저의 소견으로는, 농민혁명에 참가한 선열들은 당연히 국가유공자의 반열에 모셔야 하며, 개별적 신원 확인의 난점은 농민군 모두를 일괄하여 복권 또는 추서하는 포괄적 예우방식을 생각해 볼 수도 있습니다.

비록 입법기술면에서 검토의 여지는 있다 할지라도, 그리고 형태와 절차는 여하간에 농민군의 명예회복 내지 국가유공자 예우를 위한 법적 조치는 반드시 실현되어야 합니다. 그렇게 함으로써 이 나라에 애국정신이 살아나고, 민족정기가 깃발처럼 펄럭이도록 해야 하겠습니다.

독재에 저항하다가 징역을 살거나 실직했다고 해서 특별법으로 명예회복과 보상을 해주는 마당에, 오직 하나뿐인 목숨을 바른 세상 만들기 위해 초개처럼 던진 영령들을 '역적'의 신분으로 방치한다는 것은 우리 모두의 수치입니다. 그러한 수치와 가책에서 벗어나는 일을 우리가 앞장서서 해나가자고 여러분께 호소하면서 저의 말씀을 마치겠습니다.

5.18 정신, 그 역사의 물줄기를

민주화운동기념사업회·5.18민중항쟁 30주년 행사위원회 주최 5.18 30주년 학술토론회 축사(2010.5.14.)

어느덧 30년의 세월이 흘렀습니다. 국민을 지키라고 준 총으로 국민을 살육하던 전두환 계엄군의 만행이 역사를 피로 물들인 지 어언 30년이 되었습니다. 하지만 저 1980년 5월은 멀어져 가는 과거가 아니라 바로 우리가 숨 쉬고 있는 오늘이자 다가오는 내일입니다. 우리는 30년 전 그 5월의 항거와 죽음과 피 흘림을 잊고서는 이 나라의 정의와 민주주의와 역사를 말할 수가 없습니다. 5.18의 영령을 다시금 추모하면서 당시 저항의 현장에서 몸을 던져 싸웠던 광주 시민들에게 위로와 경의를 표합니다.

어느 의미로 보나 오늘의 이 학술토론회는 우리 모두가 귀를 기울여야 할 참으로 뜻 깊은 담론의 자리입니다. 저는 그해 5월 17일

밤, 계엄사 합수부에 끌려가 '김대중내란음모사건'으로 남산 지하실에 묶여 있어서 광주 민주항쟁을 제 때 알지도 못했으나, 그날 밤 김대중 선생이 전두환 군부 측에 연행된 사실도 광주 시민을 더욱 분노케 한 원인이 되었다는 것을 나중에 알았습니다.

저는 오늘의 이 토론회가 '학술'이라는 명칭에 묶여 어떤 관념적인 어휘들의 행렬에 그치리라고는 생각지 않습니다. 5.18항쟁에서 우리가 알아야 할 것, 놓쳐버린 채 넘어간 것, 그 심연에서 숨 쉬고 있는 새 역사의 씨앗을 찾아내어 세상에 알리고 북돋우고 꽃 피게 하는 배양토가 되어야 합니다.

아울러 처절했던 5.18을 말찬지에 올리면서 정작 행실에서는 그 숭고한 정신을 제대로 담아내지 못한 것을 반성하고, 아예 5.18을 제 속셈에 맞추어 왜곡시킨 사람들의 허물을 따져야 합니다. 그리고 새로운 다짐으로 오늘과 미래를 보는 인식의 지평을 넓혀나가야 할 것입니다.

국민적 저항의 원인을 조성한 자들이 진압과 소탕으로 민주주의와 주권자를 말살시키는 죄악이 다시는 되풀이되어서는 안 됩니다. 국가폭력의 죄악을 역사에 각인시켜 그 책임자들을 가차 없이 노출시키고 규탄해야 합니다. 마지못해 겉으로는 5.18을 입에 올리면서도 내심과 행실에서는 딴 그림을 그리는 세력을 경계해야 합니다. 5.18의 참뜻을 왜곡시키는 반민주적 반민중적 억압통치가 재현되어서는 안 됩니다.

그러자면 오늘 이 자리는 학술적이면서도 학술을 뛰어넘는 성찰과 다짐의 기회가 되어야 할 것입니다. 나라의 근본에 맞닿은 과제와 처방과 진로를 제시하는 장이 되어야 합니다. 다행히도 이번 토론회에서는 1980년의 항쟁을 광주에 국한시켜 논하지 않고, 서울 쪽의 반성과 채무를 따져가면서, 당시의 저항 주체와 저항수단에 관하여 현장 참여자들의 발언을 들을 수 있게 기획이 되었다고 합니다. 그것은 바람직스러운 착안입니다.

이 뜻 깊은 행사를 마련하신 민주화운동기념사업회와 5.18민중항쟁 30주년행사위원회에 대하여, 그리고 발제와 토론을 맡아주신 각계의 여러분께 두루 감사의 말씀을 드립니다. 아무쪼록 오늘의 이 학술토론회가 우리 모두에게 반성과 깨달음과 결집의 계기가 되고, 민중 억압의 대죄를 범하면서 득을 보려는(던) 세력에 대한 역사의 경고장까지도 아울러 띄워주기를 바라면서, 이로써 축사에 갈음합니다.

존엄이란 분모 위의 삶과 죽음

국립암센터 주최 〈품위 있는 죽음〉 심포지엄 축사(2004.2.27.)

'품위 있는 죽음'을 주제로 한 이 심포지엄에 하필이면 왜 나에게 이런 축사를 부탁하셨을까? 죽음에 관련된 심포지엄에 '축사'라는 말이 합당한가? 무엇을 축하할 것인가? 품위 있는 죽음도 죽음일진대…. 아니면 그것을 논하는 오늘의 이 심포지엄을 축하하란 말인가. 저는 축사 요청을 받고 먼저 이런 생각이 들었습니다.

죽음이 삶의 종말이라면 품위 있는 죽음은 결국 품위 있는 삶의 문제와 밀착되어 있다고 하겠습니다. 여기에는 삶의 양보다 질에 가치의 우선을 두는 뜻이 담겨 있는 것 같습니다. 그런 관점에서라면 오늘의 이 모임은 축하할만한 자리입니다. 주최 측이 내건 '품위 있는 죽음'이란 자연사를 앞둔 임종단계의 일반적 문제는 아닌 듯

합니다. 생사의 경계선 부근에 인위적으로 개입하는 어떤 의학적인 처치와 효과를 염두에 두고 풀어가야 할 주제인 것 같습니다.

　생각건대, 죽음을 막는 일이나 맞아들이는 일이나 모두 하느님의 소관사이면서 동시에 의학·의료의 과제입니다. 생명의 연장은 만인의 바람이기에 '죽지만 않으면 산다'는 생각에 사람은 말 그대로 필사적으로 매달리게 됩니다. 여기서 치료의 가망이 없는 말기환자들의 연명치료문제가 맨 먼저 떠오릅니다. 무의미한 연명치료의 계속(또는 중단) 여부가 오래전부터 논쟁의 대상이 되어왔습니다. 개인의 생명권, 불치환자의 고통 제거, 무한소모의 진료 부담, 그리고 궁극적으로는 의료윤리 등에 대한 새로운 고찰이 절실해졌습니다.

　아직은 어떠한 이유로도 인위적인 생명 단절은 허용될 수 없다는 것이 지배적인 의견 같습니다. 법적으로도 그것이 허용되지 않습니다. 그러나 한편으로 불치환자에 대한 무익한 치료의 무한 연장이 가져오는 문제점도 심각한 바 있습니다.

　안락사 또는 존엄사를 둘러싼 논쟁의 핵심이 여기에 있습니다. 무릇 생명의 포기는 당사자 본인의 자기결정권에 맡겨두어도 좋은 것인가. 사람에겐 무의미한 연명치료를 거부할 권리, 즉 '죽을 권리'가 있는가에 대해서도 논쟁은 있습니다.

　　　　　　　　　　　한승헌 변호사 스피치의 현장

여기서는 1976년 미국 캘리포니아주에서 처음 제정되고 현재 미국의 80% 이상의 주에서 입법화된 '자연사법'(소위 living will 조항), 그 유언의 집행을 환자 대신 확인하고 필요한 의사결정을 해줄 사람을 미리 정해서 위임하는 '지속적위임권법'(Durable Power of Attorney, 1985), 미국 연방법인 '환자의 자기결정권법'(Patient Self-Determination Act, 1990) 등은 주목할 만한 입법례로서 참고할 가치가 있다고 하겠습니다.

안락사는 환자의 고통 제거를 통한 존엄한 죽음이란 면에서 그것대로의 명분과 아울러 또 다른 윤리적 측면에서 논쟁거리가 되고 있습니다. 그것은 죽음에 임박한 불치병환자의 감내하기 어려운 고통을 제거하기 위한 불가피한 처지라고는 하지만, 치료의 중단 또는 치사적 투약을 통하여 임종을 앞당기는 것인 이상, 매우 신중한 검토가 선행되어야 하겠습니다. 그것은 환자 본인의 촉탁·승낙만 있으면 허용되는가, 가족의 의견을 더 존중해야 하는가의 문제에서부터 실정법과 의료윤리의 면에서 깊은 논의가 있어야 할 것입니다.

그럼에도 불구하고 우리나라에서는 아직도 이에 대한 공론의 장(場)이 넓지 못하고, 제도상으로 범죄시되고 있으며, 종교적으로는 신의 영역 침해로 보기까지 합니다. 어느 모로 보나 쉽게 합일되기 어려운 이 논쟁이 오늘 나오신 각 분야 전문가들의 발표와 토론을 통하여 좀 더 심층적으로 탐구되고 또 가닥이 잡혀나갈 수 있기를 기대합니다.

일본에는 '일본존엄사협회'라는 단체가 있어서 존엄사를 원하는 사람들의 living will을 작성, 회원의 의사를 등록하여 존엄사를 기하고 있으며, '환자의 권리에 관한 리스본선언'(1981)에서 환자는 존엄하게 죽을 권리가 있다고 밝힌 점 등은 존엄사에 대한 실정법의 지향을 시사하는 이정표라 하겠습니다.

'품위 있는 죽음'에 대한 찬반논쟁은 첫머리에 말씀드린 대로, 결국 품위 있는 삶에 대한 고찰과 표리일체가 될 것입니다. 자칫 '품위 있는 죽음' 논쟁이 '죽음의 타율적 자율'이나 성급한 생명포기에 흐를 위험을 경계해야 할 것이며, 설령 그것이 용인된다 할지라도, 그에 대한 사회적 합의, 임종진료에 대한 엄격한 의학적·법률적 기준 설정이 대전제로 요구된다 할 것입니다.

오늘 이 심포지엄이 인간 생명의 존엄과 품위 있는 죽음의 두 가치를 아울러 충족시킬 수 있는 공약수를 찾아내어 인간의 삶의 가치와 행복을 실질적으로 구현하는 숭고한 일에 크게 이바지해주시기를 바랍니다. 오늘 연구모임을 마련해주신 국립암센터의 박재갑 원장님과 당무자 여러분께 진심으로 경의를 표합니다.

  한승헌 변호사 스피치의 현장

새 시대에 맞는 저작권법의 내실화를

저작권법 시행 50주년 기념식 축사(2007.1.30.)

우리나라에서 저작권법이 시행된 지 50년을 기념하는 오늘 이 식전은 참으로 뜻 깊은 자리입니다. 지나온 반세기 동안은 정말 벅찬 진통과 변화의 연속이었습니다. 저작권 환경과 저작권에 대한 인식이 그러했고, 1957년법과 오는 7월부터 시행될 2006년법을 비교해 보면 더욱 그러합니다. 격세지감을 느끼게 됩니다.

57년법은 심지어 저작물을 '물건'이라고 부끄럼도 모르고 명문화해놓기도 했지만, 이 나라 최초의 저작권 규범으로서 근 30년 동안 홀대를 당하면서도 불모지에 싹을 자라게 한 순박한 규범이었습니다. 지금은 우리가 아무리 선진화된 법을 갖추고 있다 하더라도 과거는 현재를 낳은 모태라는 점을 잊지 말아야 합니다.

그러기에 저작권법의 황무지를 개척한 정부와 민간 관계자 여러분의 계몽적 · 선구적인 노고를 인정해야 합니다. 그동안 저작권 보호를 향한 인식과 풍토를 개선하기 위하여 애쓴 각계의 여러분들에게 감사를 드립니다. 국제적인 보호압력에 대응하여 힘겨운 방어전과 국내적인 변화를 이끌어 온 정부 당국의 대견스러운 노력도 평가해야 합니다.

그러나 저작권문제는 우리에게 끊임없이 새로운 숙제를 안겨주고 어려운 결단을 요구하고 있습니다. 디지털화로 상징되는 기술과 매체의 급변에 합리적인 대응을 해야 하고, 강대국의 힘의 논리가 지배하는 국제저작권의 기류 속에서 국익을 지켜내야 합니다. UR TRIPS 나 WTO의 파고를 겨우 넘어서고 한숨 돌릴 사이도 없이 이젠 FTA 저작권 분야에 강풍이 불고 있습니다.

하지만 우리는 지킬 것은 지키고, 들어줄 것은 들어주는 의연하고 성숙한 자세를 갖추어야 합니다. 또한 분별력과 협상력의 중요함도 잊지 말아야 합니다. 지금은 저작권 법제도 선진국 수준으로 잘 갖추어졌고, 저작권에 대한 인식도 상당히 높아졌으며, 법원의 판례도 많이 축적되었을 뿐 아니라 학문적 연구 또한 활발해졌습니다. 이와 같은 다행스런 변화는 관련 기관 · 단체 여러분의 노력으로 이루어낸 결과이며, 특히 정부 주무부처인 문화관광부와 저작권

심의조정위원회의 기여를 높이 평가해야겠습니다.

지금은 만인이 저작자이고, 또 만인이 저작물 이용자가 된 시대입니다. 그러기에 만인이 잠재적 피해자일 수도 있고 가해자일 수도 있습니다. 그것은 하나의 가능성에 그치지 않고 현실로 나타난 현상입니다. 대학 교수의 고전적 표절이나 온라인 음악 사이트의 첨단적 권리 침해나 모두 저작권 질서를 위협하는 요소임에는 다름이 없습니다.

여기서 잠시 오늘의 저작권 현실에 대한 처방을 생각해보고자 합니다. 학교교육과 사회교육 분야에서 저작권 교육을 확대 강화해야 합니다. 초등학교부터 대학에 이르기까지 교과과정에 저작권 과목을 넣어야 하고, 특히 대학에서는 저작권을 독립된 과목으로 설정하여야 하며, 각종 시험의 출제에도 이를 포함시켜야 합니다. 저작권 존중의 기본 틀을 살리면서 이른바 공정한 이용의 한계 또는 자유이용의 범위를 현실에 맞게 합리적으로 조정해나가야 합니다.

앞으로 방송 · 통신 융합에 따른 저작권 분야의 기류 변화라던가, UCC나 DRM 등을 비롯한 새로운 난제도 그것이 큰 폐단이나 분쟁으로 확산되지 않도록 사전에 충분한 연구와 대비를 해야 합니다. 남북한 간의 저작권문제 또한 종래의 미봉책에 안주하지 말고 이미 남북간에 체결된 기본합의서에 정해놓은 기구와 절차를 살려서 안전하고 원활한 교류가 이루어지도록 해야 합니다.

　올해는 새 시대에 걸맞게 전면 개정된 새 저작권법 시행의 첫해가 됩니다. 그 개정의 취지를 살려서 디지털시대에 합당하고, 국제 저작권 질서에 적응하며, 저작자와 이용자의 권리가 조화될 수 있고, 아울러 문화산업의 보호 육성에 이바지할 수 있는 규범력이 있는 법의 시행과 그에 상응한 저작권 풍토가 조성되기를 간절히 염원합니다. 여기에는 새 법에 의해서 그 이름과 기능이 강화된 저작권위원회의 역할에 기대하는 바가 크다는 말씀도 빼놓을 수가 없습니다. 아무쪼록 저작권법 시행 50년이 새로운 저작권 반세기의 의미 있는 출발점이 되도록 우리 다 함께 힘을 모아 나아갑시다.

새로운 제3섹터로서의 역할을

'비영리 지식포럼 2002' 발족 축사(2002.9.26.)

풍성한 수확의 계절, 이처럼 화창하고 맑은 가을날에 '비영리지식포럼 2002'의 출범에 즈음한 대회의 행사를 갖게 된 것을 진심으로 축하합니다. 아울러 오늘의 뜻있는 자리를 마련하는 데 노고를 다하신 오재식 대회장님을 비롯한 관계 인사 여러분에게 경의를 표해마지않습니다. 또한 이 행사에 동참해주신 각계의 여러분께 반가운 인사를 드립니다.

지금 21세기의 문턱을 넘어선 인류는 정보통신, 생명과학의 발달과 지식사회의 출현으로 상징되는 급속한 변화 속에서 새로운 난제에 직면하고 있습니다. 여기서 정부와 시장의 한계가 드러나고 이른바 제3섹터로 일컬어지는 비영리조직의 역할이 그 중요도를 더

하게 되었습니다. 나아가서 비영리조직 각 부문 간의 연대와 정보 교환을 위한 네트워크의 형성은 필연의 과제이기도 합니다. 이런 관점에서 보더라도 오늘의 이 행사는 매우 시의에 맞는 경사라고 아니할 수 없습니다.

오늘의 상황 속에서 비영리기구에 참여하신 분들이 자신의 소임을 바로 깨닫고 정부 및 시장과의 관계를 올바르게 정립하며, 조직 간의 연대를 강화하는 일은 아주 절실한 과제입니다. 이른바 세계화니 지구화니 하는 새로운 물결은 그것이 지닌 이중성과 양면성으로 말미암아 우리에게 기회와 아울러 위기를 몰고 올 수도 있습니다. 비영리조직은 여기에 대해서도 대응을 해야 하며 그밖에도 우리 사회가 겪어보지 못한 새로운 문제를 놓고도 해법을 찾아야 합니다.

이처럼 막중한 일을 효과적으로 수행하자면, 조직의 참여폭을 넓히고 질을 높이는 등 자체 역량을 배양하는 한편, 지도자의 리더십과 자원의 개발에도 힘을 기울여야 할 것입니다. 그렇게 함으로써 우리 시대가 직면한 절박한 과제를 해결하는 데 크게 이바지하게 되기를 기대합니다. 무슨 일이든지 처음 시작이 어렵고 힘들다고 합니다. 그래서 '시작이 반'이라는 속담도 있습니다. 우리는 오늘 이 모임을 축하하면서 앞으로 두고두고 지켜볼 것입니다. 새로운 소명에 옷깃을 여미는 여러분께서 비영리조직의 발전, 아니 한국사회의 발전에 새로운 지평을 열어주실 것을 확신하면서, 노파심으로 다음과 같은 당부를 드립니다.

자기 논리에 어긋나는 역설에 빠지지 않는 Non Paradox Organization이 되어주십시오. 정치적 저의를 거부하는 Non Political Organization이 되어 주십시오. 그리고 그 무엇에도 오염되지 않는 Non Pollution Organization이 되어 주시기를 바랍니다.

조사·추도사·
추모 강연·고유문

고인을 애도하고 추모하는 말씀은 주로 고인과 친분 또는 연고가 깊은 사람이 맡게 된다. 이번 장에는 김대중, 김재준, 함석헌, 정일형, 이우정, 김관석, 송건호, 안수길 등 내가 존경하는 분들에 대한 추모의 글이 실려 있는 것도 그런 연유에서이다. 그분들은 민주화 운동의 험한 길목에서 고난을 함께 했던 지도자급 원로들이시다. 일본에서 봉환되어 온 동학농민군 지도자의 유골만이 예외다. 일본의 한 대학 연구실에서 90년 동안이나 방치되어 있던 그 유골은 내가 동학농민혁명기념사업회 이사장으로 있을 때, 봉환위원회 상임대표가 되어 국내로 모셔왔던 것이다. 그래서 나는 그 고인의 진혼제에서 고유문(告由文)을 읽게 되었다.

영결식 또는 장례행사에서는 조사(弔辭)를 읽고, 그 밖의 추모행사에서는 추모사 또는 추도사를 읽었는데, 고인의 죽음을 애도하고 추념하는 내용에는 별 차이가 없다. 공통점이 있다면, 미리 작성된 글을 보면서 읽어나간다는 점이다. 물론 원고 없이 말로만 하는 사람도 있고, 그 편이 슬픔의 실감을 높여 줄 수도 있지만, 정중한 예를 다한다는 면에서는 역시 준비된 글을 낭독하는 것이 바람직하다. 사회통념상으로도 그런 관행을 존중하는 것이 무난하다.

고인의 학력과 경력을 너무 장황하게 나열하는 수도 더러 있는데, 그것은 한정된 시간에 다른 말을 해야 할 시간을 잠식하는 셈이 되어 적절치 않을 때가 있다. 고인의 삶과 공적을 잘 요약하되 언론의 인물평처럼 시종(始終)하지 말고, 1인칭의 감성적인 표현도 살리면서 널리 알려지지 않은 비화를 삽입하는 것도 좋을 것이다.

이 장에는 김대중 대통령 서거에 즈음한 글들이 들어있다. 운명의 비보에 접하고 병원에 다녀 온 뒤 조간신문 마감시간에 대느라 급하게 쓴 추도사는 신문에 실린 글이었을 뿐 스피치화 되지는 않았음으로 여기에 싣지는 않았다. 결국, 현충원 묘역에서 거행된 묘비 제막식에서 읽은 추모사, 일본의 각계 인사와 시민들이 참석한 추도식에서 읽은 추모사 등 두 편을 실었다. 어느 글에서나 김 대통령의 위대한 삶과 업적을 기리고 애도하는 바탕은 다르지 않지만, 행사의 성격에 맞도록 구체적 내용과 표현에 차별성을 살렸다.

대체로 추모 강연은 추모사보다는 시간이 긴 만큼, 훨씬 많은 준비가 필요하다. 가령 대상인물의 전기 · 자서전 · 평전, 저술이나 논문 등 글, 관련 문헌 · 기사 등 자료를 참고할 필요가 있다. 정 바쁘고 여의치 않으면 최소한 그 인물의 연보라도 일독하고 강연요지를 작성하기를 권한다. 일반에게 알려지지 않은 비화나 미담, 그 밖의 감명 깊은 사연을 소개하면 더욱이나 바람직하다. 추모사는 거기 쓰이는 용어와 표현이 정중해야 함은 물론이고, 읽을 때(또는 원고 없이 말로 할 때) 어조도 숙연해야 하며, 축사 등 다른 스피치와는 발성의 톤과 억양에도 차이를 두는 것이 좋다.

동아일보 편집국장과 한겨레신문 사장을 역임한 송건호 선생의 사회장 때에는 내가 장례위원장을 맡게 되어, 의전상 조사와는 조금 다른 '장례위원장 인사말씀'을 했다. 이처럼 장례의식의 주관자 또는 장의 주체를 대표하는 입장에서 인사를 할 때에는 정부, 사회 각계, 조문과 조의를 표해준 분들, 장례 준비에 수고해준 분들에 대한 감사의 말씀을 잊지 말아야 한다.

고난과 영광, 그 양극을 한 몸으로

김대중 대통령 일본(도쿄) 추도식 추모사(2009.11.13.)

대통령이 사형수가 되는 나라, 그리고 사형수가 대통령이 되는 나라, 한국은 그러한 격동을 되풀이하면서 역사가 바로잡혀나가는 나라입니다. 그런 역사의 흐름의 한 복판에 김대중 전 대통령이 계셨습니다. 그 분이 그런 흐름 속에 있었다기보다는 그런 흐름을 이루어낸 지도자였습니다. 그래서 이제 고인이 되신 그 분을 추모하면서 한 개인이 서거만이 아닌 역사의 흐름이라는 것을 생각하게 됩니다.

고인께서는 고난의 극과 영광의 극을 아울러 겪으신 분이었습니다. 납치와 수장(水葬)의 위험에 직면하고서도 절망하지 않았고, 군사재판에서 사형판결을 받는 죽음의 문턱에서도 신념을 꺾거나 항복하지 않았습니다. 그 분의 이러한 강인함이야말로 훗날의 영광에 빛나는 인간 김대중의 진면목이었습니다.

고인은 매력과 감동을 수반하는 지도자였습니다. 두루 알려진 대로 그는 1972년 박정희 대통령이 소위 '10월유신'을 선포하자, 이에 항거하기 위하여 해외에서 귀국을 포기한 채 미국과 일본을 오가며 망명생활을 합니다. 그 무렵, 댈러스로 가는 비행기 안에서 이런 시를 쓰셨습니다.

세월이 오며는 다시 만나요, / 넓고 큰 광장에서 춤을 추면서 / 깃발을 높이 들고 만세 부르며 / 얼굴을 부벼 대며 얼싸안아요. / 세월이 오며는 다시 만나요. / 입춘의 매화가 어서 피도록 / 대지의 먼동이 빨리 트도록 / 생명의 몸부림 끊지 말아요.

1973년 6월 16일이니까, 도쿄에서 납치당하시기 50여일 전에 쓴 시입니다. 그때의 그 참담한 시기에 기상에서 이런 시를 쓸 수 있었다는 것은 널리 알려지지 않은 그 분의 또 다른 면모이며, 다른 정치 지도자에게서는 찾아보기 드문 매력이기도 합니다.

고인께서는 심지어 일본에서 납치되어 서울 자택으로 압송된 다음 날, 일본 기자들의 요청을 받고 이런 글로 자기 심정을 나타내셨습니다.

"칠흑 같은 어둠 속에서도 오히려 내일의 해돋이(日出)를 믿고, 지옥 가운데서도 하느님의 존재를 의심치 않는다."

지옥에 떨어져도 하느님의 존재를 의심치 않는다는 그러한 신앙이야말로 그분의 용기, 정의감, 역사의식, 인간 존엄에 대한 투철한 인식의 원천이었다고 봅니다. 고인께서는 서예도 달필이어서 많은 휘호를 남기시기도 했는데, '경천애인(敬天愛人)', '인내천(人乃天)', 또는 '사인여천(事人如天)'이란 글귀를 즐겨 쓰셨습니다. 사람을 하늘 같이 섬기라는 그 교훈은 곧 그분의 인생관이자 정치철학이었습니다.

김 대통령께서는 평생에 참으로 많은 말씀과 글을 남겼습니다. 연설과 문장에서 달인이었다고 해도 과언이 아닙니다. 공사간의 대화와 토론에서도 보통의 정치인들과는 아주 달랐습니다. 그 근저에는 그의 엄청난 독서와 깊은 사색으로 온축된 폭 넓은 지식과 심오한 철학이 자리 잡고 있었습니다. 아마도 세계 어느 지도자도 그만큼 해박하고 논리적인 식견을 갖춘 분은 드물 것입니다.

고인께서는 그리스도인답게 화해와 용서를 강조하고 또 실천하셨습니다. 자기를 납치 수장하려 했던 범인들에 대한 용서를 공언했는가 하면, 반국가범죄를 날조하여 사형선고까지 내린 전두환 씨를 석방시켰습니다. 자기를 무자비하게 탄압한 독재자 박정희 대통령의 추모 사업에 200억 원의 예산 지원을 결정했습니다.

나아가 고인께서는 8.15 해방 후 반세기 이상 서로 적대관계를 계속해온 북한과도 역사적인 6.15남북공동성명을 통하여 화해를 했습니다. 그분에게 주어진 노벨평화상은 그의 민주주의와 인권을 위한 투쟁 및 공헌과 아울러 남북한 사이의 화해의 실천에 대한 평가였다고 봅니다.

이렇게 보아나가면, 고인은 강경일변도의 투쟁만 아는 정치가는 아니었다는 것을 알 수 있습니다. 원칙을 벗어나지 않는 범위 안에서 합리적인 융통성을 발휘하는 지혜를 갖고 있었습니다. 자신에 대한 납치사건의 책임은 묻지 않겠으나 진상만은 규명해야 한다는 소신에서도 그 점이 잘 나타나 있습니다. 박정희정권과의 검은 거래 내지 정치적 유착으로 납치사건의 진실을 은폐한 채 이중성을 드러낸 일본정부는 김 대통령의 '원칙 있는 관용'을 제대로 이해했어야 합니다. 그런데도 그에 미치지 못한 일본정부가 고인의 서거 직후 발표한 애도성명 내지 조의(弔意) 표명은 너무도 형식적이고 의례적이었다는 느낌을 주었습니다.

하지만, 고인께서는 부도덕한 일본정부에 대하여 서운해 하시기

보다는 도덕적인 일본 국민 여러분에 대하여 여전히 감사하고 계실 것입니다. 고인의 생명과 자유를 위해서 국적을 넘어선 관심과 지원을 아끼지 않으셨던 일본 국민 여러분과 재일 동포 여러분께 진심으로 감사의 뜻을 표합니다.

우리는 올바른 한일관계의 정립을 위해서 진력하신 고인의 뜻을 되새기는 가운데 미래지향적인 선린의 길을 추구해나가야 합니다. 참다운 추모는 고인을 보내고 난 뒤의 슬픔이나 회상을 말하는데서 그치는 것이 아니라, 가신 분의 유지(遺志)를 마음에 새기고 실천하는 것이라는 점을 상기시켜 드리고 싶습니다.

저는 고인의 변호인이었고 공동피고인이었으며, 그분을 모시고 민주화운동을 했던 인연이 있습니다. 정부의 고위직에 등용되기도 했으며 개인적으로도 많은 사랑과 편달을 받았습니다. 그러기에 고인의 인정, 유머, 대인관계 등 인간적인 면모에 관해서 더 많은 말씀을 드리고 싶지만, 오늘 여기서는 귀한 시간에 한정이 있는 만큼 이만 줄이기로 하겠습니다.

지금 이 자리에 함께 해주신 여러분, 그리고 이 행사를 위해서 많은 수고와 협조를 아끼지 않으신 여러분께 감사의 말씀을 드립니다. 여러분과 함께, 삼가 김대중 대통령님의 명복을 비는 바입니다.

영원히 겨레와 함께 계시는 대통령님

김대중 대통령 국립현충원 묘비 제막식 추모사(2009.10.6.)

- 옳은 일을 하다가 박해를 받는 사람은 행복하다. 하늘나라가 그들의 것이다. 나 때문에 모욕을 당하고 박해를 받으며 터무니없는 말로 갖은 비난을 다 받게 되면 너희는 행복하다. 기뻐하고 즐거워하라. 너희가 받을 큰 상이 하늘에 마련되어 있다(마태복음 5:10~12). -

옳은 일을 하시다가 박해를 당하시어 이 세상의 빛이 되셨고, 지금은 하늘나라에서 큰 상을 받으셨을 김대중 대통령님 영전에 삼가 머리 숙여 추모의 말씀을 올리나이다.

대통령님께서 저희 곁을 떠나서 하늘나라로 가신 지 어느덧 50일이 되었습니다. 영면하고 계신 유택에 묘비와 추모비를 세우고 이를 제막하는 의식을 봉행하고자 이 자리에 모인 저희들, 다시금 대통령님 서거의 아픔을 반추하면서 애통하고 애석한 마음을 금할 길이 없습니다. 그런 간절한 마음이 어찌 이 자리에 있는 저희들뿐이겠습니까?

대통령님께서 서거하신 뒤 국내외에서 넘쳐난 애도와 추모의 물결은 일찍이 보지 못한 놀라움이었습니다. 대통령님의 삶과 업적에 대한 존경과 칭송 또한 그러했습니다. '살아계신 것만으로도 우리의 힘이 되셨던 분', '언제 그런 지도자 다시 만날 수 있을까' 신문에 실린 기사의 제목이 우리의 마음을 그대로 드러내고 있습니다.

대통령님께서 생전에 남기신 그 고결한 숨결과 가르침은 서거하신 뒤에 오히려 더욱 아름다운 유훈이 되어 많은 사람들의 마음에 깨달음을 주고 있습니다. 대통령님의 여러 저서가 서점에서 베스트셀러가 되었는가 하면, 외국에서까지 추도 행사가 이어지고 있습니다. 최근만 해도 미국 애틀랜타에서 추모모임이 있었고, 다음 달에는 일본의 두 도시에서도 추도행사가 거행될 예정입니다. 생전에 직접 힘 기울이신 대통령님의 자서전이 머지않아 출간되면 또 한 번 대통령님의 삶과 가르침이 세상에 잠언이 되어 널리 읽혀질 것입니다.

오늘 식전에서 헌정해드린《옥중서신》두 권도 바로 대통령님 내외분의 절절한 육성 고백으로서 많은 사람들에게 큰 감명을 줄 것입니다. 전에 나온 대통령님의《옥중서신》을 보완한 데도 적지 않은 의미가 있지만, 이희호 여사께서 옥중의 대통령님께 띄운 그 많은 서신을 제2권으로 발간하게 된 것을 대통령님께서 더 기뻐해 주시리라고 믿습니다.

이른바 '극한상황'이라는 말로도 표현이 모자랄 위급한 시간과 공간에서도 일신의 위험보다 나라와 겨레를 더 걱정하시던 그 높으신 뜻을 누가 따라갈 수 있겠습니까? 거기에다 글과 말씀이 곧 삶의 실천으로 이어졌기에 만인의 존경심이 더 진해질 수밖에 없었습니다. 고난을 이겨내셨고, 박해에 굴하지 않으셨으며, 사인여천(事人如天)의 정신으로 인권과 민주주의를 위해 싸우셨고, 대통령이 되신 뒤에는 나라의 위급을 구하시고 민주의 터전을 더욱 굳건히 하셨으며, 분단 조국의 하나됨과 평화정착을 위해 누구도 하기 어려운 결단과 성과를 실증하셨습니다. 화해와 용서의 본을 보이셨고, 철학이 분명한 지도자의 길을 닦으셨으며, 대통령문화의 신기원을 여셨습니다.

남은 저희들은 대통령님에 대한 지극한 추모가 한 때의 회상이나 말잔치에 그치지 아니하고, 그 숭고한 뜻을 끊임없이 되새기고, 거기서 깨달음을 얻고, 그에 합당한 실천을 하도록 힘쓰겠습니다. 대통령님의 위대한 삶과 업적을 널리 알리고 유지를 받들어 실천하는 일에도 최선을 다하겠습니다.

아! 우리의 자랑이자 영원한 지도자이신 김대중 대통령님, 이제 가슴 아팠던 고별을 현실로 받아들이고, 대통령님께서 남기신 그 넓은 빈자리를 다 채우지는 못하더라도, 대통령님께서 평생을 걸고 바라시던 정의가 강물처럼 흐르는 그런 세상을 이룩하는데 저희들의 힘을 모으겠습니다. 지난번 '사랑의 친구들' 바자회도 이희호 여사께서 친림하신 가운데 예전과 다름없이 성황을 이루었고, 불우한 형제들을 돕는 성과도 컸습니다.

대통령님께서 그토록 사랑하고 존경하셨던 이희호 여사의 평생 헌신에 저희들 모두가 감복하고 있으며, 지극한 슬픔 가운데서도 의연하게 품격을 지켜나가시는 사모님께 모두 존경과 사랑을 보내고 있습니다. 사모님의 자서전《동행》의 일본어판이 불원 출판된다는 기쁜 소식도 아울러 알려드립니다.

오늘 제막하는 이 묘비와 추모비는 대통령님의 생전과 서거 후를 함께 아우르는 기념비입니다. 묘비와 거기 새겨진 말씀이 마음에 드셨으면 좋겠습니다. 이 묘비와 추모비를 건립하는 데는 국립현충원 원장을 비롯한 당무자 여러분의 노고가 컸습니다. 대통령님께서도 그 성심을 치하해주시리라고 믿습니다.

마지막 병상에 드시기 전까지도 강조하신 '행동하는 양심'을 명심하겠습니다. '행함이 없는 믿음은 죽은 것'이라는 성서 말씀과 아울러 마음에 새기고 살아가겠습니다.

대통령님, 존경하는 김대중 대통령님! 이제 평화스런 하늘나라에서, 생전에 동교동 사저에서 그리 하셨던 것처럼, 아름다운 정원의 화초에 물도 주시고, 날아드는 새들에게 모이도 주시면서 영생복락을 누리시옵소서.

다시금 명복을 비옵나이다.

어리석을(愚) 만큼
곧게(貞) 살다 가신 의인

이우정 선생 사회장 조사(2002.6.3.)

이우정(1923~2002) 한국신학대학 교수, 한국교회여성연합회 회장, 한국여신학자협의회 회장, 여성단체연합회 회장, 민주당 최고위원, 국회의원, 민족화해범국민협의회 상임의장, 아시아인권상 등 수상. 저서 《여성신학의 이해》 등

삼가 고 이우정 선생님의 영전에 올립니다. 제가 박정희 유신정권 아래서 〈어떤 조사〉란 글 때문에 묶여 들어갔을 때, 그처럼 용감한 법정증언을 해주신 선생님 영전에 이렇게 실제상황으로 조사를 드리게 되다니, 남다른 슬픔을 가눌 길이 없습니다.

이제 이 세상의 저편에서 이승의 저희를 보시고 차마 발길을 떼지 못한 채 손 흔들고 계실 선생님! 갑작스런 비보를 듣고서야 선생님의 연치(年齒)가 팔순에 닿았음을 비로소 알았습니다. 언제나 변함없는 청순한 지도자, 우리의 누님이시고 어머니이셨던, 우리 이우정 선생님.

이름 그대로 어리석을 만큼 곧게 살다 가신 영원한 의인, 당신이 계서서 이 땅에 의가 살아났고, 당신 계심으로 민주주의와 인권이 제 모습에 가까워질 수 있었습니다. 좋은 가문, 좋은 학벌, 세속 영화 다 밀어내시고 한 평생 남을 위해, 불우하고 고통 받는 이를 위해, 불의한 세상 바로잡기 위해, 한 사람에 매이기보다는 만인을 섬기며 고생길 자청하신 당신.

불의한 권세에 맞서다가 학교에서 쫓겨나시고, 끌려가시고, 수사 받고, 법정에 서고, 온갖 수모와 고난에도 굽히지 않으신 임의 신앙과 신념을 다시금 우러르게 됩니다. 담대하시면서 마음 여리시고, 강인한 의지의 한편에 눈물도 많으시던 그 자애로움, 그리스어 시간에 공부 소홀한 학생 살짝 꾸짖으시던 그 책망, 그 백배 천배로 독재자 꾸짖고 돌아와서 다시 봄날 같은 화창한 웃음 풀어놓으시던 그 넉넉함, 이제 어디서 대할 수 있겠습니까.

어려운 형제들 위해 가진 것 남김없이 다 내주시고, 월급봉투 채 핸드백에 넣고 다니면서 여기저기, 이 사람 저 모임에 나누어주고, 그래서 국회의원 되고도 전 재산 1,300만 원이란 그 축복의 무소유를 남기셨습니다. 자신을 위해 아무 것도 챙기지 않으시고 그저 자나 깨나 억눌린 사람, 짓밟힌 사람, 가난한 사람, 차별 받는 사람, 의에 주리고 목마른 사람을 위해서, 남들이 외면하고 피해 가는 힘들고 위험한 길, 궂은 일만 찾아다니셨으며, 차별 없는 세상 세우고자, 동족 사이의 분단의 장벽 허물고자 앞장 선 발길, 남과 북을 누비셨으니, 그 초인적 사랑을 누가 흉내인들 낼 수 있겠습니까.

갑자기 쓰러지시던 그 날도, '동의대 사건' 문제로 크게 분개하시지만 않았다면, 그런 변고도 없지 않았을까 하는 안타까움을 떨칠 수가 없습니다. 6.25의 달, 6월민주항쟁의 달, 남북 6.15공동선언의 달에 이 나라 역사의 큰 짐 지셨던 선생님을 이렇게 보내드려야 하다니요.

이제 우리 곁을 떠나가시는 임이시여, 당신이 계시던 그 자리, 그 큰 빈 자리, 누구라서 메울 수 있을 것입니까. 선생님의 헌신과 수난으로 해서 이만큼의 민주와 평화라도 이룩했지만, 아직도 이 나라엔 걱정거리가 한두 가지가 아닌데, 어쩌면 그렇게 홀연히 하늘나라로 가실 수가 있단 말입니까.

우리에게 깨달음과 소망을 심어주신 장로님, 올바른 삶의 길, 지식인의 길, 크리스찬의 길이 무엇인지를 본으로 보여주신 장로님, 만인에게 위로를 주시고 또한 부끄러움도 가르쳐주신 장로님, 당신께서 파종하고 가신 그 귀한 덕목을 되새기면서 우리에게 맡겨진 역사의 길을 헤쳐 나가겠습니다. 떠나시면서 소중한 눈을 남겨주고 가셨듯이, 앞으로도 저희들의 정신과 마음의 눈이 되시어 생각과 발걸음을 바르게 이끌어주시옵소서.

하느님의 충직한 여종이셨던 장로님, 부디 하늘나라에 예비된 큰 상 받으시고 평화와 안식을 누리시옵소서. 당신께서 그토록 사랑하신 수많은 아들딸, 그들로 해서 배는 아파 보지 않으셨지만, 그러나 마음 아프신 일은 많았던 그 사랑은 기필코 위대한 열매를 맺어 반드시 하느님과 장로님을 함께 기쁘게 해드릴 것입니다.

그렇게 남기신 사랑을 통해서 장로님은 이 나라의 역사와 우리들의 마음속에 영생하시는 것입니다. 이렇게 영결하는 자리에서조차도 저희는 장로님께서 언제나 우리와 함게 계심을 믿습니다.

장로님! 편히 쉬시옵소서.

청빈과 직필의 선비와 고별하며

송건호 선생 사회장 장례위원회 위원장 인사(2001.12.24.)

송건호(1927~2001) 언론인, 사학자, 조선일보 외신부 기자, 한국일보 논설위원, 경향신문 · 동아일보 편집국장, 동아일보사태로 사퇴, 한겨레신문 대표이사. 저서 《송건호전집》 전 20권 등

지금은 청암(靑巖) 송건호(宋建鎬) 선생님과 이승에서 마지막 작별을 나누는 시간입니다. 고인께서 일흔 다섯 해의 고난에 찬 한 생을 접으시고 영원히 안식하실 유택(幽宅)을 향하여 떠나시는 이 시간, 우리의 마음은 슬프고 허전합니다. 이 애절한 고별의 자리에 함께 해주신 각계의 여러분께 장의위원회를 대표하여 감사를 드립니다. 몇 해 동안이나 고인의 병상을 지켜 오시면서 성심을 다하여 간병을 하신 사모님과 유족 여러분께 삼가 애도와 위로의 말씀을 드립니다.

청암 선생의 고결한 생애에 대해서는 우리 모두가 익히 아는 바이거니와, 고인께서는 우리에게 참으로 많은 깨달음과 가르침을 주고 가셨습니다. 청빈의 어려움, 직필의 어려움, 박해·수난의 어려움 등 이 세상의 온갖 고난 풍파를 이겨내시고, 선비의 길, 지사(志士)의 길, 언론인의 길, 의인의 길을 걸어오셨습니다.

불의한 시대의 어둠 속에서 우리의 갈 길을 밝혀주신 스승이요, 양심의 기둥이셨던 선생께서 이렇게 떠나가시다니, 남기신 그 빈자리가 너무도 넓고 크게 느껴집니다. 선생님 같은 분을 이제 어디서 만나볼 수 있겠습니까. 그처럼 담백하시고, 소탈하시고, 기교를 모르시고, 그러면서 양심과 신념, 겸손과 무욕의 경지를 일관되게 지켜 오신 그 삶이 한없이 그리워집니다.

고인에게 국민훈장 무궁화장을 추서하고 사회장으로 영결할 수 있도록 도와주신 우리 정부에 대해서 감사드립니다. 연말에 바쁘신 중에도 빈소에 조문을 와주신 각계 인사 여러분, 그리고 조화와 조전을 보내주신 여러분께도 고맙다는 말씀을 드립니다. 또한, 고인을 영면의 세계로 보내드리는 치상(治喪)을 위하여 노고를 다해주신 장의위원회 집행위원 여러분, 한겨레신문사 여러분, 동아투위 여러분 그리고 오늘 이 식전(式典)의 순서를 맡아주신 여러분께 두루 감사의 말씀을 드립니다.

삼가, 선생님의 명복을 빕니다. 선생님, 부디 편안히 쉬시옵소서.

위대한 성직자의 범용(凡庸)을
우러르며

김재준 목사 《김재준 전집》 발간 축하예배 추모사(1992.1.27.)

김재준(1901~1987) 아호 장공, 목사, 신학자, 간도 은진 중학교 교목, 해방 후 조선신학교 설립, 경동교회 목사, 한국신학대학 학장, 한국기독교 장로회 창설, 민주수호국민협의회 공동의장. 저서 《장공 김재준전집》 등

저는 성직자도 아니고 신학자도 아닙니다. 항차 김재준(金在俊) 목사님의 문하생이나 후학의 반열에 낄 수 있는 처지는 더욱이나 아닙니다. 그런 제가 이 자리에 나온 것은 분명히 격에 맞지 않는 일입니다. 그러나 장공(長空) 김재준 목사님은 어느 한 종교, 한 교단, 한 신학대학의 울타리 안에 모셔놓고 어떤 연고자들만이 독점할 수 있는 그런 분은 아닙니다. 또한 별을 말하는 것이 천문학자나 점성가들만의 특권일 수 없다는 이치도 제 변명을 겸하여 말씀드리고 싶습니다.

장공 선생님은 이 땅에서 바른 길을 가고자 하는 모든 사람의 스승이요, 목자이셨으며, 그러기에 그의 사랑, 그의 가르침은 세계관이나 신앙 또는 세속의 인연 같은 것을 초월하여 지금도 많은 사람들의 마음속에 진하게 배어 있는 것입니다.

김 목사님과 저 사이의 공적인 인연은 1972년 봄, 국제앰네스티 한국위원회를 창립할 때로 거슬러 올라갑니다. 그때 한국앰네스티의 발기에 참여했던 우리는 김 목사님을 초대 이사장으로 모시고 활동했습니다. 박 정권이 시퍼런 유신의 칼날을 무도하게 휘두르고 있던 그 숨 막히던 시기에 양심수의 구원, 사형과 고문의 폐지, 정당한 사법절차의 보장, 그리고 수감자의 처우 개선 등을 내세운 앰네스티 운동을 전개해 나가는 일은 여간 어렵지가 않았습니다.

그러나 김 목사님은 그때 한국 앰네스티의 지도자로서 뿐 아니라 이 나라 민주화운동 세력의 상징으로서, 어른답게 목자(牧者)답게 우리를 이끌어 주셨습니다. 존경할 만한 어른도 드물고 신뢰할 만한 선배도 찾기 어려운 이 시대이기에 더욱이나 김 목사님에 대한 흠모의 정이 간절해집니다.

1970년대 중반에 제가 정보·수사기관과 구치소를 드나들던 끝에 변호사 자격마저 박탈당하여 무직자가 되었을 때, 저는 김 목사님과 또 다른 인연을 맺게 되었습니다. 제가 실업자를 면하기 위하여 차린 출판사에서 김 목사님의 글을 책으로 출판했던 것입니다.

1970년 한국신학대학에서 발행한《장공전집》이후에 쓰신 글을 세 권의 책으로 묶어《속 장공전집》이라고 이름을 붙였습니다. 그때 거의 저 혼자서 교정을 보다시피 했기 때문에 목사님의 글을 두세 번씩 정독하는 행운을 누리기도 했습니다.

김 목사님의 글은 그 내용의 훌륭함이야 제가 새삼 언급할 필요도 없지만 또 한 가지, 그 문체의 신선함에 저는 반했습니다. 그것은 단순한 기교나 형식의 차원에서가 아니라 그분의 담백한 심성과 민주적인 숨결에서 우러난 것이라고 느꼈습니다.《장공전집》과《제3일》이라는 개인잡지에 실린 글을 통해서도 많은 독자들이 그처럼 생동감 넘치는 목사님의 글을 대할 수 있었을 것입니다.

김 목사님은 여러 해에 걸친 해외생활 중에도 조국의 어려움을 방념하지 않으시고 국내의 민주화운동을 지원하시는 가운데, 우리들에게 많은 가르침과 격려를 보내주셨습니다. 불초한 저에게까지도 여러 번 친서를 내려주셨는가 하면 휘호도 보내주셨습니다. 그때마다 제 이름 밑에다 '지우(志友)'라는 호칭을 붙여주신 것을 잊을 수가 없습니다.

목사님은 '의에 주리고 목마른 자는 복이 있나니'로 시작되는 마태복음 5장 6절 말씀을 한문으로 쓴 성경구절 '慕義如飢渴者有福

(모의여기갈자유복)’을 붓글씨로 즐겨 쓰셨는데, 그 서예작품 또한 목사님의 선비다운 면모를 돋보이게 하는 소중한 유품으로 남게 되었습니다.

제가 1981년 봄 출옥한 뒤에는 ‘신망심불변(身亡心不變)’으로 시작되는 글귀의 휘호를 다시 보내주셨습니다. 그때 저는 감사와 위로만 경험한 것이 아니었습니다. 이 어른이 바다 건너에 계시면서도 나를 꼼짝 못 하게 ‘원격조종’을 하시는구나 하는 생각이 들었습니다. 이 자리에 계신 여러분 중에도 그와 같은 경험을 하신 분이 적지 않으리라고 믿습니다.

목사님은 비단 글과 설교로써뿐 아니라 그처럼 따스하고 자상하신 사랑으로 우리를 감화시키고 이끌어주신 역사 속의 ‘어른’이셨습니다. 김 목사님은 기독교인의 민족적 사명에 관해서 언급하시는 가운데, 종교인의 역사 참여, 그 중에서도 정치 참여를 역설하셨습니다. “기독교인, 특히 성직자들이 성(聖)과 속(俗)의 2원론에 사로잡혀, 하나님은 세상 즉 우리가 말하는 속세를 그렇게까지 사랑하셔서 자기 외아들을 희생시키기까지 하셨다고 입버릇처럼 되뇌면서 세상일, 특히 가장 강력한 Demolish power인 독재정권에 대하여는 추종하거나 묵인하여 말이 없다는 것은 이해하기 어려운 일이다”라고 하셨습니다. 또한 기독교인의 정치 참여라고 해서 “교회가 직접 정치인 클럽같이 되라는 말이 아니라, 교회 안에서나 밖에서나 '예'와 '아니오'를 분명히 하여 예언자적 구실을 다해야 된다"라는 말씀도 잊지 않으셨습니다.

이 땅의 기독교인들은 이왕에도 그러했듯이 앞으로도 김 목사님의 이런 가르침을 실천신앙의 잠언으로 받들어나가야 할 것입니다. 김 목사님이 쓰신 자서전 《범용기》는 이미 많은 분들이 읽으셨을 줄 믿습니다. 그토록 위대한 삶의 기록에다 '못난이의 기록'이라는 뜻으로 '범용기(凡庸記)'라는 제호를 붙이신 그 겸허를 또한 우리는 배워야 합니다. 정녕 김 목사님이 '못난이'라면 우리는 앞을 다투어 그분과 같은 '못난이'가 되도록 힘써야 합니다. 아니, 잘난 척하는 언동이라도 자제하여야 합니다. 그런데도 자칭 '잘난이'의 홍수 속에서 세상이 뒤틀려가고 있으니, 모두들 《범용기》를 읽고 올바른 삶의 길을 배워나가야 할 것입니다.

장공 선생님은 《범용기》의 서문에서 '…내 삶이 범용 그대로일지라도 땅의 미래에 묻어놓고 언젠가 싹트기를 기다려보자는 것이다'고 적으셨습니다. 오늘날까지 한국 교회가 이루어놓은 성과와 앞날을 위한 역량은 바로 그 어른께서 보여주고 묻어놓으신 삶에서 돋아난 싹이라고 말해도 과언이 아닐 것입니다.

이제 김 목사님께서 기다려보자고 하시던 싹을 트게 하고 열매 맺게 하는 일이야말로 그 어른을 추모하고 그 뜻을 이어받기를 다짐하는 우리 모두의 소임이라고 믿습니다. 이번에《김재준 전집》전18권을 집대성하고 오늘 이와 같이 더불어 축하하는 의미도 그러한 우리의 소임을 자각하는 데서 찾아야 합니다.

전집의 간행에 수고해주신 여러분께 감사를 드리며, 이 책이 널리 읽혀짐으로써 전집 출판의 본뜻이 성취되기를 기원합니다.

반독재의 아성 '종로 5가'의 중심에서

김관석 목사 영결 예배 조사(2002.2.7.)

김관석(1922~2002) 목사, 한국신학대학 교수, 〈기독교 사상〉 주간, 한국기독교교회협의회 총무, 기독교방송 사장. 새누리신문 대표이사, 저서 《평화를 찾아서》 등

삼가 운산(雲山) 김관석(金觀錫) 목사님의 영전에 드립니다.

목사님! 팔순으로 마감하신 이 지상에서의 삶을 통하여 목사님께서는 참으로 많은 것을 남기고 가셨습니다. 이 땅의 남과 북에 아직도 널려있는 난제들을 그토록 걱정하시던 목사님께서 어이 눈을 감으셨습니까. 1970년대 초입에 제가 목사님을 처음 인사드린 곳도 여기 기독교회관이었고, 험난했던 유신 치하에서 자주 만나 뵌 곳도 기독교회관이었는데, 이제 바로 이곳에서 목사님과 결별하는 시간을 맞게 되었으니, 애닯기 그지없습니다.

'종로 5가'로 불리던 이곳 기독교회관은 70년대 이후 군사통치에 저항하던 반독재운동의 본산이었습니다. 자유와 인권 그리고 민주주의를 쟁취하기 위한 싸움의 중심에 한국의 기독교가 있었다면, 그 기독교의 중심에 KNCC(한국기독교교회협의회)가 있었고, 그 KNCC의 중심에 바로 김 목사님이 계셨습니다.

돌이켜 보면 참으로 험난하고 암울하던 그 시절, 목사님은 우리들의 향도(嚮導)이자, 등대였습니다. 한국의 7, 80년대가 준 역사의 큰 상처를 앓으며 모두들 좌절과 소망, 추종과 저항, 분열과 연대의 교착 속에서 괴로워하던 시절, 목사님께서는 바로 이 기독교회관 NCC 총무실에서 역사의 미래를 짚어보듯 창밖의 뿌연 하늘과 도시의 지붕을 바라보시며, 혹은 답답한 벽을 응시하시며, 무리를 이끄는 목자의 외롭고 힘든 길을 새겨나가셨습니다.

그 포악한 유신독재에 대한 저항의 본거지이자, 군사정권의 마수가 겨냥한 표적이기도 했던 이 기독교회관, 여기서 하느님 신앙의 바른 길이 무엇인가를 추구하며 참으로 간절한 기도와 치열한 싸움이 엉키곤 하던 시절이 회상됩니다. 그 회상 속에 목사님의 얼굴이 선하게 떠오릅니다.

1973년 봄의 남산 부활절 사건은 이 땅의 그리스도인들에게 많은 깨달음과 충격을 체험하게 하였으며, 다짐과 결단의 길을 가도록 했습니다. 그 사건으로 구속된 박형규 목사님의 변호를 맡아달

   한승헌 변호사 스피치의 현장

라고 저에게 청하신 분도 바로 김 목사님이었습니다. 그후 한국 기독교계가 불의한 권세를 물리치기 위한 기독교인의 책무를 절감하였기에 이른바 대통령긴급조치사건 피고인의 선두에도 언제나 기독교 성직자와 기독학생들이 있었습니다.

세상이 공포에 싸여 모두들 숨을 죽이고 살아갈 때, 예수 믿는 사람들은 무슨 용기로 저렇게 15년 징역, 아니 사형까지도 두려워하지 않고 나설 수 있는가? 긴급조치 사건을 변호하면서 저는 그런 의문이 차츰 풀리기 시작했고, 그래서 당시로는 신앙의 울타리 밖에 있던 제가 훗날 크리스찬이 되었던 것입니다.

한국기독교교회협의회(KNCC) 중에서도 인권위원회는 민주화투쟁의 '중심체' 였습니다. 그 인권위원회 초창기에 제가 위원으로 참여한 것도 김 목사님의 권면 때문이었지요. 기독교인도 아닌 주제에 어떻게 기독교 단체의 무슨 위원이 될 수 있느냐고 제가 고사했을 때, 목사님께서는 '기독교적인 논(Non) 크리스찬과 비기독교적인 크리스찬' 에 관한 말씀으로 저를 설득하셨습니다.

목사님께서는 열변이나 달변 대신 매우 신중한 말씀으로 무게와 설득력을 더했습니다. 용맹스런 투사형이 아닌 절제된 표정으로 든든한 어른스러움과 신뢰감을 보여주셨습니다. 어느 목사님은 가슴에 폭발하는 눈물을 간직하고서도 잔잔한 미소로 사람들을 편안하게 해주는 분이라고 목사님을 평했습니다. 그러나 목사님의 굳건한 신앙과 남다른 끈기와 인내심과 용기 그리고 포용력이 아니었다면 70년대 한국 기독교계의 민주화운동, 에큐메니컬운동은 그 찬란한 자욱을 남기지 못했을 것입니다.

〈기독교 사상〉의 주간으로 계실 때 5.16쿠데타가 터지자 그해 6월호에 5.16을 비판하는 권두언을 썼다가 군인들에게 끌려가 고생을 하셨지요. 그때 그런 용기를 발휘한 사람은 아주 소수였습니다. 민주화운동 과정에서도 기독교 내에서 여러 입장, 여러 견해가 난립되어 갈등과 분열을 겪기도 했습니다. 믿음과 아집이 혼동되던 그런 풍토에서 이 땅의 민주화운동과 에큐메니컬운동이 그만큼 전진할 수 있었던 것도 목사님의 확고한 구심적 역할과 포용력 덕분이었다고 믿습니다.

목사님과 저는 1975년 봄, 서울구치소 안에서 조우한 적이 있지요. 제가 반공법 필화사건에 몰리어 수감되었을 때, 목사님께서는 수도권특수선교회 사건으로 투옥되셨던 것입니다. 해외에서 보내준 선교비의 용도를 트집 잡은 무슨 횡령사건이었다고 기억되는데, 그런 옥고를 겪으면서도 목사님께서는 성직자의 길, 지도자의 길에서 한 치도 벗어나지 않으셨습니다.

　　　　　　　　　　　　　　한승헌 변호사 스피치의 현장

목사님께서는 기독교방송국 사장으로 계실 때에도 나라의 민주화를 지향하는 방송으로 많은 국민의 주목과 박수를 받으셨습니다. 목사님께서는 팔순을 눈앞에 맞는 고령에도 불편한 몸을 이끌고 이런저런 모임에 나오셔서 말씀도 해주시고 축도도 해주셨습니다. 성경에도 옳은 일을 하다가 박해를 받는 사람은 행복하다 하였습니다. 그런 의미에서 '행복하게' 살다 가신 목사님께서 받으실 큰 상이 하늘나라에 분명 마련되어 있을 줄 믿습니다. 하늘나라에서도 이 겨레를 지켜주시고 유명(幽明)을 초월하여 저희들을 이끌어 주시길 바랍니다.

비록 이 지상을 떠나가셔도 목사님은 저희들의 영원한 목자이시요, 스승입니다. 불멸의 횃불이십니다. 육신을 뛰어넘어 저희들의 마음 가운데 영생하실 목사님, 저희들은 목사님의 삶을 추모하는 마음과 더불어 목사님의 의로운 삶의 뜻을 마음에 새기고 이어받아 이 세상에서 '남은 자' 의 소임을 다하겠습니다.

우리의 영원한 목자 되신 사랑하는 목사님! 목사님의 이름을 다시 한 번 불러보고 싶습니다. 우리 목사님, 김관석 목사님, 이제 빛과 사랑이 넘치는 하늘나라에서 부디 안식하시옵소서.

90년 만에 고국 땅으로 봉환되신 원혼이시여!

동학농민혁명지도자 유해 봉환 진혼식(전주) 고유문(1996.5.31.)

한 구의 유골로 이 나라를 떠나셨다가 90년만에야 이 땅에 돌아오신 동학농민혁명군 지도자이신 당신께 삼가 아뢰옵니다.

오늘은 1996년 5월의 마지막 날, 지금부터 100여 년 전 창생을 도탄에서 구하고자 궐기했던 동학농민혁명군이 전주성에 입성한 전승의 바로 그날입니다. 그러니까 나라의 자주와 창생의 구원을 위해 당신께서 앞장서 몸 바치셨던 갑오년으로부터 한 세기 하고도 2년이란 긴 세월이 흘렀습니다.

여기, 임께서 애국애민의 정신으로 목숨 바쳐 바로 세우려 했던 이 나라 이 땅의 후손들이 모여 엎드려, 애절한 마음으로 임을 맞습니다. 임이시어! 들리십니까? 조국산천도 일어서 당신 앞에 흐느끼는 저 모습, 저 소리를. 저희 못난 후손들은 당신이 차마 두 눈 감지 못한 서러움과 분노를 이제야 맞습니다. 얼마나 애통하셨습니까. 얼마나 서럽고 외로우셨습니까. 임께서 온몸으로 저항하며 목숨 받쳐 싸웠던 그 침략자의 손에 의해 죽임을 당하고, 그것도 모자라 백골의 모습으로 침략자의 땅에 들려간 지 90년. 그 원한은 또 얼마나 크셨습니까. 그 오랜 세월 동안 그것도 모르고 있다가 이제야 당신을 모셔온 저희 어리석은 후손들은 오늘 부끄러움과 통분으로 감히 당신의 영전 앞에 모였습니다.

사실 저희는 임을 알지 못합니다. 당신의 이름이 무엇이고 누가 왜 당신의 유골을 가져갔는지도 모릅니다. 그러나 우리는 당신이 갑오년에 순국한 자랑스러운 동학농민군의 지도자였고, 당신의 유골을 가져간 자가 바로 일본인이며, 바로 그 침략자의 땅 한 대학 연구실에서 신문지에 쌓여진 채 발견되었다는 사실에 주목합니다. 그리고 지난날, 우리 한국을 지배했던 일본 침략자의 저주스러운 음모와 경멸이 빚어낸 비극의 소산에 다름아니라는 사실에 통분합니다.

그러나 이 통분함과 함께 저희의 가슴을 짓누르는 것은 더할 수 없는 부끄러움과 치욕의 아픔입니다. 임께서 가신 지 한 세기가 더 지났는데도 오늘의 나라 현실은 아직도 화창하지가 못합니다. 당신께서 침략자의 땅에 방치되어 있던 지난 90년 동안 저희들은 나라를 바로 잡지도 못하고 겨레를 하나 되게도 하지 못한 채 분단과 외세 그리고 불의의 굴레를 벗지 못한 부끄러운 역사 앞에 서 있습니다. 그러나 오늘, 저희들은 당신께서 목숨 바쳐 지키고자했던 애국애민의 고귀한 정신을 감히 이어받고자 합니다.

역사는 언제나 승리하는 자의 쪽으로 기우는 듯이 보입니다. 그러나 우리는 비록 물리적으로는 패배했을지라도 목숨까지 바친 당신의 나라사랑의 일념에서 더 강한 승리의 한 자락을 발견하게 됩니다. 이제 저희들은 침략의 수모와 아픔을 다시금 되새김으로써 치욕의 역사를 극복하고 마침내는 승리하는 길로 매진할 것을 다짐합니다. 그리하여 아직도 강대국 패권주의의 망상에 사로 잡혀, 지난날의 한국침략을 정당화시키는 망언과 작태마저 보이고 있는 일본이 과거의 역사적 과오를 스스로 인정하고 올바른 이웃이 될 수 있도록 이끌어 나갈 것을 다짐합니다.

당신의 죽음과 90년 통한의 세월이 헛되지 않도록 하겠습니다. 임께서 목숨 바쳐 나섰던 척왜 항전의 자기희생 정신을 마음에 새겨 당당한 겨레의 역사를 열어가겠습니다. 당신은 오늘을 살아가는 저희들의 자랑스러운 역사입니다. 임이시어! 장군이시어! 이제 저희 마음속에 눈 부릅뜬 선열로 부활하여 임하시옵소서. 그리하여 아직도 갈라져 싸우고 불의에 시달리는 이 나라, 그 안에서 갈피를 못 잡고 역사를 바르게 이끌지 못하는 이 나라 후손들에게 또 한 번 큰 호령을 내려주시옵소서. 그리고 이제 임께서 흘렸던 황토길의 핏빛 역사를 거두고 안식하시옵소서. 오늘 저희들은 임께서 품어오신 통한과 염원을 깊이 새겼사오니, 조상들과 더불어 고국 땅에 누우셔서 편히 쉬시옵소서. 이만 원한과 서러움을 거두시고, 자랑스러운 역사의 숨결과 더불어 영생하시옵소서.

(동학농민혁명군지도자유해봉환위원회 상임대표로서의 고유문임)

필화사건의 변호와 증언까지

작가 안수길 선생 추모사(2007.11.30.)

안수길(1911~1977) 소설가, 경향신문 문화부장, 서라벌
예술대 교수, 국제 펜클럽한국본부 부위원장. 자유문학상
등 수상. 작품《제3인간형》,《북간도》등

세상에는 여러 유형의 문인들이 있습니다. 시종 문학에 전념하여 작품으로 평가를 받는 문인, 문학보다는 문학외적 활동으로 이름이 알려지는 문인, 문단 또는 문학관련 단체에서 한 자리 하고자하는 문인, 문인이라는 간판을 활용하여 세속의 감투를 지향하는 문인 등. 그리고 문학의 품격과 인간의 품격이 서로 일치하는 사람과 그렇지 못한 사람, 실제의 역량보다 세평이 부풀려진 문인과 그 정반대인 문인, 그리고 역량만큼 제대로 인정을 받는 문인 등.

이런저런 분류기준을 놓고 볼 때, 작가 안수길 선생님은 어느 유형에 들까? 굳이 제가 말하지 않아도 많은 사람들이 정답을 아실 것입니다. 사실 안수길 선생님에 대해서는 문단을 비롯한 문화계의 여러분들이 잘 알고 있다고 믿기 때문에 저는 그 분들의 안수길 체험과는 다른 이야기를 해보고자 합니다.

누구나 젊어서는 한번쯤 문학청년이 되기 쉽습니다. 저도 그런 시절이 있었는데, 그 시절에 〈현대문학〉이나 〈자유문학〉 같은 문학지에서 작가 안수길 선생의 소설을 읽었습니다. 그중 《제3인간형》이란 작품이 참 마음에 들었습니다. 저는 5년간의 검사생활을 접고 1965년에 변호사로 전신하였습니다. 마음 같아서는 좀 자유롭고 안정된 생활을 했으면 했는데, 여의치가 않았습니다. 1960년대 후반의 정치적 광풍이 저를 가만히 두지 않았기 때문입니다.

박정희 독재정권의 압제는 문단에도 미쳐서, 1965년에 작가 남정현씨가 반공법 위반으로 구속되는 사태가 벌어졌습니다. 〈현대문학〉에 실린 그의 단편소설 《분지(糞地)》가 반미·용공소설이라는 트집이었습니다. 작가는 얼마 후 구속은 풀렸으나, 근 1년을 두고 여러 방식으로 시달림을 받아야 했습니다. 그리고 끝내 기소가 되었습니다. 문인단체를 비롯한 각계에서 항의와 진정이 쏟아지는 가운데 재판이 열렸습니다.

그 사건의 변호인으로는 법학계의 이항녕 변호사, 작가와 동향인 김두현 변호사, 그리고 필자가 나섰습니다. 그리고 안수길 선생을 특별변호인으로 신청했습니다. 변호사 자격이 없는 사람이라도 법원의 허가를 받아 법정에서 변호를 할 수가 있는데, 이런 사람을 특별변호인이라고 합니다. 하지만 그런 제도가 별로 활용되지 않고 있었는데, 그 무렵 저는 문득 안수길 선생을 특별변호인으로 모셨으면 하는 생각이 떠올랐던 것입니다. 그래서 작가와 상의하고 안 선생님 본인의 허락을 받아 법원에 특별변호인 허가 신청을 냈던 것입니다.

문학작품을 반공법으로 문제 삼는 필화사건에서는 특별변호인의 역할이 필요할 것 같아서 신청을 했는데, 판사도 이에 공감했는지 허가를 해주었습니다. 안 선생님은 작가 남 씨를 〈자유문학〉을 통해 추천해서 문단에 내보낸 문학의 대부격인 분이었으므로 어느 모로 보나 적임이었고, 따라서 반응도 좋았습니다.

안 선생님은 재판 때마다 법정에 나오셨고, 최종 결심공판에서는 문학마저 탄압하는 권력에 대하여 계몽적이면서도 단호한 변론을 하셨습니다. 안 선생님은 "북한의 잡지에 전재되고 기관지에서 논평했다는 사실만으로 작가를 용공으로 처벌할 수는 없다"고 하시면서, 미국의 존 스타인백의 《분노의 포도》는 제2차 세계대전 때 나치 독일에 의해 반미 선전에 크게 이용되었으나, 그 작가는 미국의 법정에 선 일이 없다고 했습니다. 그리고 문학의 저항성이 오해되거나 저해를 받아서는 안 된다, 만약 이 작가가 법에 의해 처벌을 받는다면 이는 일제시대에도 없었던 역사를 역행하는 일이며, 창작의욕을 위축시키는 결과를 가져 올 것이라고 경고하였습니다. 안 선생님은 이런 명 변론을 하심으로써 법정의 단상단하를 숙연케 하였습니다. 그 뒤 작가 남 씨에 대해서는 무죄 아닌 선고유예 판결이 확정되었습니다.

저는 안 선생님의 안암동 댁에도 가끔 놀러가곤 했습니다. 선생님은 댁에서 주로 한복을 입고 계셨으며, 넓지 않은 한옥의 서재에는 테이블 아닌 앉은뱅이책상을 놓고 글을 쓰시곤 하셨습니다. 그 무렵 저는 장남 안병섭(영화평론가), 사위 김국태(작가), 안 선생님의 추천으로 문단에 나온 최인훈, 남정현, 박용숙(이상 모두 소설가) 등 문우들과도 친분을 나누면서 지냈습니다. 소탈하시고 다정하신 사모님의 모습도 잊혀지지 않습니다.

'라운드 클럽'이라는 문인들의 모임에서도 안 선생님을 모시고 여러 문인들이 격의 없는 친교의 시간을 함께 보내곤 했습니다. 화양리에 있는 모윤숙 시인 댁에서 매달 만나던 이 모임은 피차 연배의 차이를 떠나서 조금은 파격적으로 자유분방한 담론도 하고 놀이도 즐기는 모임이었습니다. 멤버는 문단의 원로급에서 중견에 걸친 세대들이었고, 물론 여류 문인들도 여럿 있었습니다. 이헌구(문학평

론가), 박진(연극인), 모윤숙(시인), 김광섭(시인), 안수길(소설가), 김
남조(시인), 전숙희(수필가), 홍윤숙(시인), 김붕구(불문학자), 박연희
(소설가), 이호철(소설가) 남정현(소설가) 정연희(소설가), 여기에 한
승헌도 한축 끼어 아마도 20명 쯤 되지 않았나 싶습니다.

문학 이야기, 세상 이야기 그리고 친교ㆍ방담 등으로 매우 다채
로운 만남이 이어져 오던 중에 뜻밖에도 판에 금이가기 시작했습니
다. 박정희 정권의 유신독재가 날을 세우면서 모임 내부에 은연 중
서먹한 분위기가 감돌더니 결국은 각자 입장들이 달라지고 갈래가
생겼습니다. 그러다 모임도 흐지부지 되었습니다. 평소에 근엄한
편인 안 선생님도 이 모임에서만은 천진난만하고 아주 재미있는 화
두를 선도하여 주연급으로 좌중을 이끌곤 하셨습니다.

1975년 봄, 이번에는 바로 제가 반공법 필화사건으로 구속되어
재판을 받게 되었습니다. 그때 안 선생님께서는 변호인측 증인으로
법정에 나오셔서 공안검사와 맞서는 고역을 마다하지 않으셨습니
다. 당시 저는 김대중 전 대통령후보와 이병린 민주회복국민회의
대표위원(전 대한변협회장)의 변호인으로 활동하는 가운데, 민청학
련사건으로 복역 중 석방된 김지하 시인의 재 구속사건의 변호인
선임계를 직접 서울지검에 제출했습니다. 그날로 중앙정보부는 두
번에 걸쳐 저에게 변호인 사퇴를 요구했고, 제가 이를 거부하자 반

공법위반으로 저를 구속 기소하였던 것입니다. 그때부터 2년 반 전 어느 잡지에 실었던 사형제를 비판한 저의 글이 용공이라는 혐의였습니다. 사형을 반대하는 것은 북괴 간첩의 사형도 반대하는 것이니까 용공이라는 기막힌 논리였습니다. 이 사건 법정에는 검찰 측과 변호인 측의 신청으로 여러 사람이 증인으로 나왔습니다. 검찰에서는 전향 간첩, 국가보안법 복역자, 월남한 지식인 등을 내세웠습니다. 이에 맞서 변호인단에서는 안수길 선생님을 비롯하여 강원용(목사), 이우정(교수), 유주현(소설가), 홍윤숙(시인), 이어령(문학평론가), 박연구(수필가) 등 인사가 살벌한 법정 분위기 속에서도 용감한 증언을 해주었습니다.

저는 그분들이 사양하거나 주저함이 없이 증언대에 나와 주신 것만으로도 감사하고 감격스러웠습니다. 특히 안 선생님께서는 저의 글이 인간 생명의 존엄을 강조한 내용으로서 문학작품에서 많이 다루어 온 주제이며 결코 용공 차원에서 논할 문제가 아니라고 증언하셨습니다. 저는 증인으로 나오신 분들께 너무도 힘겨운 고역을 안겨드린 것 같아서 송구스러웠습니다.

안 선생님은 여러 모로 저를 사랑해주셨습니다. 제가 주책없이 《노숙》이라는 시집을 내고 출판기념회까지 열었을 때, 서정주(시인), 백철(문학평론가) 선생님과 함께 과분한 축사를 해주셨습니다.

그 무렵 출판되어 절찬을 받고 있던 《북간도》(상)에 서명을 하신 기증본을 주시기도 했고, 저는 선생님께서 그 소설의 하권을 전작으로 쓰고 계시던 성북동 약사암에 다른 문우들과 함께 가서 즐거운 시간을 갖기도 하였습니다.

선생님께서는 학 같이 단아하고 고고하신 선비형의 작가였습니다. 그리고 엄격하시면서도 자애로우셨습니다. 그 어른의 문학에 관한 평가는 감히 내가 말할 수 있는 영역이 아니어서 접어두기로 하거니와, 인품과 작품이 안 선생님처럼 깨끗하신 작가를 가까이 모실 수 있었고, 아직도 기억 속에 간직할 수 있다는 것은 저로서는 큰 축복이 아닐 수 없습니다. 이것이 어찌 저 혼자만의 다행스러움에 그칠 일이겠습니까?

삼가 안 선생님의 명복을 빕니다.

이 땅의 선구적 여성 변호사

이태영 박사 2주기 추모식 추모 강연(2000.12.15)

이태영(1914~1998) 고등고시 사법과 합격, 한국 최초의 여성 변호사, 한국 가정법률상담소 소장, 국제법률가위원회 위원, 반독재민주화운동 참여. 3.1민주구국선언사건으로 기소. 저서 《한국이혼제도연구》 등

이태영 박사님께서 우리 곁을 떠나 하늘나라로 가신 지 어느덧 2년이 되었습니다. 박사님께서 살아오신 삶에 대해서는 약력에도 잘 나와 있고, 조금 전 대통령 영부인께서 하신 말씀 가운데 거의 언급이 되었습니다. 그러므로 저는 이태영 박사님의 법조계 후배로서 무언가 제 생각의 일단을 여러분 앞에 피력하고 또 다짐하는 그런 시간을 갖고자 합니다.

이태영 박사님은 정말 비범한 분이셨습니다. 결혼하시고 9년이 지난 후에 32살의 나이로 서울 법대에 진학하신 거라든지, 그 후 고등고시 사법과에 합격하시는 등 만학(晚學)임에도 뭔가 남다른 결단으로 그처럼 큰 결실을 올리신 것은 정말 놀라운 일이었습니다.

이 박사님은 해방 직후의 그 시대상황 속에서 한 여인의 몸으로 남다른 결단을 하셨지만, 그에 못지않게 주목할 것은 부군 정일형 박사님께서 아내를 따뜻하게 이해하시고 사랑하시고 밀어주셨다는 점입니다.

이태영 박사님은 선구적인 삶을 살아오셨습니다. 여성운동가로서, 법률가로서 정말 남다른 업적을 많이 쌓으셨습니다. 여기 한국가정법률상담소는 이태영 박사님과 떼어서 생각할 수 없는 법률구조의 전당이 되었습니다. 이태영 박사님은 법률구조를 통하여 개개인에 대한 상담과 법률구조의 차원을 넘어서 여성이 한 인간으로서 눈뜨고, 자기의 존엄을 찾고, 남성과 함께 양성이 평등하게 나서서 이 세상을 이끌어 나가야 한다는 큰 깨달음을 주신 선구자이셨습니다.

이태영 박사님께서 여성의 지위를 높이고 가족법 개정에 크게 이바지하신 것, 그리고 가정법원 설치에 큰 공을 남기신 것은 여러분께서 이미 다 아시는 사실입니다. 저는 이태영 박사님께서 여성만 각성시킨 게 아니고 남성까지 각성시켰다고 생각합니다. 여성의 지위문제는 여성만의 노력으로 가능한 것이 아니라 양성의 한 축인 남성의 회개와 깨달음과 실천이 따를 때 가능한 것인데, 이 변호사님은 그동안 오랜 역사 속에서 남성 중심의 사고가 빚어낸 잘못에 대하여 남성들이 깨달을 수 있도록 해주셨습니다.

또 한 가지, 이분은 불쌍하고 차별받는 여인들의 눈물을 닦아주는 그런 사랑과 아울러 때로는 매섭게 질책하고 호되게 꾸짖기도 하셨습니다. 여성이 자신의 지위를 좀 더 굳건히 하기 위해서 어떻게 해야 하는지를 몸소 보여주신 분입니다.

이태영 박사님은 우리나라 최초의 여성법조인으로서 활동의 한계가 있었을 법도 한데, 전혀 그렇지 않았습니다. 오히려 남성법조인들이 벗어나지 못하는 울타리를 부수고 사회 속으로 뛰어들었습니다. 즉, 송무(訟務)의 영역을 넘어서 법률 상담 등 여러 가지 구조 활동을 펼치시면서 법조인이 소홀히 했던 법정 밖에서의 활동에 정열을 쏟으셨습니다.

이 변호사님은 여성운동과 법률가의 활동영역을 넓힌 것 외에도 변호사 아닌 피고인으로서 법정에 서신 적도 있습니다. 1976년 세칭 명동사건, 즉 3.1민주구국선언사건 때에 부군이신 정일형 박사님과 함께 피고인이 되셨던 것입니다. 저는 그때 변호사 자격을 이미 박탈당한 상태였기 때문에 변호인석 아닌 방청석에서 재판을 지켜볼 수밖에 없었습니다만, 내외분 모두 어쩌면 저렇게 당당할 수 있을까 하는 생각이 들었습니다.

1972년 박정희 대통령의 유신 선포, 73년 반유신투쟁, 74년 대통령긴급조치 1호 및 4호 발포, 75년에 긴급조치 9호 발동, 그리고 76년으로 넘어옵니다. 정말 살벌하다고밖에 표현할 길이 없는 때였습니다. 대부분의 국민들이 많이 지쳐서 좌절과 체념에 빠져들고 있을 때 두 내외분을 비롯한 각계 민주인사들이 나서서 그처럼 용감하게 싸워주신 데 대해서 우리는 다시 한 번 경의를 표해야하겠습니다.

이 박사님의 남다른 사랑과 결단의 바탕에는 기독교 신앙이 큰 힘이 되었다고 믿습니다. 이른바 순수 신앙이라는 이름으로 기독교인들이 이 세상의 불의와 독재권력에 대해서 눈을 감거나 오히려 그들을 위해 조찬기도회를 열면서, 의롭지 못한 집권자에 대한 비판을 종교의 정치관여라고 비난하는 사람들이 많던 그런 시절이었습니다.

이태영 박사님은 법정에서 변호사나 피고인이 아닌 다른 역할도 하셨는데, 이른바 '김대중내란음모사건' 때에 증인으로서 계엄군법회의 법정에 나오신 것입니다. 1980년 봄 전두환 일당이 '김대중내란음모사건'을 조작하여 김대중 선생에 대한 사형선고에 필요한 예정된 절차만 남겨두고 있을 때, 피고인에게 유리한 증언을 하기 위해 군사법정에 증인으로 나오셨다는 것은 대단한 용기가 필요한

한승헌 변호사 스피치의 현장

일이었습니다. 세상의 유명인사들 가운데는 말로는 헌신과 희생을 강조하면서 자신은 조금도 그렇게 행동하지 않는 사람도 있습니다. 그러기에 이 박사님께서 말씀만 옳게 하신 것이 아니라 스스로 몸을 던져서 고난을 무릅썼다는 점을 우리는 두고두고 배워야 할 것입니다.

이 세상에는 자기를 죄인이라고 생각하는 의인이 있는가 하면, 자기를 의인이라고 생각하는 죄인이 있다고 합니다. 우리는 자칫 자신이 의인이라고 착각하는 죄인이 되어가고 있지 않은가 하는 생각이 들기도 합니다. 우리 시대에 '사서 고생하는' 사람이 많아져야만 이 세상은 바르게 될 것입니다. 그러므로 이태영 박사님의 일생에서 사서 고생하신 흔적들을 찾아서 다시 되새겨 보아야 할 것입니다.

이 박사님께서는 얼마든지 화려하고 편안하게 살 수도 있는 길을 버리고 굳이 힘든 일, 고생스러운 일들에 뛰어들어 이 세상을 위해서 그렇게 많은 일을 하셨습니다. 문제는, 지금 살아 있는 우리들의 몫은 무엇인가 하는 것입니다. 유지(遺志)를 받들고 계승한다는 것은 그 분의 삶 속에서 의미와 교훈을 찾아 우리 삶의 지침으로 삼고 바른 세상을 이룩해 나가도록 실천하는 일입니다. 우리가 진정 이태영 박사님을 존경하였고, 또 이 시간에도 추모하는 마음이 간절하다면, 이분께서 이 세상에 계실 때 보여주신 삶의 모습을 마음에 새겨서 자신의 삶 속에서 그대로 실천해 나가는 것이 무엇보다 중요합니다.

생전에 그토록 다정하셨던 이 박사님, 돌아가신 후에도 우리의 마음에서 영생하시는 이태영 박사님을 다시 한 번 추모하면서, 그분이 남기신 뜻을 우리 마음에 심어두고 그분과 같은 길을 가도록 다짐하고 노력합시다.

삼가 이태영 박사님과 정일형 박사님, 내외분의 명복을 빕니다.

내 추억 속의 큰 별 함석헌 선생님

함석헌 선생 탄신 100주년 기념 추모 강연(2001.5.12.)

함석헌(1901~1989) 사상가, 사회운동가, 평북 정주 오산 중학교 교사, 퀘이커교 한국 대표, 월간 〈씨올의 소리〉 발행·편집인, 민주주의와 민족통일을 위한 국민연합 공동 대표. 저서 《뜻으로 본 한국역사》, 《생각하는 백성이라야 산다》 등

저는 여러분과 마찬가지로 함석헌 선생님을 무척 존경합니다만 이런 강연회에 연사로 나올만한 자격이 있는 사람은 아닙니다. 다만 이 강연회가 저의 고향인 전주에서 열리는 행사인데다 박재순 박사님께서 좋은 강연을 하시기 전에 잠시 분위기를 잡는 '오픈게임'이라도 내가 좀 맡는 셈치고, 이렇게 나왔습니다. 그런데 어떻게 메인게임을 먼저 하고 나서 '오픈게임'을 나중에 하는, 이런 순서가 되고 말았습니다. 그래도 좋은 만찬에는 주식(主食) 못지않게 디저트 즉 후식이 있어야만 격에 맞으니까, 그 후식의 순서를 제가 채우겠습니다.

사실은 몇 가지 메모를 해가지고 왔는데, 앞서 하신 박재순 박사님께서 너무도 완벽하게 저인망으로 훑듯이 다 말씀하셔서 저는 이 삭조차 주을 게 없습니다. 성서에 보면, 추수할 때에 어려운 사람들을 위해서 이삭 주을 것을 일부러 떨어뜨려놓고 추수하라는 말씀이 있는데, 박사님께서는 그 성경말씀을 따르지 않으신 것 같습니다.

제가 우리 겨레의 스승 함 선생님을 알게 된 것은, 자유당 때 〈사상계〉와 〈씨울의 소리〉를 감명 깊게 읽은 독자로서였습니다. 함 선생님은 여러 분야에서 많은 일을 해 오셨기 때문에 이분은 이런 분이다, 종교사상가다, 역사철학자다, 민주지도자다, 이렇게 한 마디로 규정하기가 어렵습니다. 아까 기념사업회를 대표해서 인사하신 김경재 목사님은 이분을 20세기 한국현대사의 격동기에 한국이 낳은 세계적인 종교사상가라고 한 줄로 집약해서 말씀하셨습니다. 정말 합당한 표현입니다. 저는 그보다도 더 짧게 줄여서 함 선생님은 스승이다, 우리 겨레의 스승이다, 이렇게 생각합니다.

함 선생님 자신도 훌륭한 스승을 만나는 인복(人福)을 입은 분이었습니다. 가령 오산학교에 들어가셨을 때에는 남강 이승훈(李昇薰) 선생을 만나게 됩니다. 그분은 원래 사업을 해서 돈을 번 분인데, 도산 안창호(安昌浩) 선생의 강연을 듣고 감화를 받아서 교육가로 전신하고, 그 후에 기독교 장로가 되고, 3.1운동 때에는 민족대표 33인 중의 한 분으로 서명을 하십니다. 또 그때의 교장이 고당 조만식

한승헌 변호사 스피치의 현장

(曺晩植) 선생님이었고, 나중에 다석 유영모(柳永模) 선생도 은사가 되십니다. 이처럼 훌륭한 스승을 만났다는 것은 대단한 행운이었고, 우리가 부러워 마지않는 일입니다. 그뿐만 아니라 일본에 유학해서 동경고등사범학교 다니실 때, 우치무라간조(內村鑑三)라고 하는 무교회주의자이자 훌륭한 종교사상가를 알게 되었고, 또 김교신(金敎臣)과 교유하면서 그의 《성서조선》을 통해서 《성서적 입장에서 본 한국 역사》를 저술하게 됩니다.

그 어른은 훌륭한 스승을 만났을 뿐 아니라 자신도 훗날에 훌륭한 스승이 되셨다는 것, 그리고 그의 영향을 받은 훌륭한 사상가, 학자, 지도자들이 나왔다는 것은 함 선생님 자신을 위해서만이 아니라 우리나라를 위해서 매우 다행스러운 일이었다고 생각합니다.

선생님은 우여곡절 많은 우리 역사 속에서 겨레의 괴로움을 자신의 괴로움으로, 동포의 아픔을 자신의 아픔으로 떠안고 살다 가셨습니다. 저도 함 선생님을 직접 뵙고 많은 가르침을 받고 많은 깨달음을 얻을 기회가 있었습니다. 저는 70년대 초반부터 원효로 4가 언덕에 있는 함 선생님 댁을 자주 드나들었습니다. 나중에 쌍문동으로 이사하신 뒤에도 가끔 찾아가 뵈었고, 밖에서 무슨 모임이 있을 때는 댁에까지 모셔다 드리기도 했습니다만, 어쨌든 원효로 언덕 위에 있는 검소하다 못해 초라한 그 집이 우리들에게는 한 시대의 추억을 심어주었습니다. 군사독재 하에서 민주화운동에 나선 사람들이 거기에 모여 세상을 개탄하면서 토론도 하고 시국 성명서에 서명도 하였습니다.

함 선생님을 흔히 한국의 간디라고 부릅니다. 여러 모로 좋은 비유입니다. 그러나 흰 수염과 두루마기가 상징처럼 된 함 선생님은 간디보다 훨씬 더 성자다운 풍모를 갖추신 분입니다. 그런 분이 군사독재 치하에서 전국을 누비고 다니시면서, 시국 강연을 하시거나 종교 집회 등에 참여하실 때면, 참으로 많은 사람들이 감동을 받았지요. 당시 지방에서는 대개 서울에 있는 연사들을 초청해서 시국 강연을 여는 것이 관례처럼 되어 있었습니다.

그런데 그 포악한 군사독재 치하에서 강연 한 번 잘못했다가는 붙들려가고, 고문당하고, 혹은 징역도 가게 되니까 상당한 각오를 해야 연사로 나갈 수가 있었습니다. 그래도 그런 자리를 피하지 아니하고 다닌 분은 그리 많지 않았습니다. 그중에서도 함 선생님은 단연 우상(偶像)이셨습니다. 함 선생님께서는, 그때 이미 '노구(老軀)'라고 할 수 있는 고령이셨는데도, 일정만 겹치지 않으면, 대도시가 아니라 한반도 저 남단 시골, 군청 소재지까지도 마다하지 않으시고, 원근을 가리지 아니하고 직접 가서서 강연을 하셨습니다.

어느 겨울날 아침, 제가 원효로 언덕바지에 있는 선생님 댁으로 올라가는데, 마침 선생님께서 눈발 속에 두루마기 자락을 바람에 휘날리면서 내려오시는 거였습니다. "선생님 어디 가세요?" "나 경상도 포항 쪽에 강연 갑니다." 나이가 드신 선생님을 젊은 사람이 부축해 드리는 것도 아니고, 지금처럼 자가용으로 모셔다 드리는 것도 아닙니다. 그런데도 선생님께서는 큰 길까지 걸어가셔서 버스를 타고 그 먼 데를 다녀오시곤 했습니다. 선생님의 강연과 관련해서 생각나는 일이 있습니다.

70년대 초반에는 서울 명동에 있는 대성빌딩에서 자주 시국강연이 열렸습니다. 정말 권력자가 싫어하는 많은 집회가 거기서 열렸는데, 한번은 함 선생님께서 연사로 나오시게 돼 있는 한 강연회에 갑자기 몸이 불편하셔서 나오실 수가 없게 되었습니다. 그러자 선생님께서는 하필이면 저를 대타로 지명하셨습니다. 그것도 강연 2시간 전에 갑작스레 지명이 났으니 참 난감했지요. 함 선생님 말씀을 들으려고 모인 청중 앞에 이 몰골의 제가 대신 나가면 얼마나 실망하겠습니까. 그러나 망설이고만 있을 겨를이 없어서 큰 용기를 내어 대성빌딩으로 갔습니다. 제가 단상으로 올라갈 때 아마도 청중들은 제가 무슨 광고 말씀이라도 하러 올라온 줄 알았을 것입니다.

저는 신상발언을 했습니다. "함 선생님께서 사정이 있어 못 나오시게 되어 저한테 대타로 나가라는 명령이 떨어졌습니다. 왜 하필이면 이 한승헌이었을까? 아마도 함석헌이나 한승헌이나 언뜻 들으면 발음도 비슷하니까 그러신 것 같습니다.”

그때 장내의 폭소에 힘입어(?) 주어진 시간을 어떻게 매우긴 했습니다. 그것으로 끝났으면 좋았는데 그때는 〈씨올의 소리〉가 원고 얻기도 어렵고 해서인지, 그 준비도 안 되고 정리도 안 된 강연을 그대로 활자화해서 잡지에 실어버렸습니다. 그래서 더욱 당혹스러웠지요. 그러나 대타도 대타 나름이어서, 제가 함 선생님 강연의 대타로 나간 것을 저는 행운의 추억으로 간직하고 있습니다.

다음으로 제가 한국앰네스티의 일을 맡아보고 있을 때의 이야기를 하겠습니다. 앰네스티라는 단어는 ‘사면’, ‘용서’를 뜻하는 말인데, 국제적으로 정치범·양심수를 돕는 민간기구의 약칭이 바로 앰네스티(Amnesty International)입니다. 1972년에 창립된 한국앰네스티는 군사정권의 압제 속에서 여러모로 활동이 어려웠는데, 그때에 함 선생님께서 정말 어른답게, 지도자답게 저희들을 격려해 주시고 참여도 해주셨습니다. 또 회비도 꼬박꼬박 보내주셨습니다.

저는 함 선생님을 생각할 때 함께 떠오르는 분이 장공 김재준 목사님이십니다. 두 어른이 비슷한 시기에 우리 겨레의 정신적인 지

주가 되어주셨고, 민주주의를 위한 싸움에서도 지도자가 되어주셨습니다. 그러면서 이 세상을 위한 참 종교의 모습이 무엇인가를 설파하시고, 또 몸소 실천하신 분들입니다. 또 있습니다. 두 분이 다 동양사상, 동양고전에 해박하시면서 아울러 서양문화에도 통달하셨다는 점에서도 공통점이 있습니다.

함 선생님께서는 다석(多夕) 유영모 선생님으로부터 공·맹·노·장(孔孟老莊)에 대한 가르침을 받으셨다고 하는데, 장공 선생님도 한학에 대단히 박식하셨으며, 특히 기독교를 어떻게 볼 것인가? 참된 크리스찬의 길이 무엇인가에 대해서도 두 분의 생각에 공통된 점이 있습니다. 함 선생님은 나중에 무교회주의로 바꾸셨다가 퀘이커로 옮기십니다마는, 어쨌든 두 분 모두 종교나 신앙에 관해서 많은 글을 쓰셨고, 설교나 강연을 많이 하셨습니다. 저도 기독교에 관련된 두 선생님의 책을 읽고 정말 깨달은 바가 많았습니다.

그런데 저는 함 선생님 책의 독자로서 끝나지 아니하고, 바로 선생님의 그런 글을 책으로 출판한 경험도 갖고 있습니다. 1972년에 박정희정권의 '10월유신'이 선포되자 1973년부터는 전면적인 반유신투쟁이 전개되는데, 그걸 막기 위해서 1974년 1월에 대통령 긴급조치 1호가, 4월에는 4호가 선포됩니다. 저는 이런저런 탄압사건의 변호를 한다고 쫓아다니다가 1975년 3월에 오히려 필화사건으로 구속이 되는데, 나중에 유죄판결을 받고 변호사 자격을 박탈당해서 하루아침에 실업자가 됩니다. 실업가가 되었으면 좋았는데 실업자가 되었으니 어려움이 컸습니다.

원래 판검사의 세계를 우리나라에서는 '재조법조' 라고 합니다. 거기서 옷 벗고 나와서 변호사가 되면 '재야법조인' 이라고 합니다. 그런데 재야에서 또 쫓겨났으니 그 다음엔 '황야' 라, '황야법조인' 이 됐는데, 그래도 무직자로 있을 수는 없어서 뭔가 생계를 위한 방편으로 '삼민사' 라고 하는 출판사를 차리게 되었습니다.

출판사라고 하면 여러분은 사장, 전무, 상무, 주간, 편집부장 등을 떠올리시겠지만, 삼민사는 저와 전화 받고 교정을 보는 여직원 한 사람만 있을 뿐이었습니다. 그때는 박정희 씨의 1인체제를 신랄하게 비난할 때인데, 저의 출판사도 실은 1인체제였습니다. 출판사라면 여러분도 아시다시피 좋은 원고와 많은 독자와 수익성을 생각하지 않을 수 없지요. 그래서 당시 많은 영향력을 갖고 있던 함 선생님과 김재준 목사님께 간청을 드려서 귀한 원고를 받았습니다. 그 무렵에 직장에서 쫓겨난 사람들 중 출판사를 차린 예가 많아서 원고 확보의 경쟁이 치열했습니다.

삼민사에서 나온 책 가운데는 신학서적 내지는 종교에 관한 서적

이 상당히 많았습니다. 그때 함 선생님께서는 명동에 있는 전진상(全眞常) 교육관에서 가르치시고 또 〈씨올의 소리〉에 연재하셨던 노자, 장자 등 동양고전을 풀이한 원고를 주셔서 제가 가져다가 정리를 했습니다. 그때는 지금과 달라서 교정 작업이 굉장히 힘들 때입니다. 교정지를 안 보여드리고 할 수 있으면 좋겠다 싶어서, 함 선생님께 "바쁘신데 일일이 교정보시겠어요? 제가 잘 보겠습니다"라고 했더니 뜻밖에도 교정을 직접 보시겠다고 하시지 않겠어요. 그래서 교정지를 갖다 드렸더니 굉장히 자세히 보시고 고쳐 주시면서, 한 번 더 보시겠다고 하는 것이었습니다. 문천상(文天祥)의 정기가(正氣歌) 한 구절에서 제호를 딴 《하늘땅에 바른 숨 있어》라는 책은 함 선생님께서 교정을 두 번이나 보신 책입니다.

선생님께서는 책 제호를 놓고 저와 의견이 달랐습니다. 저는 《하늘땅에 바른 숨 있어》가 참 좋았는데, 선생님께서는 '씨올의 옛글풀이'로 하기를 희망하셨어요. 결국 제 의견을 용인해주셔서 《하늘땅에 바른 숨 있어》를 책 제호로 하고 '씨올의 옛글풀이'는 부제로 했습니다. 이렇게 해서 제가 어려울 때 책을 낼 수 있도록 도와주시고, 저는 또 그런 출판을 통해서 교정지 상태로나마 두 번 세 번 읽고 나면 상당한 지식이 머리에 입력이 됩니다. 그래가지고 제법 무슨 공부나 한 것처럼 여기저기 다니면서 써먹기도 하고 그런 적이 있었습니다.

함 선생님은 〈씨올의 소리〉를 떠나서 생각할 수가 없지요. 저는 〈씨올의 소리〉 독자로서 족한데, 어찌어찌 하다가 그 잡지에 글을 쓰게 되었습니다. 정작 글을 쓸 만한 분들이 독재권력의 눈치보느라 무서워서 안 쓸 때라 부역 잡히는 셈치고 좀 썼습니다. 그런데 잡지가 나온 걸 보면, 그렇지 않아도 자기검열 다 해가지고 알아서 써 보냈는데, 그나마도 여기저기 깎이고 만신창이가 되어 책이 나오곤 했습니다. 당시에 〈씨올의 소리〉와 〈기독교 사상〉은 나올 때마다 기관원들이 개입해서 난도질을 했기 때문에 그런 일이 비일비재였습니다. 그래서 "에이, 글 써서 뭐 하나?"라고 붓을 팽개쳤더니, 한 번은 〈씨올의 소리〉 원고 청탁서가 우편으로 왔는데, 그 아래쪽 여백에 선생님의 친필로 "권력이 악독할수록 우리가 계속 써야지요." 이렇게 쓰여 있었습니다. 눈시울이 뜨거웠습니다. 그래서 가끔 주제 넘는 글을 쓰게 되었습니다.

제가 함 선생님으로부터 '특혜'를 하나 받은 게 있습니다. 함 선생님께서는 붓글씨도 참 달필이신데, 여간해서 남에게 휘호를 잘 안 써주신다고 그래요. 아까 말씀드린 동양고전 풀이 《하늘땅에 바른 숨 있어》란 책을 낼 때에, "책 앞머리에다가 선생님 친필휘호를 넣으면 독자들이 얼마나 좋아하겠습니까?" 이렇게 운을 떼어가지고 거듭 간청을 드려서 기어코 휘호를 한 점 받았습니다. 지금도 소중하게 보관하고 있습니다마는 그게 '집고지도 이어금지유(執古之

道 以御今之有).' 즉, 옛사람의 길을 파악하여 오늘의 있음을 다스린
다는 노자의 말씀입니다.

제가 함 선생님을 자주 뵐 수 있었던 것은 박정희 유신통치가 아
주 포악해지면서, 이에 항거하는 민주화운동이 치열하게 전개되던
그런 시기였습니다. 선생님께서는 1964년 한일회담에 반대하는 국
민적 운동에 앞장섰고, 그 후 1971년에는 박정희씨의 대통령 3선을
저지하기 위해서 3선개헌 반대투쟁위원회 위원장이 되십니다.
1972년의 유신 선포 바로 다음해인 1973년엔 김재준 목사님, 이병
린 변호사님 등과 함께 민주수호국민협의회 공동의장이 되시고, 또
1974년에는 민주회복국민회의 대표위원을 역임하십니다. 그리고
1976년 3.1민주구국선언에도 참여하셨다가 피고인이 되어 법정에
서시는 등 많은 고난을 겪으셨습니다.

1979년 박 대통령 암살 후에, 민주세력들이 바야흐로 정말 새로
운 민주정부를 수립할 호기가 왔다고 조금은 들떠 있었다고 할까,
희망에 불타던 그런 시기에, 이른바 YWCA 위장결혼식 사건이 일
어납니다. 그건 뭐냐 하면, 전두환 일파들이 비상계엄을 선포하고
집회를 못하게 하니까 서울 명동에 있는 YWCA 강당에서 결혼식을
거행한다면서 청첩장 대신 신랑 신부 이름까지 적힌 명함을 찍어서
돌렸습니다. 주례 부탁을 받은 함 선생님께서는 물론 식장(?)에 나

오셨는데, 알고 보니까 그건 위장이었고, 계엄철폐를 외치는 집회를 하려고 한 것이어서, 그때 많은 사람들이 보안사에 붙들려가서 고문을 당하고, 함 선생님도 많은 고초를 겪으셨지요.

지금은 누구나 입만 열면 무슨 말이든지 할 수 있습니다. 과거에 무슨 짓을 한 사람이라도 민주주의가 어떻고 자유가 어떻고 하는 말을 함부로 합니다. 그러나 박정희 치하에서 특히 유신 이후의 그 살벌한 정치상황, 인권상황 속에서 그토록 엄청난 민중의 열망을 한 몸에 감당해야 하는 지도자로 나선다는 것은 여간 어려운 일이 아니었습니다.

함 선생님께서도 한 인간으로서 여러 가지 고민이 왜 없었겠어요? 그러나 우리 국민들은, 특히 조금 과격한 사람들은 함 선생님한테 너무 많은 것을 기대했습니다. 그래서 유신 말기에 그 혹독하고 야만적인 상황 속에서 함 선생님의 비폭력 평화주의라는 것을 젊은 사람들이 제대로 이해하려고 안 했습니다. 아까 김경재 교수님께서 젊은 사람들이 이 자리에 더 많이 왔더라면 좋았을 것이라고 말씀하셨는데, 그런 일로 해서 한때 함 선생님의 집회에 젊은 사람들이 많이 나오지 않은 적도 있습니다.

그러나 폭력이 당장에는 무슨 특효라도 있을 것 같기도 하고, 한

풀이가 되고, 좀 시원하긴 하지만 그 폭력이 불러들이는 더 엄청난 또 하나의 폭력, 그로 인한 피해가 어떻게 되고, 그것이 과연 역사를 바로잡는데 정말 도움이 되느냐 하는 것도 냉철히 생각해보아야 합니다. 간디의 말을 빌릴 것도 없이 폭력보다 강해야 비폭력의 저항을 하는 겁니다. 바로 그 비폭력의 원칙을 견지하셨다고 하는 점에서 함 선생님은 훌륭하신 분입니다. 일시적인 선동을 하고 자기의 어떤 카리스마나 리더십이나 어떤 지위를 위해서 실제로 감당할 수도 없는 말을 하는 사람들도 없지 않은데, 그런 가운데서도 함 선생님은 정말 당신의 생각, 철학, 그리고 나라와 겨레에 대한 사랑을 비폭력 저항의 노선 위에서 한결같이 견지해 오셨습니다.

어떤 분들은 그럽니다. 함 선생님은 사자후를 통해서, 글을 통해서 좋은 말씀을 많이 하셨지만, 그러나 지도자로서 조직에 대한 적극성이 없다든가 또는 조직력이나 장악력이 아쉽다고 합니다. 그런데 저는 오히려 바로 그 점이 함 선생님께서 정말 사심 없이 훌륭하고 꾸준하게 강하셨던 힘의 원천이다, 이렇게 생각합니다.

어떤 일은 조직을 통해야만 할 수 있다는 점을 수긍하지만, 한 사상가가 자기의 힘을 과신하고 자기 손으로 조직을 만들어 그걸 이끌고 확대시키기 위하여 힘쓰다보면 자기 스스로가 작은 우상이 되기 쉽고, 또 조직과 관련된 다른 욕심이 생기고, 그러다 보면 지도자로서, 스승으로서의 순수성이 더러 훼손되지 않겠는가. 이렇게 생각할 때 저는 오히려 함 선생님이 조직에 대한 적극성이나 욕심이 없었다는 그 점 때문에 인간 함석헌은 이 세상 떠나실 때까지 존경받을 수 있었고, 또 그렇기 때문에 적지 않은 영향력을 발휘할 수 있었다고 생각합니다.

함 선생님에 관해서 좀 더 준비된 말씀이 있습니다만 이만 줄이도록 하겠습니다. 우리가 이 자리에서 선생님의 탄신 100주년을 진정으로 기념한다면, 함 선생님의 삶을 되돌아보고, 되짚어보고, 그리고 함 선생님의 삶이 우리에게 주는 깨달음과 가르침에 합당한 실천을 하는 것이 우리들의 도리라고 생각합니다. 그런데 우리는 언제부터인가 말잔치에만 흘려서, 말하는 사람이나 듣는 사람이나 그 말값을 치르는 삶을 살지 못했음을 반성해야 합니다. 함 선생님께서 정말 힘든 길을 혼자 걸어가시면서 우리에게 많은 가르침을 주시고, 이 겨레를 위해서 큰 자취를 남기고 가셨듯이 우리도 뭔가 이 세상을 위해서 베풀고 남겨야 되는 것이 아닌가 합니다.

그런 마음을 갖지 않는다면, 그런 마음으로 실천하지 않는다면, 우리는 단지 지식놀음을 하고 있는 관념론자가 될 뿐이지요. 함 선생님께서 이 나라와 겨레를 위해서 그렇게 많은 글과 말씀을 남기시고 고초를 겪으시다가 가셨는데, 지금쯤 지하에서 당신의 탄신

   한승헌 변호사 스피치의 현장

100주년을 기념하는 강연 소식을 들으신다면, "너희들이 내가 말한 것 가지고 괜히 말잔치하지 말고, 그 중에 한 대목이라도 제대로 새기고 실천하도록 하여라." 틀림없이 이런 말씀을 하실 것으로 믿습니다.

함 선생님을 다시금 추모하면서 삼가 명복을 빕니다.

곧게 살다 가신 정계의 의인

정일형 박사 17주기 추모 강연(1999.4.23.)

정일형(1904~1982) 정치인, 일제하 신사참배 반대운동으로 피검, 미 군정청 인사행정처장, 정부 수립 후 유엔총회 한국대표단 고문, 국회의원, 외무부장관. 3.1민주구국선언사건으로 구속. 저서 《유엔과 한국》 등

금연(錦淵) 정일형(鄭一亨) 박사님께서 하늘나라로 가신 지 어느덧 17년이 지났습니다. 전두환 군사정권이 불법과 포악을 일삼던 1982년 그해 봄 바로 오늘, 그 어른은 우리 곁을 떠나셨습니다. 정 박사님은 임종 무렵에 이런 유언을 남기셨다고 합니다. "하나님과 교회를 위해 사시오. 나라와 겨레를 위해 사시오. 나라의 통일을 위해 사시오." 마지막 말씀에 그 어른이 평생을 두고 추구해 오신 삶의 지표가 잘 집약되어 있습니다.

정 박사님은 크리스찬으로서 하나님을 섬기고 하나님의 진리를 위하여 몸 바쳐 살다 가신 분입니다. 그는 핍박받는 자, 낮은 자를 옹호하셨으며 불의한 자에 대한 싸움을 멈추지 않으셨습니다. 그분이 정치인으로서 그처럼 깨끗하고 고고한 길을 걸을 수 있었던 것도 그의 돈독한 기독교 신앙에 연유했다고 봅니다.

기독교인 중에는 이 세상의 불의에 눈을 감는 것이 마치 순수 신앙인 것처럼 우기는 사람도 있습니다. 폭군이든 독재자든 로마서 13장 1절 핑계대고 권세 앞에 맹종하면서 눌린 자, 가난한 자, 지극히 작은 자는 외면하거나 멸시하는 사람도 많습니다. 불의한 집권자를 꾸짖으면 종교와 정치를 혼동한다며 오히려 의인을 나무라기도 합니다. 그것이 참된 크리스찬의 길이 아님은 두말할 나위가 없습니다.

정 박사님의 생애는 우리들에게 올바른 신앙인의 길을 깨우쳐주는 산 증거가 되고 있습니다. 그 어른은 고난의 일생을 보내셨습니다. 그것은 의를 위해서 스스로 불러들인 고난이었습니다. 저는 '예수 믿는 사람은 사서 고생하는 사람' 이라는 생각을 해봅니다. 정 박사님의 삶을 조명해보면 이 점이 분명해집니다.

그 어른은 미국에 가서 고학을 하시면서 박사 학위까지 받고 나서 일제의 독기가 넘치고 있던 조국으로 돌아오셨습니다. 대학교수로 편하게 살아가기를 거부하고 평양 근처 농촌에 가서 작은 교회를 개척하여 농민과 부녀자들에게 글을 가르치셨습니다. 그분의 박사학위 논문도 미국의 가난한 농촌에서 억눌려 사는 흑인문제를 다룬 내용이었다고 합니다.

박사님은 1940년부터 20여 회에 걸쳐 일본 관헌에 연행되거나 또는 체포당하시어 도합 5년 동안이나 감방생활을 하셨습니다. 스스로 사서 하신 고생입니다. 해외 유학생들이 귀국하여 적당히 처신해가며 더러는 친일도 하고 민족의 아픔을 외면하면서 다치지 않고 산 사람이 얼마나 많았습니까.

세상엔 남을 향해서는 정의와 양심과 헌신을 외치면서 정작 자기 겨레와 이웃의 아픔에는 동참하지도 않는 등, 손해 보는 일 전혀 하지 않고 사는 사람이 많습니다. 미안한 말씀이지만 정치인들 중에 그런 사람들이 적지 않습니다. 그런데 정 박사님은 전혀 달랐습니다. 손해 보는 일을 서슴지 않고 하셨습니다.

1965년 8월에는 굴욕적인 한일협정 체결에 반대하고 의원직을 사퇴하셨습니다. 박정희 씨의 3선개헌과 유신통치에 반대하시어 말할 수 없는 핍박을 자초했습니다. 1976년 봄의 3.1민주구국선언에도 참여하셨기 때문에 국회의원 자격을 박탈당하기까지 합니다. 그 무렵 대부분의 의원들은 유신독재에 편승하거나 추종하면서 오로지 의원 배지를 유지하기에 급급하던 때였습니다.

1977년 그 어른의 국회 고별 연설은 참으로 감동적이었습니다. "그동안 굴욕적이지만 감수해왔던 바늘방석 같은 이 의석을 물러나고 보니 홀가분하기도 하고 시원하기도 합니다. 차마 버리지 못했던 것을 빼앗아 주니 고마울 따름입니다. …… 이젠 그 자리에 앉아 있지만 말고 일어서서 걸어 나가야 합니다. 이 노병은 물러서는 것이 아니라 이제부터 앞서 달려 나가게 될 것입니다."

한국 의정사에서 이만한 국회의원을 찾아보기란 그리 쉽지가 않습니다. 저는 정 박사님께서 '민주구국선언사건' 으로 재판을 받으실 때 변호인석이 아닌 방청석에 앉아 있었습니다. 저 자신도 유신 치하에서 이미 징역을 살고 변호사 자격도 박탈당한 후였기 때문입니다. 그때 '피고인' 자리에 서 계시던 분들은 법의 심판을 받는 것이 아니라 오히려 불의한 법을 심판하는 입장들이었습니다.

1심 법정에서 정 박사님은 말씀하셨습니다. "우리 피고인 18명은 모두 신앙인입니다. 신앙과 신념으로 일생을 살아왔습니다. …… 이 자리에 서 계신 신부님들, 목사님들, 이분들이 진정한 애국심으로 민주 회복을 위해서 싸우다가 여기에 들어왔습니다. 이것은 우리 정치인들, 특별히 야당 정치인들이 제 구실을 못해서 이들이 여기까지 왔다고 생각되어 야당 정치인인 이 사람에게 가장 죄가 많고 책임이 많기 때문에 여기 이분들은 하루 속히 석방을 해주시기 바랍니다.”

세상엔 자기를 의롭다고 생각하는 죄인이 득실거리는데, 정 박사님은 자신을 죄인이라고 생각하시는 의인이었습니다. 입으로는 온갖 소리를 다 하면서도 자기 보신과 남을 탓하기에 탁월한 수법을 가진 정치인들은 정 박사님의 이 법정 진술에서 큰 뉘우침과 깨달음을 아울러 터득해야 합니다. 민주주의와 야당의 승리를 위해서 그분은 누구도 감히 할 수 없는 결단을 내리신 바도 있습니다.

1971년의 대통령 선거 때, 정계와 국회의 대선배이신 그 어른이 당시로선 무엇으로 보나 한참 후배인 신민당의 김대중 후보를 위해서 자진해서 선거 사무장을 맡으신 것입니다. 그런 결단에 대해서 김대중 선생은 ‘자신의 권위나 자존심도 무릅쓰고……’ 라고 훗날 회고하셨습니다. 오늘의 ‘김대중 대통령’ 을 이미 70년대 초입부터 대망하고 몸소 자신을 낮추어 후배를 받들고 나섰던 것입니다. 그와 같은 섬김의 자세는 누구도 흉내 내기 어려운 일이었습니다.

1973년 8월 김대중 선생이 일본에서 납치되셨을 때, 정 박사님은 그것이 중앙정보부의 소행이라는 폭탄선언을 하셨습니다. 여간한 용기가 아니고는 할 수 없는 말을 국회 발언으로 하신 것입니다. 그때 여당 의원들이 자리에서 고함을 지르고 책상을 두드리고 마이크

를 끄고 해서 마침내 발언이 중단되었습니다. 정부·여당 연석회의
에서 제명까지 거론되었습니다. 그러나 놀랍게도 박정희 씨 자신은
나중에 잭 엔더슨 기자와의 회견에서 정 의원님의 그 발언이 옳았
다는 것을 인정했습니다.

정 박사님의 훌륭하심은 평생의 반려자인 이태영 변호사님의 삶
을 통해서도 잘 드러나고 있습니다. 8.15 해방이 되고 나자 정 박사
님은 결혼한 지 9년째가 되는 아내, 자녀가 넷이나 되는데다가 시어
머님을 모시고 살림을 하던 이태영 박사님을 서울대학교 법과대학
에 진학케 하십니다. 참으로 비범하신 결단이었습니다. 대학원과
박사과정까지 거쳐 마침내 고등고시 사법과에 합격할 수 있도록 격
려하고 밀어주셨습니다. 고등고시 준비를 위해서 따로 하숙까지 마
련해주셨다고 합니다. 뿐만 아니라 미국 유학도 성사시켜주셨습니
다. 이 나라 여성의 역사, 여성운동사의 새 장(章)을 여신 이태영 박
사님의 등장 배경에는 이처럼 부군이신 정 박사님의 참으로 남다르
고 극진하신 아내 사랑의 헌신이 뒷받침되었던 것입니다. 우리는
이 점에서도 정 박사님에 대하여 무한한 존경심을 갖지 않을 수 없
습니다.

정 박사님은 자서전에서 이렇게 쓰셨습니다. "아무리 힘든 길이
라도 내가 걸어야 할 일이라고 작정하면 바로 그 길만 걸어서 여기

에 왔다. 함께 걸어오던 많은 사람들이 밝고 따뜻한 길, 그리고 평탄
해서 걷기 쉬운 길을 찾아 떠날 때에도 나는 묵묵히 나의 길을 걸어
왔다. …… 걷다 보면 항상 나 혼자 있었다.”

　모두 당장 제 살 길을 찾아 떠나버린 자리에 그분만 외롭게 혼자
남으셔서 의로운 성을 지키고 의로운 대열을 이끌었던 것입니다.
그 어른 같은 분의 그만한 고통이 있었기에 우리의 역사는 그나마
체면을 유지할 수 있었고, 오늘 이만큼의 민주주의를 경험할 수 있
게 된 것입니다.

　영광을 함께하고자 하는 자는 먼저 고통을 함께하라고 했습니다.
그런데도 고통을 피하고 영광만 탐하는 사람들이 얼마나 많습니까.
입으로는 나를 존경한다면서도 행실은 내게서 멀다고 개탄하신 예
수님의 말씀을 생각하면서, 우리는 정 박사님의 의로운 삶 속에서
말씀뿐 아니라 행함의 본을 배워야 할 것입니다. 《오직 한 길》이라
는 이 어른의 회고록 제목처럼, 일관되게 자기 신념을 지키며 실천
적인 용기와 사랑의 삶을 살아가신 정 박사님을 추모합니다.

　　　　　　　　　　　　한승헌 변호사 스피치의 현장

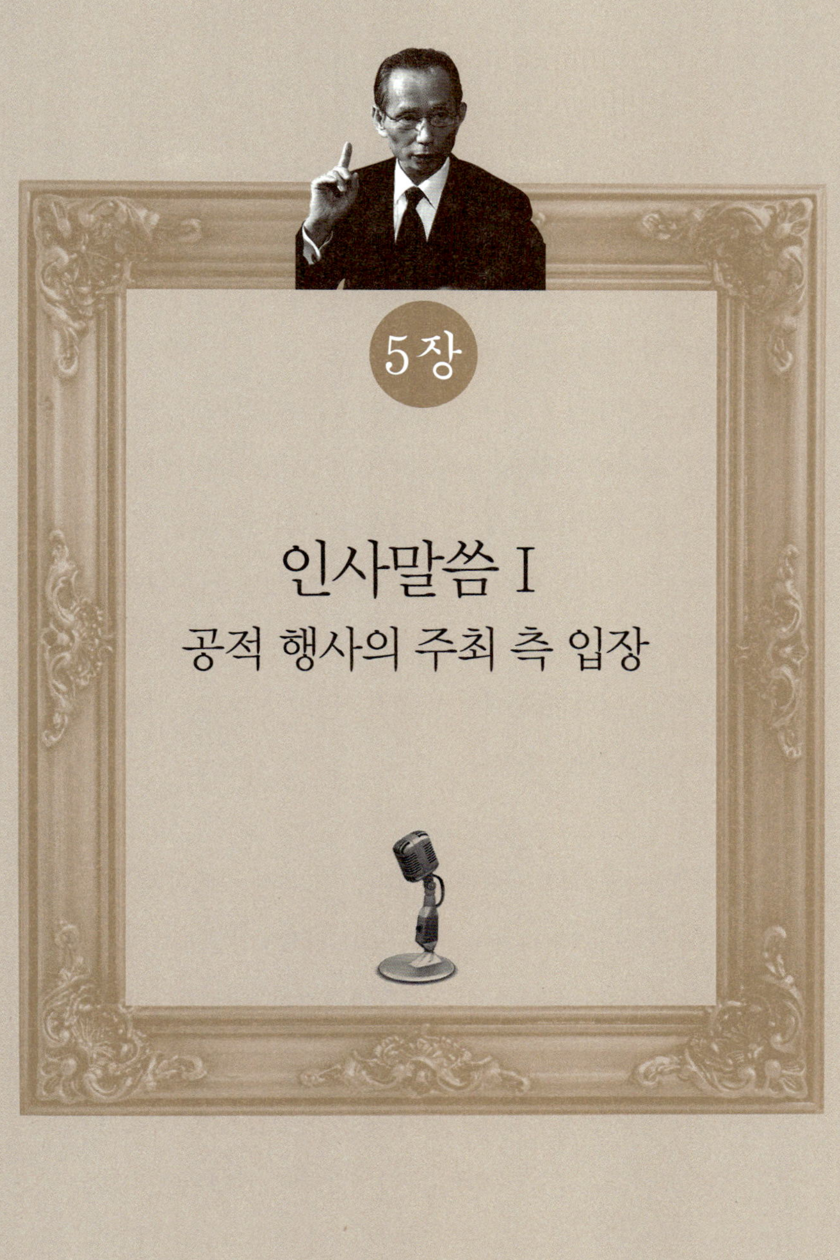

인사말씀 I
공적 행사의 주최 측 입장

　인사말씀의 성격에는 여러 가지가 있을 수 있다. 여기서는 공적인 경우와 그렇지 않은 경우로 나누어보았다. 편의상 그런 분류를 한 것이지, 법적인 개념은 아니다. 그러니까 감사원장이나 사법제도개혁추진위원회(사개추위) 위원장으로서 인사말씀을 한 것은 법적으로도 공직자의 발언이지만, 한국여성단체연합 후원회장 또는 국회의원 후원회장으로서 그 단체의 행사에서 인사말씀을 한 것은 사적 발언이 아니라는 점에서는 공적 발언이지만, 그 직분이 법적으로 공직은 아니라는 뜻이다.

　여기서 그런 구분의 기준이나 실익은 그다지 중요하지 않다. 문제는 행사 주최기관(조직 또는 단체)을 대표하는 입장에서 행사의 구체적 성격에 맞는 인사말씀의 요체를 파악하자는 데 있다.

　내부 행사인가, 대외적(또는 공개적) 행사인가에 따라 조금씩 다르지만, 일반적으로 모두(冒頭)의 인사말씀이 선행되어야 하는데, 거개는 기쁨과 감사의 뜻을 표한다. 이어서 행사의 내용과 동기, 경과, 효과 등에 대한 언급을 하고, 참여와 협조를 당부하는 순서로 발언한다. 애로사항이나 홍보사항을 포함시켜도 무방하다.

민간단체의 행사에서는 모금 지원을 염두에 둔 경우도 상당수 있는데, 그럴 때는 그 단체의 사업의 목표, 중요성, 기금 또는 재원 마련의 어려움 등을 호소력 있게 설명하여 듣는 이로 하여금 '저만한 일이면 적게라도 내가 힘을 보태주어야겠다' 는 마음이 절로 우러나도록 한다. 기부금이나 협찬금을 간청하는 말은 어찌 보면 듣는 이에게 부담감을 주기마련이어서, 직설법 아닌 우회적 유머로 유쾌한 접근을 해본 경험도 있다.

한 번은 청와대에서 고액기부자(기업의 오너, CEO 또는 개인)를 초청하여 오찬을 베푼 적이 있었다. 나는 전국적 모금사업을 책임지고 있는 사회복지공동모금회 회장으로서 감사와 권유가 복합된 인사말씀을 하게 되었다. 나는 마이크를 잡고 이런 말을 했다.

"저는 어원 연구 결과를 말씀드리겠습니다. (이 말에 좌중은 의외라는 듯이 그야말로 '시선집중') 영어로 기부를 도네이션(Donation)이라고 하는데, 그 어원은 우리 한국어의 '돈 내쇼' 에서 나와 '도네이숑' - '도네이션' 으로 진화된 말입니다. 그러니 우리 모두 도네이션의 어원국답게 기부문화 창달에 참여합시다." 장내는 웃음과 박수로 '화기만당(和氣滿堂)'이 되었다.

박세리 선수가 사회복지공동모금회에 2억 원의 성금을 가지고 왔을 때도 즉흥 유머로 감사의 덕담을 했다. "박세리 선수, 아무쪼록 공이 벙커에 들지 않게 하옵시고 다만 홀컵에 바짝 붙게 하옵소서." 기독교의 주기도문을 패러디한 이 말이 뜻밖에도 신문에 크게 소개되어 잔잔한 반응을 일으켰다.

장애인의 날 행사를 주최하는 입장에서는 용어 하나에도 신경을 써야 했다. '비장애인', '시각장애인' 같은 말에 익숙해야 하고, 그들을 돕는 일이 자칫 자선이나 선심으로 비쳐지지 않도록 조심을 해야 했다. 사개추위 위원장으로서 행사 스피치를 할 때에는 사법개혁의 필요성과 내용을 쉽게 풀어서 말하는데 주력을 했다.

노벨평화상의 감격과 영광을 되새기며

김대중 전 대통령 노벨평화상 수상 5주년 기념행사 개회사(2005.12.8.)

　존경하는 리하르트 폰 바이츠체커 전 독일연방공화국 대통령 내외분, 김대중 전 대통령 내외분, 그리고 김원기 국회의장, 이용훈 대법원장, 이해찬 국무총리. 각국 주한 외교사절, 강원용 목사님을 비롯한 각계 지도자 및 내외 귀빈 여러분, 오늘, 김대중 전 대통령의 노벨평화상 수상 5주년을 기념하는 자리에 함께 해주셔서 진심으로 감사를 드립니다.

　우리는 이 시간을 통하여 민주주의와 인권 그리고 남북한 간의 화해·협력의 역사적인 장을 열고, 마침내 한국인으로서는 처음으로 노벨평화상을 받으신 김대중 대통령님께 새삼 축하와 존경의 뜻을 표하고자 합니다. 또한 아시아의 민주화와 세계평화를 위한 부단한 헌신에 대하여 박수를 보내고자 합니다.

한편, 저 역사적인 독일 통일의 주역으로 온 세계인의 존경을 받으시는 폰 바이츠체커 대통령께서 먼 길을 마다하지 않으시고 여기까지 오셔서 귀중한 말씀을 해주시게 된 데 대하여 깊은 감사를 드립니다. 폰 바이츠체커 대통령께서는 김대중 대통령과 오랫동안 돈독한 친분을 나누어 왔을 뿐 아니라 한국의 민주화와 남북한의 화해 협력에도 큰 관심을 가지고 많은 지원과 제언을 해주셨습니다. 아무쪼록 오늘도 우리 한국과 한국인에게 유익하고 고무적인 좋은 말씀을 해주실 것으로 기대합니다.

저희 기념행사준비위원회로서는 오늘의 이 행사가 지금부터 5년 전 김대중 대통령께서 노벨평화상을 받으신 감격과 의미를 되새기는 한편, 7천만 한민족의 염원인 한반도의 평화와 통일을 위해서 그리고 인류의 밝은 미래를 위해서 큰 획을 긋는 소중한 시간이 되기를 바라는 마음 간절합니다.

이번 이 행사를 잘 치를 수 있도록 도움을 주신 분들과 여러모로 수고를 아끼지 않으신 여러분들께 기념행사준비위원회를 대표하여 깊은 감사를 드립니다. 이 자리에 왕림하신 두 나라의 전 대통령님과 내외 귀빈 여러분의 건승을 기원하는 바입니다.

나눔에 대한 감사와 다짐의 자리

2003 이웃돕기유공자 초청 청와대 오찬 인사말씀(2003.5.27.)

　여러모로 바쁘신 중에도 오늘 이 뜻 깊은 자리에 함께 해주신 여러분 반갑습니다. 문자 그대로 공사다망하신 가운데 저희들을 위하여 이처럼 성대한 오찬을 베풀고 대화의 자리를 마련해주신 권양숙 명예회장님께 충심으로 감사를 드립니다. 그동안 우리 사회의 그늘 진 곳에서 어려움을 겪는 형제들을 위해서 사랑과 정성을 보내주신 각계의 여러분을 모시고 감사한 마음을 전할 수 있게 되어 기쁘기 그지없습니다.

　오늘 이 자리에 함께 하신 여러분들은 지난 겨울 저희 사회복지공동모금회가 펼친 '희망2003 이웃돕기캠페인'을 비롯한 연중 모금활동에 동참하시어 따뜻한 동포애를 실천해주셨습니다. 땀 흘려 이룩한 기업 발전의 과실을 어려운 이웃에게 나누어주신 기업인 여러분, 많은 국민들에게 이웃사랑의 마음을 고취하고 기부문화 창달에 큰 몫을 해주신 언론사와 관계기관의 여러분, 그리고 이러한 사랑의 손길이 복지현장의 어려운 분들에게 미치도록 힘써주신 지원기관 여러분 모두에게 감사의 인사를 드립니다.

여러분의 고마운 정성과 뜻이 모여 지난 연말 '희망 2003 이웃돕기캠페인'에서는 무려 897억 원이라는, 어느 해보다도 많은 성금이 모였습니다. 저희 사회복지공동모금회는 국민 여러분의 뜨거운 정성과 사랑이 어려움에 처해있는 우리 이웃들에게 올바르게 제대로 전달되도록 최선을 다하겠습니다.

미국 내에서 소득이 상위 5%에 속하는 부자들의 모임인 '책임지는 부자(Responsible Wealth)' 라는 단체는 얼마 전 기부금에 대한 정부의 감세정책과 상속세 폐지 등에 대해 반대한다는 입장을 밝혀서 주목을 끌었습니다. 그런 시책은 잘 사는 이들의 사회적 책임인 '노블레스 오블리주' 에 어긋난다는 이유를 내세워서 더욱 신선한 충격을 주었습니다. 진정한 부자란 자기가 가진 것을 나누어 남에게 베풀 줄을 알고, 나아가서 더불어 사는 세상을 이룩하는데 참여하는 주체가 되어야 한다고 믿습니다. 그런 의미에서 저는 오늘 이 지리에 계신 여러분들이야말로 보람과 축복을 누릴만한 '마음의 부자'

라고 생각합니다.

저는 이 자리에서 최근의 어원 연구 결과를 말씀드리고자 합니다. '기부'를 영어로 도네이션(Donation)이라고 하는데, 그 어원을 연구해보았더니, 우리 한국어의 '돈 내쇼'에서 시작하여 '도네이숑', '도네이션'으로 진화된 것이었습니다. 우리 모두 도네이션의 어원국답게 기부문화 창달에 참여해주시기 바랍니다."

제가 어릴 때 시골집 부엌문 같은 데에 '적선지가 필유여경(積善之家 必有餘慶)'이라고 써 붙인 것을 보며 자랐습니다. 귀한 정신과 물질로 적선하신 여러분과 여러분의 기업에 반드시 경사가 있으리라 믿습니다. '여경'이란 적선한 것보다 더 크고 많은 경사란 뜻이 아닌가 합니다. 아무쪼록 더 많이 번창하시기를 빕니다. 그렇다고 앞으로 더욱 많은 성금을 내주십사 하는 말씀은 굳이 드리지 않겠습니다.

오늘 이 자리가 명예회장님의 각별하신 격려와 기대에 화답하는 뜻에서도 더욱 아름다운 사랑의 손길을 넓혀나가기를 다짐하는 시간이 되었으면 좋겠습니다. 다시 한 번 명예회장님의 후의에 감사드리고 자리를 함께 하신 여러분의 건승을 빕니다.

사법개혁 위한 국가적 의제의
성공적 마무리

사법제도개혁추진위원회 관계자 초청 청와대오찬모임 위원장인사 및 보고(2007.9.19.)

오늘 이처럼 뜻있는 자리에서 여러분을 뵙게 되어 매우 기쁘고 반갑습니다. 먼저 사법개혁 작업에 참여했던 저희들을 오찬에 초대해 주신 대통령님께 감사의 말씀을 드립니다. 나라일로 번뇌가 많으실 대통령님께서 오늘 이 모임이 모처럼 마음 편하고 흐뭇한 자리가 되었으면 합니다. 또한 이 모임에 사법제도개혁추진위원회(사개추위) 위원님들과 함께 전에 대법원 산하의 사법개혁위원회 위원장을 맡으셨던 조준희 변호사님을 비롯한 위원 여러분이 동석하시게 된 것을 반갑게 생각합니다.

그동안 참여정부 아래에서 이룩한 사법개혁은 지난 10여 년 동안 역대 정권을 거치면서 논의만 해오던 오랜 국가적 숙제의 완결이라고 할 수 있습니다. 사개추위는 대법원 산하 사개위(사법개혁위원회)에서 대통령께 건의한 사법개혁안을 토대로 이에 수정 보완을 가하여 24개 안건을 성안하였고, 정부는 그중 13건의 법안을 국회에 송부하였습니다. 그리고 국회는 우여곡절 끝에 9개 안건, 13개 법안을 입법 처리하였습니다.

그중에서도 특히 형사소송법의 개정, 국민의 형사재판 참여에 관한 법률 및 법학전문대학원법의 제정은 큰 의미가 있는 결실이었습니다. 이 3대 사법개혁입법을 통하여 이제 우리는 국민을 위한 사법은 물론, 이에서 진일보하여 국민에 의한 사법까지도 지향하게 되었습니다. 또한 문제가 많은 법조인 양성제도를 근본적으로 바꾸었고, 사법 불신의 요인을 제거할 수 있는 장치도 마련했습니다. 그렇게 함으로써 국민의 신뢰를 높이고 시대의 요구에 부응할 수 있는 선진화된 사법시스템의 확립에 다가서게 되었습니다.

이러한 성과는 사개위와 사개추위 위원 여러분의 양식과 노고를 통하여 얻어진 바임은 물론이지만, 사법관련 국가기관 및 민간 각계의 전향적인 참여와 협조에 힘입은 결실이라는 점도 잊어서는 안 될 것입니다.

또한 노무현 대통령께서 사법개혁에 관하여 보여주신 확고한 의지 표명이 크게 주효했음은 말할 나위도 없습니다. 이처럼 사법개혁에 각별히 힘을 실어주신 데 대하여 사개추위 위원장으로서 깊은 감사의 뜻을 표하고자 합니다.

각계의 입장, 견해, 이해관계 등의 차이와 갈등의 요소들을 민주적인 논의구조와 합리적인 절차를 통하여 수렴하고 조정하여 최선의 단일안으로 의결할 수 있었던 것도 국가적 의제가 성공적으로 처리된 모범 사례였다고 자부할 수가 있습니다.

두말할 나위도 없이, 사법개혁은 제도의 개혁에서 끝나는 일이 아닙니다. 제도 개혁의 참뜻을 살리는 사법현실의 개혁이 뒤따라야 합니다. 비유컨대 우리는 이제 사법개혁이라는 교향곡의 악보를 완성한 데 불과합니다. 그 작곡과 악상을 살리는 연주·공연이 국민의 갈채를 받고 성공해야만 비로소 사법개혁은 완성되는 것입니다.

그런 의미에서 사법개혁의 구체적 실현을 직분으로 하는 사법부와 행정부의 책임은 참으로 막중하다고 하겠습니다. 오늘 이 자리에 함께 하신 고위직 제위께서는 국민의 기대와 요망에 합당한 후속작업을 통하여 역사적인 사법개혁의 가시적인 성과를 거두어 주시기를 간곡히 당부 드립니다.

군 사법의 개혁, 상고심 구조의 개선 등 아직도 국회에 계류 중인 사법개혁 법안에 대해서도 국회와 정치권 여러분의 각별한 관심과 조속한 처리를 요망합니다. 이왕에 처리된 법안들과 마찬가지로 아무런 정치적 함의(含意)나 쟁점이 전혀 없는, 오로지 국민을 위한 개혁 입법이라는 사실을 다시금 상기해 드리고 싶습니다.

사실, 개혁이란 어느 분야나 그러하지만, 사법 분야는 더욱 어렵고 힘든 작업이었습니다. 그러나 걱정과 고생이 결실과 보람으로 이어지는 과정을 체험하면서 적지 않은 깨달음과 자부심을 아울러 체험할 수가 있었습니다. 그리고 얼마쯤의 평가와 찬사도 들을 수가 있었습니다. 하지만, 사개추위는 기나긴 역전 경주로 치면 그 마지막 구간을 맡은 주자의 소임을 다했을 뿐입니다. 그 앞서의 구간을 맡아 난코스를 역주해주신 사개위의 여러분께 경의를 표합니다.

대통령께서 베풀어주신 오늘 이 자리를 통해서 우리 참석자들은 아왕의 소임 수행의 체험을 살려서 앞으로도 이 나라의 사법 발전을 위해 부단히 힘을 기울이고 헌신할 것을 다짐하여야 할 줄 압니다. 그리하여 오늘 이 귀한 오찬에 상응한 '밥값'을 해야 할 것입니다. 감사합니다.

온 세계가 지켜준 사형수가
대통령이 되어

김대중 대통령 일본 국빈 방문 친분인사 초청모임(도쿄 영빈관) **인사말씀**(1998.10.9.)

오늘 여러모로 바쁘신 가운데 한국의 김대중 대통령께서 베푸신 이 뜻 깊은 모임에 참석해 주신 일본 각계의 여러분께 감사의 인사를 드립니다.

아시는 바와 같이 김 대통령께서는 매우 오랜 세월에 걸쳐서 한국의 민주주의와 통일을 위하여 몸 바쳐 싸워 오셨습니다. 그것은 한 인간으로서 감내하기 어려운 고난의 연속이었습니다. 여기 모이신 여러분께서는 김 대통령께서 그처럼 험난한 형극의 길을 헤쳐나가실 때 국경을 초월한 정의의 손길로써 그분을 도와주시고 성원해 주셨습니다.

1973년 8월, 한국의 한 정보기관이 저지른 김대중납치사건의 진상규명과 그 해결을 위해서, 그리고 1980년 소위 김대중내란음모사건 사형판결의 집행을 저지하기 위해서 세계의 지도급 인사들이 들고 나섰을 때, 일본의 양심세력 여러분께서 큰 힘을 발휘해 주셨습니다. 뿐만 아니라 여러분께서는 김 대통령께서 비단 한국뿐만 아니라 아시아, 아니 세계의 민주지도자로서 활동할 수 있도록 국제적인 지지와 성원을 아끼지 않으셨습니다.

오늘 이 자리는 여러분의 그러한 지지와 성원에 대하여 김 대통령께서 직접 감사의 뜻을 표하기 위하여 특별히 마련되었습니다. 아마도 한 나라의 대통령이 국빈으로 외국을 방문하는 동안, 방문국의 각계 인사를 모시고 지난날의 구명운동과 지원에 감사드리는 감격스러운 모임을 갖는 일은 세계 어디에도 전례가 없었으리라고 생각됩니다.

모처럼의 이 자리가 민족과 국적을 초월하여 인간의 보편적 양심과 정의감의 위대함을 확인하는 모임이 되기를 바랍니다. 김대중 대통령께서는 한일관계와 자신의 수난에 관하여 매우 전향적인 생각을 피력하신 바 있습니다. 과거에 얽매이지 않고 화해와 용서를 강조하셨습니다. 그러나 역사적 사실에 대한 왜곡과 은폐는 어느 한 개인의 용서와는 별개의 차원이기 때문에 결코 용납되어서는 안 된다고 생각합니다.

한일간에 얽힌 현안문제를 올바른 역사인식에 입각하여 해결하고, 상호간의 참된 친선과 협력을 증진시키는 데도 이 점은 반드시 유의되어야 합니다.

아무쪼록 한일 두 나라 국민은 모름지기 정의와 양심이 지배하는 사회를 건설하고 전향적인 역사의 동반자가 되기 위해서 서로 합심 협력해 나가기를 기대하며, 지금이 바로 그런 미래를 다짐하는 뜻 깊은 시간이 되기를 간절히 바랍니다.

앞으로도 여러분께서 김대중 대통령과 한국에 대하여 더욱 깊은 관심과 협조를 해 주실 것을 바라면서 감사의 인사에 가름하고자 합니다.

국민의 신뢰 받는 감사원 될 터

감사원장 임명 동의 후 국회 본회의 인사(1998.8.18.)

　존경하는 박준규 의장님, 그리고 국회의원 여러분. 먼저, 불초한 제가 감사원장으로 임명받을 수 있도록 동의해 주신데 대하여 감사의 말씀을 드리고자 합니다. 임명 동의 요청이 있은 지 무려 백육십 며칠 만에 인준을 받고 이 자리에 서게 되니 통념상의 기쁨과는 또 다른 감회를 숨길 수 없습니다. 여러모로 나라가 어려운 시기에 감사원장이란 중책을 맡게 된 것은 '영광스러운 고역'의 길이라고 생각됩니다.

　저는 앞으로 감사원장으로서 헌법상의 책무인 회계질서와 공직기강의 확립을 위하여 엄정한 감사를 실시함으로써 공직사회를 정화시키고 국정을 바로잡는 일에 최선의 노력을 기울이겠습니다. 또한 IMF한파 속의 경제난을 극복하기 위하여 감사원장의 직분을 다할 것입니다.

감사원은 '정부 내의 비판세력'으로서 과감하고도 꾸준한 감사를 통하여 나라에 이바지하고자 합니다. 그것이 국민의 성원과 국회의 지지에 보답하는 길이라고 믿습니다. 앞으로 더욱 국민의 신뢰와 사랑을 받는 감사원이 될 수 있도록 미력이나마 열과 성을 다하고자 합니다. 아무쪼록 여야 여러 의원님들께서 따뜻한 지도와 편달을 하여 주시기 바랍니다.

아울러 감사원이 이 나라 최고 감사기관으로서 국민의 여망에 부응할 수 있도록 저의 최선을 다하겠음을 새삼 다짐하면서, 인사말씀에 가름합니다.

'여연' 후원의 밤,
나눔과 소망이 있는 풍경

한국여성단체연합 후원회장 인사(2009.9.17.)

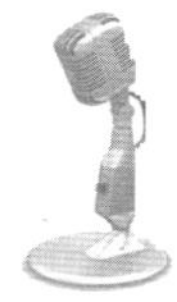

오늘 이 '나눔과 정(情)이 있는 풍경'은 사회 각계의 여러분께서 이처럼 함께 해주셔서 더욱 아름답습니다. 뜨거운 햇살 뒤에 찾아 온 신선한 바람도 반갑습니다. 어느덧 우리 곁에 성큼 다가 온 초가을 밤, 고즈넉한 도심 속 천년고찰에서 한국여성단체연합과 늘 함께 하시는 소중한 여러분을 모시게 되니 반가운 마음 더욱 진해집니다.

지난 22년 동안 여성연합이 한결 같이 지향해오던 가치들이 더욱 절실하게 느껴지는 요즘입니다. 지금까지 여성연합은 누구나 평등하고 삶의 보람을 함께 누릴 수 있는 사회, 지난날의 어두운 역사를 딛고 민주주의와 인권이 꽃피는 사회를 이룩하기 위해 쉬지 않고 일해 왔습니다.

그러나 우리 국민이 어렵게 쟁취한 민주주의와 인권, 평등과 평화의 가치가 다시 홀대 당하는가 하면, 여성들의 삶의 질을 높이기 위해 어렵게 만들어놓은 제도적 성과도 흔들리고 있습니다. 이런 때일수록 여성연합이 지켜온 소통과 연대의 가치는 더욱 빛날 것입니다. 폭풍을 견디고 이겨내는 힘은, 발 닿은 곳에 중심을 더 확고하게 딛고 서서 풀뿌리에서부터 소통하고 연대하는 데서 나온다고 믿기 때문입니다.

여성연합이 이런 소임을 부단히 수행하기 위해서는 각계 시민 여러분의 변함없는 사랑과 지원이 절실하게 필요합니다. 그래서 저희 후원회에서는 여성연합의 활동기금 마련을 위해 오늘 이 자리를 마련하게 되었습니다. 나눔과 정이 있는 세상을 함께 만들어가기 위해서 여성연합에 아낌없는 믿음과 사랑을 보내주신 여러분 모두에게 머리 숙여 감사드립니다.

또한 참석하지 못하셨지만 후원금을 보내주신 기부자 여러분과 이번 나눔 바자회에 귀한 작품과 애장품을 기꺼이 기증해주신 분들께도 진심으로 감사를 드립니다. 무엇보다 이렇게 좋은 장소를 선뜻 내주시고 격려를 보내주신 명진 주지스님과 봉은사 모든 관계자 및 신도님들께도 깊이 감사드립니다.

여성연합이 추구하는 평등과 평화의 실현, 그리고 우리가 꿈꾸는 세상을 위해 마음을 모으고, 좋은 사람들과 따뜻한 차 한 잔 또는 소박한 밥상을 나누며 서로에게 정겨운 격려와 위로의 말 한마디 나누는 아름다운 시간이 되길 바랍니다. 여러 가지로 어렵고 힘든 때인데도 귀한 시간 내서 참석해 주신 여러분께 다시 한 번 감사의 인사를 드립니다.

초가을 저녁 아름다운 사람들이 만드는 나눔과 정이 있는 풍경이 깊어 갈수록 우리의 희망과 삶도 커져 갈 것입니다. 앞으로도 우리 여성연합에 무한한 애정과 응원을 보내주시기 바랍니다. 감사합니다.

사랑을 나누며 함께 한 아름다운 동행

사회복지공동모금회 창립 5주년 기념사(2003.11.4)

여러분 안녕하십니까?

오늘 이 자리에는 그동안 저희 사회복지공동모금회의 사업에 동참하셨거나 성원해 주신 많은 분들이 함께하고 계십니다. 바쁘신 일정에도 불구하고 왕림해주신 권양숙 명예회장님께 먼저 감사를 드립니다. 또한 우리 모금회의 오늘이 있게끔 이끌어주신 강영훈 초대 회장님, 김성수 2대 회장님, 역대 임원들, 그리고 지금 각 부서에서 노고를 다해주시는 임원 및 위원님들, 중앙 및 16개 지회의 임직원 여러분께 두루 감사의 말씀을 드립니다.

사회복지공동모금회는 IMF 경제위기로 이 땅에 어두운 그림자가 드리워졌던 1998년 11월, 나눔의 문화를 뿌리 내리고 더불어 사

한승헌 변호사 스피치의 현장

는 사회를 이룩해 나갈 사명을 안고 첫 걸음을 내디뎠습니다. 지난 5년 동안, 우리사회는 이제까지 경험해보지 못했던 여러 가지 어려움과 맞서야했고 또 이를 극복해야만 했습니다. 사회적 약자와 빈곤층이 늘어나는 세상에서는 공동체로서의 안정과 평화를 기대할 수 없으며, 지속적인 성장·발전을 이루어 내기가 어렵습니다. 바로 여기서 우리 사회구성원 모두의 공생을 위한 '사랑의 손길, 사랑의 열매' 가 절실히 필요하게 되었습니다.

사회복지공동모금회 출범 5년의 궤적은 오늘날 우리가 당면하고 있는 많은 문제들이 우리사회 모든 구성원들의 상부상조와 나눔의 실천을 통해서만 해결될 수 있다는 것을 실증한 아름다운 동행의 발자취였습니다.

우리 한국인은 예로부터 어려울 때일수록 이웃을 돕고 부조하는 아름다운 전통을 가지고 있습니다. 사회복지공동모금회의 발족 이후 지금까지 모아진 국민들의 정성은 무려 3천6백46억 원에 달하였습니다. 이러한 성과를 기반으로 해서 저희 사회복지공동모금회는 지금까지 7만 여 건의 사회복지사업을 통해 수많은 어려운 이웃들에게 희망을 심어주었습니다.

앞으로는 조직의 운영을 더욱 합리적으로 개선하고 다양한 모금과 적정한 배분을 기함으로써 민간복지의 새 지평을 열 것이며, 북한 및 해외에 대한 지원 사업에도 사랑의 손길을 뻗치고자 합니다. 그동안 저희 공동모금회의 활동에 참여하거나 도와주신 기업과 시민, 모든 분들께 다시 한 번 감사드리며, 우리사회의 이웃사랑이 나눔의 실천을 통하여 한층 튼실하게 열매 맺을 수 있도록 더욱 힘쓰겠습니다. 앞으로도 더 많은 참여와 편달을 바랍니다.

바쁘신 중에도 자리를 함께 해주신 권양숙 명예회장님과 강영훈, 김성수 전 회장님을 비롯한 내외 각계 귀빈 여러분께 다시 한 번 감사드리며 부디 건강과 행운이 함께하시길 빕니다.

한승헌 변호사 스피치의 현장

장애인 돕기 캠페인에 참여합시다

제22회 장애인의 날 행사 인사말씀(2002.4.19.)

봄기운이 한창 무르익는 4월, 스물두 번째 장애인의 날을 맞이하여, 오늘 이처럼 뜻 깊은 행사를 갖게 된 것을 더 없이 기쁘게 생각합니다. 여러모로 바쁘신 중에도 '2002, 함께 가는 세상—내 손으로 내 힘으로' 캠페인에 참가해주신 모든 분들께 주최 측을 대표하여 진심으로 감사를 드립니다.

오늘 이 행사는 불편과 고통 속에 처해 있는 장애인들을 위한 비장애인들의 도리를 되새기면서, '나눔과 화합'으로 밝은 사회를 이룩하기 위하여 마련된 자리입니다. 이 뜻 깊은 행사를 저희 사회복지공동모금회와 공동으로 개최해주신 MBC측에 대해서도 감사하게 생각합니다.

여러분께서 베푸시는 가시적인 사랑이야말로 우리의 아들딸이
자 형제자매인 장애인과 그 가족들에게 용기와 희망을 심어주는 소
중한 힘이 될 것입니다. 그동안 우리나라 장애인들은 취업, 교육,
의료혜택 등 여러 면에서 충분한 보호와 배려를 받지 못한 것이 사
실입니다.

그들이 받게 되는 낮은 교육은 낮은 취업률과 저소득으로 이어
지기 마련입니다. 물론 지금은 예전에 비해서 많이 나아지기는 했
지만, 아직도 편의시설의 부족과 제도의 미흡 등 여러 가지 이유로
장애인들의 기본적 권리가 제대로 보장되지 못하고 있는 실정입니
다. 그중 장애인의 이동권(移動權) 만하더라도 우리가 선진화된 복
지사회를 지향하는 이상, 최우선적으로 해결해야 할 과제라고 하겠
습니다.

만일 장애인들이 자유롭게 이동할 수 있는 여건이 마련되어 있지
못하다면, 교육이나 취업의 기회를 잃게 될 것입니다. 저는 오늘 이
행사가 비장애인들이 장애인들의 이동권 문제를 다시 한 번 생각해
보는 계기가 되었으면 합니다. 또한 이번 행사를 통하여 장애인이
인간답게, 편안하게 살아갈 수 있는 사회의 건설과 정의롭고 평등
한 세상의 실현을 위한 획기적 시책을 정부에 요망합니다.

장애인의 상당부분은 후천적인 요인에 의하여 장애인이 된 것으로 통계가 나와 있습니다. 그러므로 장애인을 위한 사랑과 복지는 비단 장애인만을 위한 것이 아니라 우리 모두를 위한 일이기도 합니다. 장애인도 비장애인과 마찬가지로 인간의 존엄을 지키고 평등하게 살 수 있는 사회를 이룩하기 위해서 우리 모두 힘을 모으고, 사랑의 실천에 나서도록 합시다. 이번과 같은 캠페인에 많은 분들이 호응하고 참여함으로써 이 땅에 장애인의 복지를 한 단계 높이는 계기가 되기를 간절히 바랍니다.

이번 행사를 준비하신 관계자 여러분과 다채로운 순서를 맡아주신 출연자 여러분께 치하의 말씀을 드립니다.

사법개혁을 위한 언론의 협조를

사법제도개혁추진위원회 언론브리핑, 위원장 인사말씀(2006.7.22.)

언론인 여러분 안녕하십니까? 사법제도개혁추진위원회 공동위원장 한승헌입니다.

잘 아시는 바와 같이 지난 해 대법원 산하 사법개혁위원회(사개위)에서는 우리나라 사법시스템의 개혁방안을 대법원장과 대통령께 건의하였습니다. 그리고 '사개위' 건의안을 법적, 제도적으로 추진하기 위하여 올해 1월 18일 출범한 저희 사법제도개혁추진위원회는 약 6개월 동안 사개위의 건의안을 검토하고 좀 더 완성도를 높인 개혁방안을 전향적으로 마련, 추진하여 왔습니다.

관련 행정부처의 장차관들과 민간 전문가들, 그리고 실무추진단의 노력과 기자 여러분들의 지속적인 관심, 국민들의 참여 속에 사법 개혁의 구체적인 방안을 하나하나 만들다보니 어느새 6개월이 지나갔습니다.

그동안 사법제도개혁추진위원회에서 의결한 안건만 하더라도 법학전문대학원(로스쿨) 설립 방안, 국민의 형사재판참여제도 실시 방안, 공판중심주의적 법정심리절차의 확립 방안, 고등법원 상고부 설치 방안, 군 사법제도 개혁 방안, 범죄피해자 보호 방안, 국선변호 제도 개선 방안, 재정신청 전면 확대 방안 등 우리 사법사상 획기적인 안건들이 망라되었습니다. 한편, 법조일원화는 이미 시행에 들어가서 내년부터 법관 일부를 변호사 등 법률전문가 중에서 선발 임용할 예정입니다.

위와 같은 제도들이 제대로 우리 사회에 뿌리를 내리게 된다면 국민의 인권이 보다 수준 높게 보장될 뿐 아니라 국민들이 직접 형사재판의 주체로 참여하는 선진 사법 제도가 이룩될 것입니다.

저희 사법제도개혁추진위원회는 6개월 동안 많은 성과물을 내놓았지만, 앞으로 더 많은 개혁방안을 마련해야 할 무거운 짐이 남아 있습니다. 구체적으로 말씀드리면, 9월 내지 10월 중에 의결 예정인 안건만 하더라도 법조윤리 확립 방안, 경죄 사건의 신속처리절차 신설 방안, 인신구속제도 개선 방안, 법무담당관 제도 도입 방안, 판결문 및 재판기록 공개 방안 등 사법개혁에서 크고 중요한 사안이 기다리고 있습니다.

그리고 내년까지 마련해야 할 사법개혁의 과제로는 분쟁의 재판외분쟁 해결제도(Alternative Dispute Resolution) 마련, 하급심 강화, 노동법원 신설, 징벌적 손해배상, 공익소송 활성화 방안, 법률구조 확대 방안(Public Defender 포함), 형사소송법 및 형벌체계의 수정, 양형제도의 개선 방안 등이 있습니다. 사법개혁이라는 측면에서 어느 것 하나 중요하지 않은 것이 없습니다.

주제는 국민의 인권을 보장하고 법치주의를 확립하며 국민이 스스로를 통치하는 국민주권주의를 사법의 영역에서도 실현하고자 하는 것들입니다. 지금까지 사법시험이라는 좁은 관문을 통과한 법조인들만이 독점하는 폐쇄적 사법이 아니라 국민 스스로가 재판에 참여하는 열린 사법, 법률전문가와 국민이 서로 소통하는 사법, 사회와 함께 변화하는 민주화된 사법이 출현할 것입니다.

모든 안건이 의결되고, 또 입법화되어 현실로 시행되기 위해서는 관련 행정부처나 사개추위의 노력 외에도 국민 각계의 적극적인 지지와 참여가 필요합니다. 그리고 무엇보다도 언론의 협조가 필요합니다. 사법개혁도 그 주체는 국민이며 그 수혜자 역시 국민이기 때문입니다. 지금까지 사개추위의 사법개혁안에 대한 일부의 비판과 반발도 없지 않았지만, 사개추위는 각계의 비판과 대안 제시에 충실히 귀 기울이면서 민주적으로 개혁작업을 추진하는데 최선을 다하였습니다.

그리고 앞으로도 사법개혁에 관한 각계의 의견은 겸허하게 경청하고 소정의 논의를 거쳐 사법개혁 방안의 정립에 적극 반영할 것입니다. 지금까지 사개추위는 독단적으로 사법개혁을 추진한 적이 없으며 앞으로도 관련 부처나 기관, 단체나 개인의 의견을 수렴하여 가능한 한 모든 국민이 수긍할 만한 훌륭한 제도를 성안하기에 최선을 다할 것입니다.

앞으로도 국민과 언론인 여러분의 적극적인 관심과 지지를 부탁드리며 이만 말씀을 마치고자 합니다.

선진 재판제도의 연착륙을 위하여

사법제도개혁추진위원회 주최 배심제 모의재판, 위원장 인사(2006.4.12.)

안녕하십니까? 사법제도개혁추진위원회 위원장 한승헌입니다. 먼저 오늘의 법정 단상단하에 자리를 함께해주신 각계의 여러분께 감사를 드립니다.

저희 사개추위가 성안하여 국회에 법안을 넘긴 국민참여재판제도는 국민주권의 원리에 충실한 재판, 투명하고 신뢰받는 재판을 실현하고자 한 선진사법시스템이라 할 수 있습니다. 오늘의 이 모의재판은 그와 같은 낯선 제도를 사전 점검하여, 시행단계의 연착륙을 도모하고자 하는 예행연습입니다. 우리 몸에 잘 맞는 옷을 만들기 위한 가봉이라고 비유해볼 수 있습니다. 이 행사를 법원, 검찰, 변협과 공동 주최하게 된 것도 국민참여재판제도 도입의 의미와 중요성을 상징하는 것이라 하겠습니다.

　마침 관계 법안이 국회 관련 상위의 본격 심의를 앞둔 시점에서 이렇게 모의재판이 열리게 되어 시의에 맞는데다가, 법사위의 비중 있는 의원님들께서 참석해주셔서 앞으로의 조속한 입법에도 크게 힘이 되리라고 믿고 감사드립니다.

　모의 아닌 진짜 신분으로 법관, 검찰관 또는 변호인의 역할을 맡아주신 법조인 여러분께 감사드립니다. 그리고 배심원 또는 명예배심원으로 수고해주실 시민 대표, 언론계, 문화예술계 인사 여러분께 고맙다는 말씀을 드립니다. 참, 피고인 또는 증인으로 오늘 모의재판의 주역을 맡아주실 시민들께도 감사를 드립니다.

　방청석에 좌정하신 시민단체 및 각계 인사 여러분, 감사합니다. 여러분은 사법의 감시자이며, 단하의 배심원이라는 자부심으로 오늘의 이 행사를 지켜보시고 앞으로의 편달과 홍보에 도 힘써주시면 고맙겠습니다.

　이렇게 좋은 법정을 쓸 수 있도록 허락해주신 서울중앙지방법원장님께 감사를 드리지 않을 수 없습니다. 그리고 오늘의 이 행사의 준비에 만전을 기해주신 사개추위 기획추진단 여러분의 노고를 치하하고자 합니다.

　아무쪼록 오늘의 이 모의재판이 우리나라 국민참여재판제도의 도입에 아주 의미 있는 징검다리가 되어 국민이 재판의 객체에서 재판의 주체로 격상하여 진실과 정의의 법정에 민주의 꽃을 하나 더하는 선진 재판제도를 이룩하게 되기를 여러분과 함께 기원하면서 인사의 말씀에 가름하고자 합니다.

사법선진화 성취의 자부심과 미완의 아쉬움

사법제도개혁추진위원회 종무에 즈음한 위원장 고별인사(2006.12.26.)

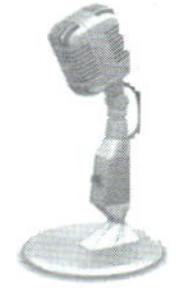

오늘 자리를 함께 해주신 여러분, 송구영신의 계절에 삼가 인사 드립니다. 지난 2년 동안 활동해온 저희 사법제도개혁추진위원회 는 소정의 시한이 되어 올 연말로써 해산하게 되었습니다. 그동안 저희 사개추위의 업무 수행에 참여, 협조, 성원해주신 각계의 여러 분께 머리 숙여 감사의 인사를 드립니다.

그동안 사개추위는 25개의 개혁법안을 성안하여 정부안으로 국 회에 제출했으며, 장기과제 8건에 대한 정책자료를 다듬어 정부에 넘기게 되었습니다. 그러나 국회에 제출된 사법개혁 법안의 대부분 이 각 소관 상위의 늑장 심의 또는 심의 중단으로 아직껏 제대로 입 법 처리가 되지 않은 채 해를 넘기게 되어 마음이 무겁습니다. 섭섭

하고 걱정스럽기도 합니다.

두루 아시는 바와 같이 사개추위의 논의구조는 범정부, 범국민적이었고, 사법 관련 여러 국가기관과 직역, 계층 간의 입장 차이를 민주적인 논의과정을 거쳐서 극복한 귀중한 선례를 이룩하였습니다. 이처럼 각 분야의 중론을 수렴하여 마련된 단일안에는 정치적 쟁점이 될 만한 내용이 전혀 없으며, 사회적 계층과 직역 간의 입장 차이가 잘 용해된 법안이라고 자부할 수 있습니다.

그럼에도 국회 제출 1년이 넘은 중요 법안조차 제대로 심의가 되지 않고 있는 등 국회의 입법 지연은 정략에 휘둘려 태만의 도를 넘고 있습니다. 그로 인한 국민의 불이익 내지 피해는 매우 크고 심각하게 번질 염려가 있습니다.

해산을 눈앞에 둔 사개추위의 위원장으로서 간청하건대, 국회에서, 특히 제일 야당에서 좀 더 성의를 가지고 국민의 염원인 사법개혁을 제도적으로 마무리해 주시기를 요망하고 또 호소합니다. 나라와 국민의 이익이 되는 사안이라면, 여야 간에 누구도 발목을 잡아서는 안 되며, 우리 서로 손목을 잡아야 한다고 믿습니다.

입법권의 주체인 국회의원 여러분께서는 사법개혁에 대한 국민

의 열망과 선진 사법시스템의 정립이라는 국가적 과제를 진지하게
통찰하시어 사법개혁 법안을 조속히 의결함으로써 입법부 본래의
권능과 책임을 다해주시기를 간곡히 바랍니다. 또한 사법개혁의 관
련 부처는 서로가 어렵게 합의한 법안이 제 모습을 살려서 입법이
되도록 배전의 추진력을 발휘해주실 것을 당부 드립니다.

이제 활동시한이 끝나는 사개추위의 책임자로서 각계의 여러분
께 작별의 인사를 드립니다. 그동안 위원장인 저나 위원회가 최선
을 다한다고는 했으나 역부족으로 미흡하고 여의치 못한 일도 적지
않아서 아쉽고 송구스럽게 생각합니다.

국민 각계의 여러분, 특히 언론계와 시민사회단체의 여러분께서
사법 관련 제도의 역사적인 리모델링이 지체 없이 이루어지도록 입
법 촉구에 힘을 모아주시기를 바랍니다. 지난 2년 동안 사개추위와
저에게 보내주신 민관 각계의 협조와 편달 그리고 성원에 재삼 깊은
감사를 드리면서 이임의 인사와 당부의 말씀을 마치고자 합니다.

민주화운동·시민운동에 헌신했던 여성정치인

국회의원 이미경 후원의 밤, 후원회장 인사(2002.11.15.)

오늘, 이미경 의원 후원의 밤에 이처럼 많이 왕림해주셔서 참으로 감사합니다.

제가 이 의원의 후원회장 자리를 맡은 데 대하여 의아해 하실 분도 혹시 계실지 모르겠습니다. 그 이유의 첫째는 이 분이 아주 험난했던 군사독재 치하에서 함께 민주화운동을 한 사이였는데다, 예나 지금이나 변함없는 이 의원의 개혁 성향이 마음에 들었기 때문입니다. 또한 우리 인구의 절반이 넘는 여성 중에서 믿음이 가고 나라와 사회에 크게 이바지할 가능성이 보이는 국회의원이기 때문입니다. 또 하나 사족을 달자면, 제가 박 정권 때부터 줄곧 친여세력이었기 때문입니다. 계집녀(女)자 친여세력 말입니다.

이 의원은 지난날 민주화운동과 여성운동에 헌신하였고, 국회에 진출하고 나서는 아주 역량 있고 존경받는 재선의원으로서 국민과 언론으로부터 칭송을 받고 있습니다. 여성의 지위 향상, 정신대 문제, NGO 활동 등 시민운동차원에서도 국내외적으로 눈부신 발자취를 남겼습니다. 우리나라는 여성 정치인의 비율이 매우 적다 합니다. 의회 진출은 더구나 드물고 어렵다고 합니다. 그런 정치풍토 속에서 이 의원 같은 훌륭한 여성 국회의원이 건재하고 계시다는 것은 우리의 자랑이자 희망입니다. 이 자리에 계신 각계의 여러분께서는 오늘 이 후원회 행사 참여를 계기로 이미경 의원을 더욱 격려하고 축복해주시기 바랍니다.

오늘과 같은 이 후원회에서는 정치자금법에 의하여 당당하게 후원금을 내고 받을 수 있습니다. 어려운 여건 가운데서도 성심을 담아서 후원금을 희사해주신 여러분께 진심으로 감사를 드립니다. 개인은 연간 2천만 원, 법인은 5천만 원이 상한선이오니, 이 금액을 초과하시는 일이 없도록 각별히 유의해주시기 바랍니다. 우리가 사랑하고 아끼는 이미경 의원의 건투를 여러분과 함께 다시 한 번 빌고, 이 의원에 대한 남다른 애정을 갖고 이 모임에 오셔서 끝까지 자리를 함께 하고 계시는 여러분께 감사를 드리면서 이만 인사 말씀을 마치겠습니다.

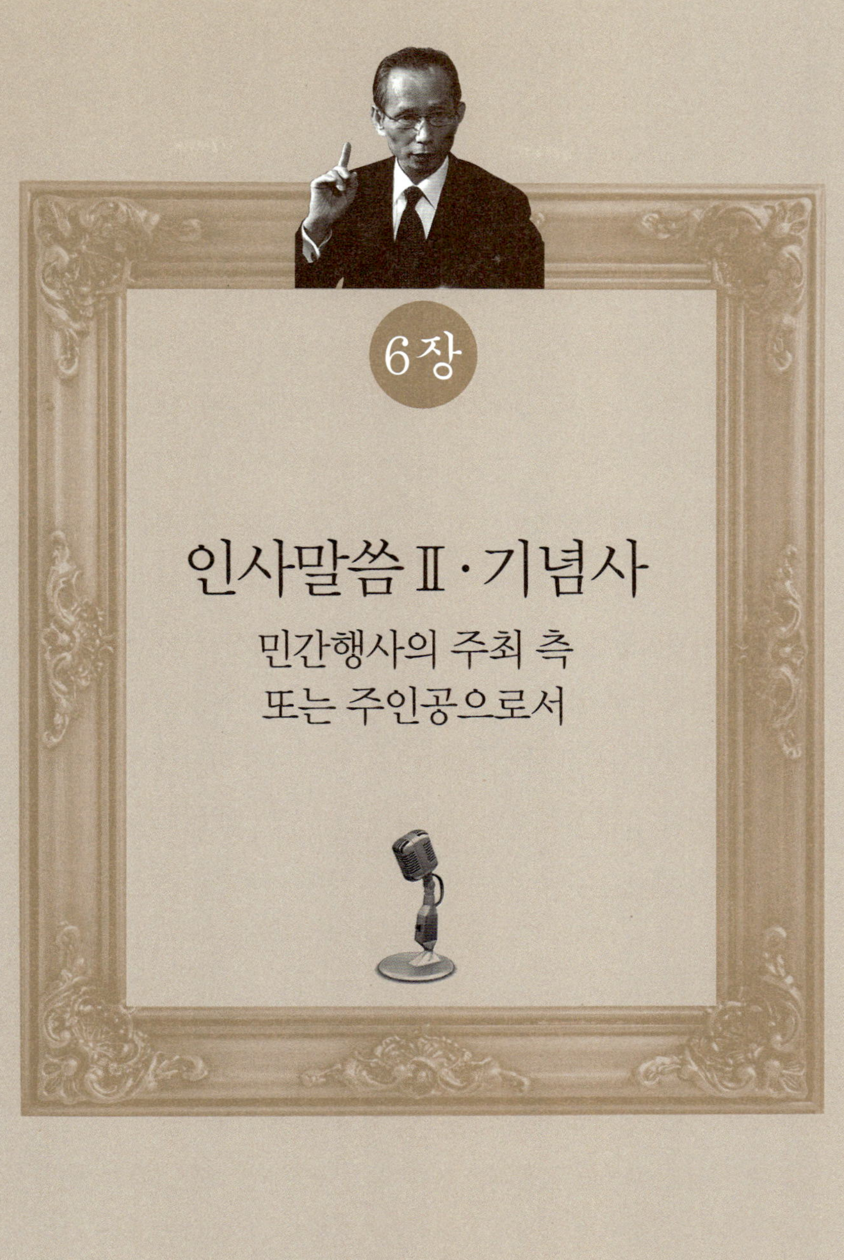

인사말씀 Ⅱ · 기념사

민간행사의 주최 측
또는 주인공으로서

행사에서 인사말씀이나 기념사는 대개 주최 측을 대표하거나 주인공된 입장에서 하게 된다. 여기 실린 나의 스피치는 첫째, 저자로서, 둘째, 수상자로서, 셋째, 상의 심사위원장으로서, 넷째, 모금단체의 장으로서, 다섯째, 기념사업단체의 장으로서, 그리고 여섯째, 여성단체의 후원회장으로서 의무적으로 해야 했던 발언들이다.

출판기념회에서 저자로서의 인사는 대개 '답사' 순서에서 하기 때문에 다음 장에 있고, 여기서는 신간이 나온 직후 출판사 측이 주선한 기자간담회에서 한 인사말을 넣을까 하다가 그만두었다. 홍보성 미팅이니 만큼 아무래도 신간의 언론보도를 염두에 둔 설명 내지 부탁이 담겨 있었다. 그러나 자가 선전의 재방송 같아서 빼기로 했다.

책을 써가지고 상을 받게 되면 시상식에서 수상자 인사를 하게 되는데, 여기서 과분, 감사, 영광 등의 표현은 기본이다. 이왕이면 보다 진솔한 심정을 고백하는 이야기를 보탠다면 금상첨화가 될 것이다. 《한 변호사의 변론사건실록》으로 상을 받게 되었을 때 나는

'남 벌 받은 이야기를 써서 내가 상을 타다니, 부도덕한 일이 아닌가?' 라고 말하기도 했다. 수상 인사에서는 겸손과 다짐도 교양 필수에 속한다.

무슨 상의 심사위원장은 심사보고의 성격을 띤 말까지 해야 될 경우 외에는 너무 세세한 설명은 하지 않는 게 좋다. 상의 유래 및 취지를 전하고 수상자에 대한 칭송과 축하를 하는 것으로 족하다.

내가 세계적인 소프라노 신영옥씨의 음악회에서 인사말씀을 했다면 이상하게 보일 것이다. 하지만 그것은 사실이었다. 사회복지공동모금회가 기부문화를 널리 고취하기 위해서 해마다 연말에 유명 음악인을 초청하여 공연을 하는데, 2002년에 신영옥 씨가 출연을 하게 되었던 것. 통상의 음악회에서는 공연에 앞선 인사말씀 같은 것이 없다. 이 점을 떠올리고 나는 주최 측에서 인사말씀 순서를 넣게 된 사정을 설명하면서 양해를 구했다.

동학농민혁명기념사업회에서 동학농민혁명 지도자 흉상 제막식을 거행할 때에는 그 단체의 이사장인 내가 기념사를 했다. 인사와 큰 차이는 없는데, 그렇다고 꼭 같지는 않아서 기념사로 했다. 그 흉상은 일본에서 봉환한 동학농민군 지도자의 유골을 복안술에 의해서 얼굴을 재현시킨 아주 희귀한 작품이었다. 그러므로 그 주인공의 신원(추정), 일본에 유골이 반출된 과정, 봉환의 경과 등에 관한 일련의 사실을 언급하면서 흉상으로 모시는 의미까지 언급하다보니, 역시 기념사란 이름을 붙이는 편이 좋다고 생각했다. 기념할 만한 과거사를 다루는 행사에서는 주최 측에서 인사말씀 아닌 기념사를 하는 것이 보다 적당할 때가 있다.

행사의 주최자 또는 주인공이 자기가 소속된 단체이거나 자기 자신이니만큼 1인층의 표현이 자연스럽다. 너무 현학적이거나 자기 황홀중에 걸린 말은 삼가야 한다. 여기 나오는 행사와 다른 여러 행사에서도 인사말씀의 기본에는 대차가 없다.

영광보다는 부끄러움이

임창순 학술상 시상식 수상자 인사(2007.4.12.)

임창순(1914~1999) 아호 청명(淸溟) 교수, 문화사학자, 한학 수업, 성균관대 교수(4.19 교수단시위로 강제 해직), 동 대학 태동고전연구소장, 문화재위원회 위원장, 경산대 이사장, 청명문화재단 설립, 이사장

제가 영광스러운 임창순 학술상을 받게 된 것을 과분하게 생각합니다. 어느 모로 보나 학술상에는 어울리지 않는 실록물을 수상작으로 격상시켜주신 심사위원님들의 평가를 수긍하는 것은 아니지만, 이 학술상 시상 규정에 불복조항 즉 이의절차가 없기 때문에 그냥 상을 받기로 마음을 먹었습니다.

이번에 수상하게 된《한승헌 변호사 변론사건 실록》은 제가 지난 40년 동안에 법정 변론을 맡았던 시국사건의 기록과 자료를 모은 실록물입니다. 엄격히 말해서 그중 저 자신의 글이라고 한다면, 각 사건의 성격 규정과 평가를 곁들인 해설 부분과 변론서 정도입니다. 다시 말해서 이 실록은 시국사건을 다루었던 사법경찰, 검사,

판사와 그들에게 끌려가 온갖 고난을 당한 피고인, 증인, 변호인 및 그런 사건에 관심을 갖고 의견을 남겨주신 분들의 기록성 문장이 함께 모여 있는 집합저작물입니다.

그런 점에서 이 실록은 사건 당시의 배역 여하를 불문하고 어둠의 역사 속에서 악연을 같이 했던 그들 모두의 실체를 생생하게 기록한 전사이기도 합니다. 법정에서 벌을 받은 사람과 역사에서 벌을 받아야 할 사람이 동승하고 있는, 그야말로 오월동주의 희한한 열차라고도 할 수 있습니다.

그러나 악역의 공헌도 역사 발전에 한 몫을 하는 경우가 적지 않습니다. 빌라도 총독의 사형판결이 있었기에 예수의 십자가도 있고 부활도 있었다고 볼 때, 역설적으로 역대 독재자들도 민주화를 향한 국민의 자각과 범국민적 결집 투쟁에 원인 제공을 한 공로가 있다고 하겠습니다. 아니, 저의 변론사건 실록도 박정희씨를 비롯한 독재자들이 없었다면 쓰어 질 밑천이 없었을 것이고, 오늘 이러한 영광된 자리도 없었다고 하겠습니다.

물론 이 말에는 중대한 허점이 있습니다. 그러한 불법 집권과 독재에 분연히 항거하여 고난을 마다하지 않고 싸운 의로운 사람들이 없었다면, 이 실록에 수록된 여러 사건이나 변론은 존재하지도 않

   한승헌 변호사 스피치의 현장

았을 것입니다. 그러기에 이 실록은 국가폭력의 기록이자 민주항쟁의 기록입니다. 그 대결의 접점인 법정에서 저는 좌절과 보람, 분노와 승리의 시간을 경험했습니다.

그러나 법정은 불공정 게임의 공간이었습니다. 심판도 규칙도 말이 아니었습니다. 그 와중에서도 단하의 피고인들은 분명 경기에서 이겼건만, 판정에선 언제나 패배였습니다. 재판관이 언제나 검찰관의 손만 들어준다면 피고인은 하느님을 변호인으로 모셔오는 수밖에 없다는 말이 절실하게 떠올랐습니다.

변호인석의 저는 처음부터 판결문상의 승리는 기대할 수가 없었습니다. 시간과 공간의 한계를 넘어선 국민의 심판, 역사의 심판을 생각하면서 증언자와 기록자로서의 역할이 나의 몫이라고 생각하게 되었습니다. 그런 사명 자각의 부분적인 성과가 바로 이번의 변론사건 실록입니다.

이 실록의 정리 · 집필 · 간행에 계속 프롬프터 역할을 해주신 박원순 변호사님과 수지타산에 매이지 않고 방대한 출판을 맡아주신 범우사의 윤형두 회장님께 고맙다는 말씀을 드립니다.

해방 후 이 땅에서 벌어진 정치적 대결과 탄압은 분단을 빌미 삼

은 독재로 말미암은 것이었고, 그것들이 법정으로까지 비화된 적이
적지 않았지만, 그에 관한 기록이 제대로 남아 있지 않거나 구해보
기가 어려운 아쉬움이 큰 것으로 압니다. 특히 재판기록은 지배자
에 의해서 왜곡된 내용으로 넘쳐 있어서, 피고인의 진술과 변호인
의 변론 그리고 양심적이고 공정한 증언과 자료 등이야 말로 참과
거짓을 정확히 규명하는데 귀중한 실증 사료가 됩니다.

그러기에 사건을 맡았던 변호사들이 그런 자료의 수집·선택·정
리·배포를 할 책무가 있다는 생각이 들었습니다.

하지만 그러한 기본 인식에도 불구하고 이번 책은 여러 면에서
미흡한 점이 많습니다. 그렇다고 여기서 그 취약점을 모두 말해버
리면 모처럼의 수상 결정이 당장 취소될 위험도 있어서 접어두기로
하거니와, 우선 제가 변론한 시국사건 모두를 수록하지 못한 점, 각
사건의 자료도 일부 밖에 수록하지 못한 점, 사건에 대한 좀 더 충실
한 성찰과 평가를 하지 못한 점 등이 아쉽고도 죄송스럽습니다.

그럼에도 불구하고 저는 이 실록이 많은 분들에게 읽혀지기를 바
랍니다. 이 책이 한국 민주주의의 역사 내지 한국현대사의 연구에
조금이라도 도움이 되었으면 합니다. 불의와 정의가 맞붙어 싸웠던
지난날의 역사적 실상을 제대로 규명하여, 거기서 역사의 교훈을

　　　　　　　　　　　　　

얻고 우리 각자의 실천과제를 찾아내어 다시는 이 실록에 담긴 바와 같은 비극이 되풀이되지 않는 민주사회와 통일조국이 이루어지기를 열망합니다.

이러한 바람은 일찍이 우리의 선각이셨던 청명(淸溟) 임창순(任昌淳) 선생님께서 글과 실천으로 보여주셨던 불의에 대한 저항과 민주 통일에의 열망과도 맥을 같이 하는 것이라고 봅니다. 또한 이 실록에 나오는 의로운 수난자들의 염원도 역시 그러하다고 하겠습니다. 분단 극복과 민주사회 구현을 위해서 고난당하신 분들을 잊어서는 안 될 것입니다. 말과 글로써 그들의 의미 있고 위대한 삶을 널리 알려야 합니다. 그들이 염원했던 세상을 이룩하는 것이 우리들의 과제입니다.

일찍이 선비의 안일을 버리시고 4.19혁명 때 교수단의 시위에 과감히 참여하시고, 분단조국의 통일운동으로 감방을 마다하지 않으신 청명 선생님, 그러면서 학문 연구와 후학 양성에 헌신하신 청명 선생님, 이 어른의 삶을 다시금 우러르며, 그 높고 빛나는 이름을 모신 귀한 상의 수상자로서 영광과 감사와 다짐의 말씀을 드리면서 이만 인사에 가름하고자 합니다.

음악을 통한 통일 열망

제1회 늦봄 통일상(수상자 작곡가 윤이상 선생) **시상, 심사위원장 인사**(1996.1.18)

윤이상(1917~1995) 작곡가. 일제 때 신사참배 거부로 투옥, 통영고녀 음악교사, 덕성여대 음악 강사, 독일에서 작곡활동, 동백림사건으로 복역. 〈나비의 꿈〉 〈심청〉 등 작품 다수

오늘 이 늦봄 통일상 시상식에 왕림해주신 각계의 여러분께 감사드립니다. 늦봄 통일상은 고 문익환 목사님께서 분단조국의 통일을 위해 생전에 보여주신 의지와 결단을 흠모하는 뜻에서, 남과 북의 분단 극복에 공로가 큰 인사를 선정하여 드리는 상입니다. 저희 심사위원회에서는 각계에서 추천을 받은 여러 후보 인물 중에서 재독 작곡가 윤이상 선생을 첫 번째 수상자로 선정하였습니다.

윤이상 선생은 1917년 9월 17일 경남 통영에서 태어나시고 일제 때 한국과 일본에서 음악을 공부했으며, 해방 후에는 학교에서 음악교사로 봉직하였습니다. 선생은 음악교육과 작곡활동으로 1955년 서울시문화상을 받았으며, 1956년 유럽에 건너가 파리와 서베를

린에서 음악이론과 작곡법을 공부하였습니다. 그후 선생은 동양사상을 음악의 주제로 한 많은 작곡활동을 하여 높은 평가를 받았으며 북한의 고분과 그 벽화인 사신도를 직접 보고 싶은 예술적 욕구에 따라 1963년 북한을 방문하기도 했습니다. 이것이 빌미가 되어 선생은 1967년 6월 한국 정부기관 요원에 의하여 부인 이수자 여사와 함께 서울로 압송되어 이른바 '동백림간첩단사건'으로 구속되었으며, 그 후 고문을 당하고 옥고를 치르는 등 많은 고통을 겪었습니다.

선생은 1심 재판에서 무기징역, 2심에서 징역 15년을 선고받았으나 최종심에서 징역 10년형이 확정되어 복역 중 국제사회의 항의와 독일 정부의 압력 등으로 1969년 2월 형집행정지처분을 받고 석방되어 2년 만에 독일로 돌아갔습니다.

그후 선생은 동양사상을 음악적으로 담아낸 명곡을 계속 작곡하여 명성을 더욱 높였고 특히 조국의 분단 극복과 민주화에 대한 열망을 예술로 승화시켜 1981년에 교향시 〈광주여 영원히〉를 작곡, 서독 라디오방송교향악단에 의하여 초연된 바도 있으며, 이 사실이 국내에도 알려져 많은 감명을 자아내게 하였습니다.

1988년 7월에는 남북한 양측 정부에 민족음악합동축제의 개최를 제의하였으나 성사에 이르지 못하다가 선생의 꾸준한 추진으로

1990년 10월 평양에서 '범민족음악회'가 성사되고, 같은 해 12월 서울에서 '90송년통일음악회'가 열리는 등 8.15 이후 최초의 음악을 통한 남북 교류가 이루어졌습니다.

뒤늦게나마 한국에서도 1994년 9월 8일에서 17일까지 서울, 광주, 부산에서 윤이상음악축제가 열려 선생의 위대한 음악을 국내에서 직접 연주할 기회가 마련되었으나, 그때도 꿈에 그리며 사랑하던 조국에 돌아오고 싶어했던 선생의 열망은 정부 당국과의 갈등으로 실현되지 못하였습니다. 그 후 1995년 1월 뉴욕에서 개최하려던 남북음악축제 역시 남북 간의 미묘한 대결구도로 말미암아 무산되고 말았습니다.

일련의 좌절을 겪은 선생은 '중요한 것은 남북한이 함께 만나 연주를 하는 것이다. 우리는 세계적인 음악당 카네기 홀에서 멋진 연주를 해서 역시 한 민족이라는 걸 만천하에 보여줘야 합니다'라고 안타까운 개탄을 하기도 하였습니다. 그러한 좌절의 배경에는 남북 양측의 경직된 이념과 편견, 날조와 과장, 그리고 모략이 작용하였던 것입니다. 이처럼 선생의 통일 염원이 곡해당하고 배척당한 것은 참으로 슬픈 일이 아닐 수 없습니다.

1990년대에 들어서 선생의 통일운동은 음악 외적인 행동으로까

지 외연을 넓혀 한민련 유럽지부 의장을 엮임했을 뿐 아니라, 1991
년 1월에는 조국통일범민족연합(범민련) 해외본부 의장으로 취임하
여(나중에 사임) 조국의 분단 해소와 통일의 실현을 위하여 여러 모
로 힘을 기울이다가 1995년 11월 4일, 향년 78세를 일기로 머나먼
남의 땅에서 조국 분단의 아픔을 가슴에 안은 채 불귀의 넋으로 이
세상을 떠나셨습니다.

　조국의 정서와 민주화, 그리고 분단된 겨레의 통일을 지향하는
염원으로 〈심청〉, 〈광주여 영원히〉, 〈나의 땅, 나의 민족〉, 〈화염에
휩싸인 천사와 에필로그〉 등과 같은 작품을 남기고 두 조각 난 조국
을 음악을 통하여 다시 하나 되게 하고자 힘쓰는 등 조국 통일을 앞
당기기 위한 선생의 거장(巨匠)다운 헌신은 우리 겨레가 다 함께 기
억해야 할 발자취라 하겠습니다.

음악이 주는 감동에서
나눔의 감동으로

사회복지공동모금회 주최 소프라노 신영옥 음악회 인사말씀(2002.12.3.)

신영옥(1960~) 성악가. 리틀엔젤스 단원, 메트로폴리탄 오페라하우스 데뷔, 쿠스비츠키 콩쿠르 등 유명 콩쿠르 입상

바쁘신 중에도 이렇게 귀한 걸음으로 자리를 함께 해주신 각계의 여러분, 반갑습니다. 감사합니다. 본시 음악회에는, 특히 이번과 같은 세계정상급 콘서트에서는 무슨 식순이나 인사말 같은 것이 없는 법이지만, 오늘 이 행사의 특별한 의미에 끌리어 몇 말씀 인사를 드리게 됨을 양해하여 주시면 고맙겠습니다.

저희 사회복지공동모금회는 서울의 중앙회와 16개 지방조직에서 불우한 이웃들을 위한 연중 모금사업을 벌이고 있습니다. 그리고 각계에서 저희에게 기탁해주신 소중한 성금을 공정하고 투명하게 배분하여 사랑의 나눔이 열매 맺도록 돕고 있습니다.

이 음악회는 그동안 저희 사회복지공동모금회의 이웃돕기 모금 사업에 참여해주신 각계의 국민 여러분, 정부 관련부처, 기업, 언론 기관 여러분의 고마움에 감사드리는 뜻에서 마련된 것입니다.

세계적인 소프라노 신영옥님께서 저희 뜻에 찬동하시어 바쁘신 일정과 먼 거리를 무릅쓰고 오늘 이 음악회를 위하여 서울에 와 주신데 대하여, 거듭거듭 감사를 드립니다.

오늘 음악회는 종래의 자선음악회와는 성격이 다르다고 하겠습니다. 일찍이 레오나드 번스타인은 1976년 10월 뮌헨에서 온 세계의 박해받는 양심수들을 돕기 위한 연주회를 열고, 그 수익금을 전액 희사하여 큰 감명을 준 바 있습니다. 고통 받는 사람들을 돕기 위한 공연이란 점에서 오늘 신영옥님의 이 콘서트는 번스타인의 뮌헨 연주회에 비견될 만큼 큰 의미가 있다고 하겠습니다.

아무쪼록 오늘 이 음악회를 통해서 음악이 주는 감동, 그 이상의 또 다른 감동을 경험하게 되실 줄 믿습니다. 예술의 높은 경지와 아울러 예술가의 숭고한 인간 사랑의 염원도 마음에 새겨 주시기를 바랍니다.

아직도 이 사회의 그늘진 곳에서 여러 모습으로 고통을 겪고 있는 우리 형제자매를 위하여 아낌없는 사랑을 베풀어주시기를 간절히 바랍니다. 저희는 여러분께서 보내주신 사랑의 불씨로 우리의 어려운 이웃들에게 희망과 용기를 심어줌으로써 이 사회를 좀 더 아름답고 따뜻한 세상으로 만들기 위해 최선의 노력을 다하겠습니다. 좋은 시간 되시기를 바랍니다.

'실패한 변호사'의 민망함

한국인권문제연구소(재미) 인권상 수상 인사(2001.11.2.)

　존경하는 조태완 한국인권문제연구소 소장님을 비롯한 임원 여러분, 그리고 국내외 각계의 내빈 여러분, 제가 오늘 이 식전에서 이렇게 과분한 상을 받게 된 것을 영광스럽게 생각하면서, 축하해주시는 여러분께 감사를 드립니다. 그리고 심사위원 여러분께도 오늘 저를 난처하게 만든데 대한 '원망' 과 아울러 감사의 뜻을 표하고자 합니다.

　저로서는, 매우 뜻있는 이 수상의 자리가 무척 민망하고 송구스럽기만 합니다. '내가 무슨 상을 탈만한 일을 했는가' 하는 물음 앞에 그저 부끄러운 마음뿐입니다. 지금 저의 머리에는, 지난 날 군사독재에 저항하다가 박해를 당한 많은 분들의 이름과 얼굴이 떠오릅니다. 아니, 이름도 얼굴도 알려지지 않은 채 고난의 길을 함께 했던 모든 분들을 생각하게 됩니다. 굳이 무슨 상이 필요하다면, 역사와 국민의 이름으로 그들에게 큰상이 주어져야 한다고 믿습니다.

변호사로서 마땅히 가야 할 길을 걸어왔을 뿐인 저에게 과찬은 차라리 당혹스럽습니다. 군사정권 하의 법정은 독립도 양심도 기대할 수 없는 '연출'의 공간이었습니다. 민주주의와 정의를 위해서 싸운 수많은 사람들이 무참한 고문을 당하고, 범죄인으로 조작되고, 억울한 옥살이를 했습니다. 그때 저는 구치소와 법정과 여러 집회장소를 열심히 쫓아다녔습니다. 법관과 검사를 상대로 설득도 하고 논쟁도 하였습니다. 호소도 하고 간청도 하였습니다.

그러나 결과를 놓고 말하자면 저는 '실패한 변호사'였습니다. 그저 의롭고 억울한 사람들의 고난을 현장에서 지켜보고, 함께 분노하고, 격려해 주었다는 것 이상이 되지는 못했습니다.

저 자신도 어쩌다가 두 번 감옥에 다녀온 것은 차라리 다행스러운 일이었습니다. 그런 고난은 한 사람의 변호사로서나 지식인으로서 제 소임을 다하지 못한 저에게 큰 깨달음을 주었으며, 저의 자책감을 얼마쯤 덜어주기도 했기 때문입니다. 다만, 포악한 권력자의 칼바람이 쉿소리를 낼 때, 오직 민주화를 향한 일념으로 몸 바쳐 싸우다 먼저 가신 영령들 앞에선 드릴 말씀이 없습니다.

그들의 고난과 희생이 있었기에 오늘날 이 땅에는 이만큼의 민주주의가 이룩된 것입니다. 그런데도 세상은 어느덧 어제의 일을 망각하고 있습니다. 자유와 인권이 어떤 희생 위에서 쟁취된 것인가를 생각하지 않는 것 같습니다. 역사 앞의 죄인과 의인이 뒤범벅이 되었는가 하면, 심지어 지난날의 민주화운동의 동지들끼리도 서로 갈라서고 반목하는 세상이 되었으니, 참으로 마음이 아픕니다.

그토록 벅차는 감격 속에 출범한 이 '국민의 정부'가 오늘날 안팎으로 큰 시련을 겪고 있는 것을 보면서, 이 땅에 민주주의와 인권을 구현시킨 역사적 공헌조차도 자책점과 반발세력에 의해서 묻혀버리는 듯하여 안타깝습니다. 아무쪼록 우리 모두 지난 날 처절하면서도 아름다웠던 그 시절의 초심(初心)으로 돌아가서, 오직 나라사랑의 대의 앞에 다시 하나가 되어 당면한 어려움을 극복해나갈 수 있게 되기를 간절히 바랍니다.

모든 일이 그러하듯 인권과 민주주의도 '완벽'을 기하기는 어렵습니다. 다만, 그것을 지향하는 노력만은 멈추어서는 안 됩니다. 현 정부가 국민의 기본권을 보장하고 국가인권위원회까지 신설하는 등 인권과 민주주의를 향상시키기 위한 여러 전향적 시책을 펴온 것은 높이 평가할 일입니다.

그렇지만, 아직도 통일 지향의 열망을 저해하고 기본권 제약의 위험을 주는 실정법이 남아 있고, 그로 해서 수난을 받는 사람들이 있다는 사실을 유의해야 합니다. 잘못된 법을 고치고, 그 잘못된 법에 의한 갖가지 해독을 제거하는 일이야말로 인권국가의 자랑을 더욱 실감나게 하는 처방이라고 믿습니다.

이번에 하아비 목사님과 함께 상을 받게 된 것을 영광으로 생각합니다. 억압이 판을 치던 이 나라의 민주화를 위하여 하아비 목사님께서 크게 이바지해주신 것을 진심으로 감사드립니다. 한국인권문제연구소는 일찍이 김대중 대통령께서 미국 망명 중에 설립하여 조국의 민주화를 위하여 많은 공헌을 남긴 바 있습니다. 저는 오늘 이 자리를 빌어, 김대중 명예이사장님의 뜻을 받들어 오늘에 이르도록 여러 모로 활동해 오신 인권문제연구소 역대 이사장님을 비롯한 임원, 회원 여러분의 노고에 대하여 진심으로 경의를 표하는 바입니다. 또한 멀리 미국에서 오신 동포 여러분에게 참으로 반갑다는 인사를 드립니다.

오랜 세월 힘든 세상 살아오는 동안, 저를 도와주시고 이끌어주신 모든 분들께 머리 숙여 감사드립니다. 여러분의 축복과 격려를 늘 마음에 새기면서 작은 힘이나마 선한 일에 보탬이 되도록 힘써 살아가겠습니다. 감사합니다.

   한승헌 변호사 스피치의 현장

갑오 선열들의 순국을 생각하며

동학농민혁명 백산봉기 107주년 기념행사 인사(2001.4.22.)

　　이 강산에 다시 봄이 왔습니다. 험난한 역사의 산과 들에도 잎이 돋고 꽃이 피어납니다. 지금부터 107년 전, 그러니까 1894년 그 해 봄은 학정과 수탈, 그리고 분노가 온 나라를 휩쓸던 계절이었습니다. 봉건왕조의 부패와 외세의 침탈로 나라가 위태롭고 백성들의 원성이 극에 달했던 때였습니다. 그때 자주와 개혁으로 나라를 구하고자 보국안민, 척양척왜의 기치를 높이 들고 일어선 민중항쟁이 바로 동학농민혁명이었습니다.

　　갑오년 그 해 정월, 전북 고부에서 봉기한 농민들이 3월에는 무장에 다시 모여 기포를 한 후 이곳 백산으로 진출, 각처에서 집결한 8천여 명의 농민군이 전열을 가다듬고 본격적인 싸움에 나서게 되었던 것입니다. 백산봉기는 그 자랑스러운 대장정의 출발을 천하에 알린 천둥소리였습니다.

저희 동학농민혁명기념사업회에서는 이와 같은 백산봉기의 역사적 의미를 되새기고, 선열들의 높은 뜻을 계승하고자 해마다 시민·학생들이 함께 참여하는 각종 기념행사를 펼쳐 왔습니다. 그 아홉 번째가 되는 올해도 걷기대회, 전적지 답사, 문화공연, 학생 백일장, 사생대회 등 다채로운 행사를 마련하였습니다.

오늘의 이 행사를 공동으로 주최해주신 전라북도 교육청의 문용주 교육감님과 대회의 홍보 등에 적극 협조해주신 JTV 전주방송 백낙천 사장님께 진심으로 감사를 드립니다. 아울러, 여러 모로 바쁘신 중에도 오늘 이 행사에 참석해주신 각계 인사, 시민, 학생 여러분께 주최측인 동학농민혁명기념사업회를 대표하여 참으로 고맙다는 인사를 드립니다.

이번 행사가 이 겨레의 마음속에 갑오년의 함성과 절규를 되살려서 우리 역사의 들밭에 그 날의 '녹두꽃'을 다시 피우는 계기가 되기를 간절히 바랍니다. 감사합니다.

로펌 봉사활동 시범의 첫걸음

법무법인 '광장' 공익활동위원회 출범식 인사말씀(2007.4.11.)

　　오늘 저희 법무법인 광장의 공익활동위원회 출범식을 갖게 된 것을 매우 기쁘게 생각합니다. 또한 존경하는 장하진 여성가족부장관님, 대한변호사협회 이강진 협회장님, 그리고 김석산 한국복지재단 이사장님, 여러 모로 바쁘신 가운데 이처럼 왕림해주셔서 위원장으로서 진심으로 감사드립니다.

　　저희 법무법인 광장은 법조인집단의 사회적 사명을 충실히 다하고자 이번에 공익활동위원회를 발족시켰습니다. 여기에는 법무부와 대한변호사협회가 추진하고 있는 법교육 활동 참여, 여성가족부가 주관하는 미혼모를 위한 법률적 지원과 노력 봉사, 한국사회복지재단을 통한 소년소녀가장 돕기 결연, 탄광촌 초등학교 어린이 서울 견학 초청 등의 사업이 포함되어 있습니다.

저희는 지난 3개월 동안의 내부 준비기간을 통해 우리 로펌 가족들의 자발적이고 적극적인 호응과 참여를 기반으로 하여 일시적인 이벤트성 행사가 아닌 체계적이고 지속적인 사회봉사활동을 전개할만한 힘을 모았습니다. 특히 우리 광장 대표변호사님과 운영위원님들의 전폭적인 지원이 사업의 성공적 수행을 담보하게 되었다는 말씀을 드리고자 합니다. 이러한 활동은 그 종류의 가지 수나 외형에 머무르지 않고 내실을 살리는 방향으로 착실하게 실천해나갈 것입니다.

또한 그것은 지금 정부 유관 부처나 민간 복지단체가 벌이고 있는 공익사업의 취지에 호응하는 면도 있지만, 기본적으로 우리들 자신의 신분과 직역에 상응한 자각과 다짐의 실천이기도 합니다. 이미 미혼모 어린이 돌보기 노력 봉사는 여성 변호사와 일반 직원들이 활동을 시작했고, 현장을 다녀온 뒤 '천사가 따로 없다' 는 소감을 내부통신에 올릴 정도로 자부심과 보람을 느끼고 있습니다.

오늘은 저희가 시작하고자 하는 사업과 관련하여 간단한 보고 순서에 이어서 장하진 여성부장관님을 비롯한 귀빈들께서 축하의 말씀을 해주시겠습니다.

저희들의 공익활동에 대한 격려의 뜻을 우리 모두 유념하여 노블레스 오블리주의 실천에 최선을 다해나가도록 하겠습니다. 지극히 작은 자 하나에게 한 것이 곧 나에게 한 것이다, 또는 행함이 없는 믿음은 죽은 것이라는 예수님의 말씀은 비단 기독교의 사랑만을 가리키는 것이 아니라고 믿습니다. 우리의 따뜻한 사랑으로 불우한 어린 생명들을 안아주고 북돋아줍시다.

뜻을 함께 해주신 광장 가족 여러분, 그리고 이번 행사 준비에 수고해 주신 여러분께 두루 고맙다는 말씀을 드립니다.

한 외국기업의 '김치' 담그기 사랑

한국 P&G 수재민 돕기 행사 감사 인사(2002.10.28.)

존경하는 Tomas C. Hubbard 주한 미국대사님, Gen. Leon J Laporte 주한 미군 사령관을 비롯한 내외 귀빈, 신사숙녀 여러분, 오늘 이 뜻 깊은 행사에 자리를 함께하게 되어 매우 반갑고 기쁩니다. 아울러 이처럼 '김치 담그기'를 통한 아름다운 나눔의 자리를 마련해주신 한국 P&G의 Al Lazwani 사장님을 비롯한 관계자 여러분들에게 사회복지공동모금회(CCK)를 대표하여 깊은 감사를 드립니다.

인류는 예로부터 나눔을 통해 더불어 사는 따뜻한 공동체를 만들고, 보다 아름다운 사회를 키워왔습니다. 한국전통 음식인 '김치'를 만들어 어려운 이웃에게 전달하는 오늘 이 행사를 통해서 국적이나 피부색을 초월한 인간의 사랑을 보여주고, 서로 사이의 친선과 우의를 증진하는 아름다운 열매를 맺게 되었으면 합니다.

그동안 전 세계의 경제나 사회는 모두 성장과 발전을 거듭하는 가운데 상당한 풍요를 이룩하기도 했습니다. 그러나 오늘날에도 이 세상 곳곳에 아직도 도움의 손길을 기다리는 많은 어려운 사람들이 있습니다. 여러분들이 오늘 보여주신 사랑은 바로 그러한 이웃들에게 큰 격려가 되고 희망을 줄 것입니다.

오늘 여러분들이 만든 김치는 사회복지공동모금회를 통해서 지난 여름 수해로 막대한 피해를 입은 강원도 지역 수재민들에게 전달될 것입니다. 아직도 수해 복구작업을 계속하고 있는 수재민들에게 가장 정성스럽고 소중한 선물이 될 것이라고 생각합니다. 지극히 작은 자 하나에게 한 것인 곧 나에게 한 것이라고 한 예수님의 말씀은 참으로 귀중한 잠언입니다. 여러분이 발휘하시는 나눔의 정신은 우리 사회를 더욱 환하고 따뜻하게 만드는 데 소중한 밑거름이 될 것입니다.

바쁘신 중에 참석해주신 내·외국인 여러분 모두에게 다시 한 번 감사드립니다. 오늘 이 행사가 여러분의 생애에 잊을 수 없는 보람과 추억이 되기를 바라면서 여러분의 건강과 만사형통을 빕니다.

복안술에 힘입은 동학농민군의 '부활'

동학농민군 지도자 흉상 제막식 인사(2002.10.11.)

존경하는 김완주 전주시장님, 그리고 자리를 함께 해 주신 각계의 여러분. 오늘 이 뜻 깊은 동학농민군 지도자 흉상 제막 행사에 참석해주신 데 대하여 주최측을 대표하여 깊은 감사를 드립니다.

오늘 제막하는 이 흉상은 저희 동학농민혁명기념사업회가 발의하여 1996년 5월, 일본 홋카이도(북해도)대학에서 모셔온 동학농민군 지도자의 유골을 복안한 것입니다. 이 유골은 1906년 9월, 한 일본인이 전남 진도에서 반출해간 후 무려 90년 동안이나 침략자의 땅에 방치되었다가 1995년 8월에 우연히 발견된 것입니다.

언론 보도를 통하여 그 같은 유골 방치 사실을 알게 된 저희 기념

사업회에서는 다른 유관 단체들과의 협의를 거쳐 '동학농민군지도
자유해봉환위원회'를 구성하고 일본 북해도대학 측과 교섭한 끝에,
통한의 죽음 이후에도 기구한 비극을 겪어야 했던 이 농민군 지도
자의 유골을 조국 땅으로 봉환하기에 이르렀던 것입니다.

그후 저희 기념사업회에서는 조사위원회를 구성하여 유골의 신
원과 반출의 동기, 경위 등을 밝히고자 노력하였습니다. 그러나 안
타깝게도 그 유골은 1894년 동학농민혁명 당시, 전남 진도에서 전
사하였거나 처형된 한 농민군 지도자의 것이라는 점 외에 더 확실
한 사실은 알아내지 못하였습니다.

이에 저희 기념사업회로서는 이국땅에서 한 세기 가까이 버려져
온 농민군 지도자의 육신과 영혼을 고국에서조차 오래 방치해둘 수
는 없다는 생각에서 머지않아 적당한 곳에 안장을 하기로 하였습니
다. 아울러 전문가의 도움으로 복안술의 힘을 빌어 그 분의 생전 모
습을 복원하여 오래도록 만인이 우러러볼 수 있도록 흉상을 제작키
로 하였습니다.

그와 같은 구상과 계획이 마침내 결실을 보아 오늘 이처럼 조촐
하면서도 전례가 드문 흉상의 제막 행사를 갖기에 이르렀습니다.
그동안 이 흉상 제작과 관련하여 노고를 다해주신 충북대학교 박선

주 교수님과 선사문화연구소 여러분께 감사를 드립니다.

오늘의 이 제막식이 우리나라에 부정부패가 없고 평등한 세상을 실현하고자 신명을 바쳤던 동학농민군의 넋을 위로하고 나아가 갑오 선열들의 고결한 애국애족의 뜻을 기리고 되살리는 역사 앞에 우리의 다짐을 새로이 하는 의미 있는 계기가 되었으면 하는 마음 간절합니다.

끝으로, 이번 저희들의 행사에 물심양면으로 도움을 주신 SK텔레콤의 손길승 회장님과 조정남 부회장님, 그리고 각계의 여러분께 거듭 감사의 말씀을 드리는 바입니다.

격려사·헌정사·덕담

　　격려사와 축사는 때로는 내용상의 구별이 분명치 않을 때가 있다. 격려를 하면 격려사이고 축하를 하면 축사다. ─ 이렇게 말하면 맞는가? 직위나 지위가 상대적으로 낮은 사람이 그 보다 상위의 조직이나 개인의 행사에 대하여 축사는 할 수 있어도 격려사를 하는 것은 격에 맞지 않는다고 하겠다.

　　나의 경우는, 의뢰하는 쪽의 희망을 참고하여 축사나 격려사 중에서 택일을 한다. 내가 위원장으로 일한 사법제도개혁추진위원회에서 성안하고 입법 추진을 했던 로스쿨법에 따라서 법학교육위원회가 출범할 때 나는 그 위원 임명식에서 격려사를 했다. 축사라는 이름을 붙여도 무방했지만 주무부처인 당시의 교육인작자원부 측에서 격려사를 해달라고 해서 그렇게 했다. 로스쿨 인가에 관련된 중요한 직분을 맡게 된 데 대한 축하와 공정한 업무 수행에 대한 기대와 당부를 묶어서 격려사로 가름했다. 그러다보면 너무 원론적인 말이 대세를 이루어 듣는 이에게 지루함을 줄 수도 있기 때문에 중간에 '별미'를 느낄만한 메뉴를 배려하는 것이 효과적이다.

‘외국인 노동자를 위한 한가위 문화잔치’에서 한 격려사는 어려운 취업환경 속에서 힘들게 살아가는 사람들을 위로하고 그들의 삶에 용기를 불어넣고 힘을 실어주는 진품 격려사가 되었다.

국제앰네스티 한국지부의 ‘촛불의 밤’ 행사는 기금 마련을 위한 이벤트였다. 나는 과거 앰네스티운동을 했던 사람으로서 현 임원들의 희망을 흔쾌히 받아들여 그 자리에 나갔다. 나는 격려사에서 앰네스티운동이라는 국제적 인권운동의 숭고한 목적과 활동상의 애로를 소개하고 재원 확보를 위한 각계의 참여와 협조를 호소하는 말을 했다. ‘머니 머니(뭐니 뭐니) 해도 머니가 있어야 한다’는 우스개 말도 했다. 요컨대 나는 펀드레이징을 통한 힘 실어주기를 한 셈이었다.

덕담은 사전적으로는 ‘잘 되기를 비는 말’이다. 다만 앞서의 격려사나 축사에 비해서는 형식이나 내용에서 얼마쯤 자유롭고 홀가분한 말을 할 수가 있어서 좋다. 비교적 소수의 사람들이 모인 자리에서 훈훈한 정을 주고받으면서 이야기를 할 수가 있다. 내가 몸담고 있는 로펌의 신년 시무식에서 법조계 후배들에게 덕담을 하는 것은 선배 된 나의 기쁨이자 보람이기도 했다. 덕담이라고 해서 마냥 치켜세우기만 해서는 안 되고, 부드러운 충고와 분발 촉구를 주문하는 말이 얹혀야만 한다. 덕담은 우선 따뜻하고 유연해야 하며,

따라서 용어도 경직되거나 전투적인 것을 피하고 정서와 감동이 수반되는 말을 쓸 것이며 어조 또한 부드럽고 낮은 톤을 택하는 편이 어울린다.

헌정사(獻呈辭)에는 기념이 될 만한 책이나 조형물 등을 특정의 주인공 또는 책임자에게 바치는 뜻이 담겨 있어야 한다. 회갑 또는 고희 기념 문집이 대표적이라 하겠는데, 헌정 상대방의 업적과 인간성을 예찬하고 헌정하는 책의 내용 및 그 간행 경과까지도 언급하는 것이 좋다. 헌정사에서는 격조 있는 표현이 매우 중요하다.

이국땅에서 나누는 위로, 소망, 다짐

천주교서울대교구 노동사목위원회
'외국인노동자를 위한 한가위 문화잔치' 격려사(2003.9.11.)

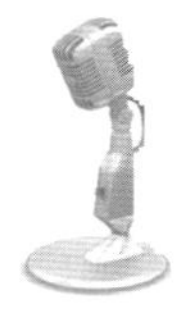

한민족 최대의 명절인 추석날, 외국인 노동자 여러분과 자리를 함께 하게 된 것을 매우 기쁘게 생각합니다. 오늘 이처럼 뜻깊은 한가위 문화잔치를 마련해 주신 천주교 서울대교구 노동사목위원회 허윤진 신부님과 도요한 신부님, 그리고 관계자 여러분께 감사를 드립니다.

명절날에는 헤어져 살던 가족들이 고향에 다시 모여 즐거운 시간을 함께 하며 지냅니다. 또한 미처 돌아오지 못한 혈육을 그리워합니다. 여기 모이신 외국인 노동자 여러분도 사랑하는 가족이 얼마나 그립습니까. 애절한 마음에 눈물을 흘리는 분도 계실 것입니다. 여러분의 외롭고 고된 심신을 잠시나마 위로해드리기 위하여 이처럼 공연과 음식잔치를 마련하게 된 것으로 압니다. 그동안 힘들었던 일상생활의 피로와 고통을 잠시나마 잊으시고 즐거운 하루가 되었으면 합니다.

자기 나라, 자기 가족을 떠나 사는 것은 어디서나 고생이라고 합니다. 여러분은 한국 땅에 오셔서 얼마나 고생이 많으십니까. 취업, 노동조건, 노동환경, 언어, 생활의 적응 등 열악한 현실에 고통이 많으신 줄로 압니다. 한국사회의 냉대와 외로움에 한숨도 많이 쉬었겠지요.

그러나 반면 여러분들의 어려운 처지를 이해하고, 마음 아파하고, 개선해주고자 하는 손길도 많다는 것을 기억해주시기 바랍니다. 교회와 NGO들이 여러분의 벗이자 후원자가 되고 있습니다. 여러분의 신분과 노동조건이 개선되도록 나서는 시민운동은 아주 고무적입니다.

여러분 힘내십시오. 성서에 보면, 하느님께서는 우리에게 시련을 주시지만 그 시련을 이겨낼 힘과 지혜까지도 아울러 주신다고 했습니다. 여러분이 조금만 참고 이겨내신다면 머지않아 가족과 다시 만나 행복한 날을 함께 할 수 있는 날이 틀림없이 올 것이라고 확신합니다.

     한승헌 변호사 스피치의 현장

저희 사회복지공동모금회는 여러분들에 대한 한국인들의 따스한 사랑을 전해드리는데 최선을 다함으로써 여러분께 희망과 용기를 북돋아드리는 친근한 벗이 되고자 합니다.

여러분! 오늘 이 잔치가 위로의 시간, 소망의 시간, 다짐의 시간이 되기를 간절히 빕니다.

우상에 도전한 이성

리영희 선생 회갑기념문집 헌정사(1989.12.6.)

1980년대의 마지막 해가 서산에 기우는 이때, 우리가 참마음으로 우러르는 리영희 교수님께서 회갑을 맞게 되셨으니, '벌써?'라는 생각을 하면서도 기쁘기 그지없습니다. 우리는 지금 두 동강 난 조국의 남과 북에서 기구한 역사의 상처를 앓고 있는 겨레의 오늘을 생각하면서, 조국의 하나됨과 민주주의를 위해 싸우다가 쫓겨나고 잡혀가야 했던 리 교수님의 지난 역정을 되새겨봅니다.

험난한 세속의 광풍을 이겨내고 자랑스러운 연륜이 이순(耳順)에 이르게 되었으니, 오랜 세월 마음을 함께하고 고난을 함께하고 또한 조국의 현실을 더불어 아파해온 모든 사람과 더불어 흠모와 축하를 드립니다.

리 교수님은 오랜 세월에 걸쳐 선각(先覺)의 길, 선구자의 길을 걸어오셨습니다. 패도(覇道)에 눈이 먼 자들의 광란이 이 땅을 어지럽힐 때, 그 많은 사람들이 침묵하거나 추종하면서 제 나름의 변명을 꾸며대고 있을 때, 리 교수님께서는 곧고 바른 선비의 길, 스승의 길을 굳게 지켜오셨습니다.

그리고 '직필인주(直筆人誅)'의 실증에서 희생의 주역이 되셨습니다. 맹자의 말씀처럼 선비의 길은 뜻을 높이는 일(尚志)이요, 나아가서 정의를 최고의 가치로 받드는 일(義以爲上)이기에 바로 그런 의미에서 리 교수님의 외로운 가르침은 더욱 빛나는 지성의 깃발로 이 땅에 펄럭이고 있습니다.

나의 글을 쓰는 유일한 목적은 진실을 추구하는 오직 그것에서 시작하여 그것에서 끝난다. …… 그것은 우상에 도전하는 이성의 행위이다. (《우상과 이성》 서문에서)

진실의 추구를 가로막으려는 우상에 도전하는 그 엄청난 싸움, 그 처절한 현장에 언제나 리 교수님이 계셨습니다. 과연 그 도전은 교수님의 말씀처럼 언제 어디서나 고통을 무릅써야 했고, 그 고통 없이는 인간의 발전과 진보는 있을 수 없다는 이치를 가시화시켜 주었습니다.

리 교수님은 해직이라는 이름의 추방을 당하심으로써 오히려 만인의 스승이 되셨고, 거듭 감옥에 갇힘으로써 진리의 목소리를 더욱 증폭시킨 역사의 사도가 되셨습니다.

그러나 교수님께서 그처럼 힘겨운 가시관을 쓰고서 자신을 연소시킴으로써 역사의 어둠을 밝힐 때, 그분의 내면에 스며든 외로움은 어떠했을까 헤아려봅니다. 아울러 우리는 사모님이신 윤영자 여사의 헌신을 잊을 수가 없습니다. 말로 다하기 어려운 역경 속에서 가정을 지키고 리 교수님을 받쳐드린 그 강인함에 아낌없는 칭송을 드립니다. 그러기에 오늘 리 교수님에게 보내는 만인의 박수 속에는 실인즉 내외분에 대한 인간적인 위로와 외경의 뜻이 함께 배어 있는 것입니다.

이에 우리들은 리 교수님의 회갑을 더욱 뜻 깊게 동경(同慶)하고자 하는 각계 여러분들의 소망을 받들어, 더불어 같은 길을 가고 있는 필자들의 귀한 글을 묶어 기념논문집을 상재(上梓)하고 이를 삼가 리 교수님께 헌정합니다.

교수님의 회갑과 이러한 기념논문집의 간행은 비단 한 개인을 위한 행사로만 끝날 수 없습니다. 조국의 앞날은 여전히 험하고 어두운지라, 아직도 미망에서 깨어나지 못하는 자들에게는 뉘우침을 촉

   한승헌 변호사 스피치의 현장

구하고, 지금껏 의로운 수난과 핍박을 받고 있는 분들에겐 위로와 힘이 되며, 이 겨레의 재통일과 민주주의를 열망하는 이 땅의 민중들에게는 소망과 다짐을 안겨주는 그런 계기가 되기를 바랍니다.

교수님, 지금까지 그러하셨던 것처럼 앞으로도 더욱 정진하시어 영원토록 위대한 선비의 사표(師表)가 되어주시기를 바랍니다. 끝으로, 바쁘신 중에도 이번 기념문집에 귀한 글을 써주신 필자 여러분께 감사의 말씀을 드립니다.

더 높은 봉우리로 인도하는 셰퍼처럼

〈여성신문〉 2002년 새해 모임 덕담(2002.1.10.)

새해를 맞이하여 이런 뜻 깊은 자리를 마련하신 여성신문사에 감사를 드리며, '여성 정론지' 의 신경지를 개척하여 온갖 어려움을 무릅쓰고 장장 14년의 연륜을 쌓아가며 꾸준히 그 소임을 다해 오신 이계경 사장님을 비롯한 임직원 여러분께 경의를 표합니다.

저는 조금 전 이 행사장에 들어오는 순간, 이곳이 여인천하구나 하는 생각이 들었습니다. 월요일과 화요일에나 보던 (드라마) 〈여인천하〉를 목요일에도 보게 되었으니, 행운입니다. 그것도 '생방송' 으로 말입니다.

우리나라에 성씨가 얼마나 되는지 정확히는 모르겠습니다만,

《한국인의 족보》라는 책에 수록된 것만도 3천여 본관에 성씨는 260 가지가 넘습니다. 그런데 오늘 이 자리에서 제가 한명숙 여성부장 관님에 이어 축사를 하게 되니, 남녀 모두 한 씨만 등단하게 하게 되어, 또 무슨 말이라도 듣지나 않을지 걱정이 됩니다. 그래도 우리 가문의 영광이라는 생각을 하면서 이 자리에 올라왔습니다.

저는 일찍이 군사독재정권 하에서부터 자신이 '친여세력' 임을 자랑스럽게 내세운 사람입니다. 요즘 말로 하면 '커밍 아웃' 을 한 셈입니다. 여당 편이라는 말이 아니라 계집여(女) 자 친여세력 말입니다. 그만큼 누구보다도 여성을 존중합니다. 그것은 남성의 도리이기 전에 한 인간의 도리라고 믿습니다. 그래서 저는 페미니스트입니다. 세상의 페미니스트에는 아부성 페미니스트와 비판적 페미니스트가 있는데, 저는 바로 후자에 속하는 사람입니다.

따라서 덕담도 아부형 아닌 비판형으로 하겠습니다. 〈여성신문〉은 여성의 인간다운 삶과 지위 향상을 추구하되, 자칫 인간의 존엄과 양성평등에 어울리지 않는 여성이기주의에 기우는 일이 없도록 유의해주셨으면 좋겠습니다. 흉보면서 닮는다고, 남성들의 사고나 행태를 비판하면서 여성 자신도 남성의 바로 그런 결점을 닮아가는 일이 없는지 경계해야 합니다. 남성이나 사회인습에 대한 공격도 좋지만, 그것으로 끝나서는 안 됩니다. 그런 여건 속에서 여성 자신의 할 바가 무엇인가를 깨닫고 실천하는 것이 중요합니다.

가령 공직선거에 여성 후보가 나오면, 정작 여성표는 그 쪽으로 가지 않는다고 합니다. 이것은 여성의 정치참여 확대를 여성 자신이 외면하는 현상이라고 볼 수도 있습니다. '여자조차 여자를 안 찍는 것은 문제가 아니냐?' 라고 물으면, '남성이 여성을 그렇게 길들여 놓아서 그렇다' 고 남성 탓으로 돌리며 역공을 합니다. 참 묘한 논리입니다.

저는 그런 의견에 동의하지 않지만, 설령 그렇다고 하더라도 여성이 면책될 수는 없습니다. 남성들에 의해서 길들여지는 존재가 되지 않도록 각성하고 실천할 책무가 여성에게 있습니다. 〈여성신문〉은 그런 점까지도 깨우쳐주는 진일보한 역할을 다해주었으면 합니다.

신문지면에 대해서 잠시 말씀드리겠습니다. 매호 첫 장부터 끝 장까지 정말 알찬 정론이 가득 차 있습니다. 그러나 너무 진지한 기사와 글만 있으니 긴장이 되고 정색을 풀 수가 없었습니다. 아무리 품위 있는 사람도 언제나 정장만 하고 살수는 없습니다. 간편한 옷도 때로는 필요합니다. 엄정한 군기를 생명으로 하는 군대에서도 '차려' 만 있는 것은 아닙니다. '열중 쉬어' 도 있고 '편히 쉬어' 도 있습니다. 내무반과 연병장도 있지만 휴게실도 있어야 합니다.

'차려' 나 '정장' 만이 아닌 친근하고 홀가분한 지면을 좀 늘리면 어떨까 합니다. 〈여성신문〉도 어차피 많은 사람들과 먼 길을 함께 가야 하기 때문입니다. 특히 그 먼 길이 남성들과도 동행해야 할 길이고 보면, 여성 못지않게 많은 남성을 독자로 끌어들일 수 있는 신문이 되어야 할 것입니다.

〈여성신문〉은 분명한 구심력을 발휘해야 합니다. 우리 사회의 저력과 희망을 아울러 확인시켜주는 자랑스러운 매체입니다. '당신이 더 나은 사회를 향한 변화의 가능성이 없다고 체념한다면 (그런 가능성이 없는 것처럼 행동한다면) 더 나은 사회로의 변화는 없을 것이다. 그 선택은 우리의 몫이요, 바로 당신의 몫이다' 라고 MIT의 노암 촘스키 교수는 말했습니다.

보다 더 나은 사회, 편견과 차별이 없고 인간의 존엄과 평등이 구현되는 사회에 대한 확신을 다지기 위해서도 우리는 〈여성신문〉과 함께 나아가야 하겠습니다. 여기 모이신 모든 분들과 함께 진심으로 〈여성신문〉의 발전을 빕니다.

로스쿨제도 시행 초기의 무거운 짐

교육인적자원부 법학교육위원회 위원 임명식 격려사(2007.10.5.)

사법제도개혁추진위원회 위원장을 역임한 저의 전력으로 해서 이 뜻있는 자리에서 말씀의 기회를 주신 것으로 알고 매우 영광스 럽게 생각합니다.

존경하는 김신일 교육부총리 겸 교육인적자원부 장관님, 그리고 법학교육위원회 위원 여러분께 오늘 이런 의미 있는 식전을 갖게 된데 대하여 축하의 말씀을 드리고자 합니다. 두루 아시는 대로 법 학전문대학원 제도의 입법화는 우리나라 법조인 양성제도를 획기 적으로 변혁시키는 역사적인 전환점을 마련하게 되었습니다.

우리나라의 사법제도 선진화를 지향하는 사법개혁에 있어서는,

그 분야의 소임을 감당하는 법조 인력의 선발, 양성, 자질 등의 문제가 거론되지 않을 수 없었습니다. 오랜 동안 광범한 연구와 논의를 거쳐 로스쿨법이 탄생되기까지는 적지 않은 논란이 있었습니다만 어렵게 입법화에 성공하여 그 시행에 들어가게 되었습니다.

로스쿨제도는 지금까지의 사법시험제도의 문제점을 극복하고 다양한 전공 인력을 흡수하여 법조인으로서 필요한 광범한 교육을 실시함으로써 국제적으로도 경쟁력을 갖춘 법조인을 양성하고자 하는 시스템입니다. 여기에는 법조인의 능력, 직업윤리, 봉사정신의 향상까지도 실현해야 된다는 기대가 담겨 있습니다. 오늘 선임되신 법학교육위원회 위원 여러분께서는 로스쿨제도의 시행 첫 단계에서 가장 중요한 임무를 맡게 되셨습니다. 로스쿨의 설치기준과 인가기준을 정하고 개별적인 인가와 입학 정원을 배정하는 일은 참으로 힘든 일이라고 하겠습니다.

이미 알려진 대로, 전국의 법과대학의 절반이 넘는 47개 대학이 로스쿨 인가를 얻기 위한 경쟁을 벌이고 있습니다. 그런 과정에서 무리와 과열이 드러나기도 했습니다. 당사자가 된 대학으로서는 학교의 사활을 걸었다고도 합니다. 앞으로 과민한 반응도 나올 것입니다.

그러나 여러 위원님들께서는 공정 무사한 심의 결정을 통하여 객관적으로 납득할 수 있는 결정을 내려주실 줄로 믿습니다. 입장이 다르고, 이해관계가 다르다 보면, 불만의 목소리도 나올 수 있지만, 정확하고 공정한 결정 앞에는 이론이 있을 수 없다고 봅니다. 그야 인간사회에서 지연, 학연, 혈연 그밖에 이런저런 연고와 얽힘이 고민의 불씨가 될 수도 있겠으나, 여러 위원님들의 양식과 결단 앞에 그러한 세속적인 장애는 문제가 되지 않으리라고 믿습니다.

법은 추상성의 한계가 있기 마련이어서 주무부처의 후속 작업과 집행의지가 매우 중요합니다. 로스쿨법의 원활한 시행을 위해서 여러 고난도의 연구와 준비를 완벽에 가깝게 수행하신 교육인적자원부의 간부 및 직원 여러분의 노고에 치하의 말씀을 드리고자 합니다.

로스쿨의 총 정원이나 인가 대학의 수 그리고 개별 정원 등을 놓고 많은 논란이 계속되어 왔습니다. 거기엔 제3자적인 의견도 있고, 직간접으로 이해당사자의 입장에서 나온 주장도 있습니다. 의견백출의 혼란 속에서 분별력을 발휘하신다면, 쉽지는 않겠지만 반드시 정답이 나오리라고 믿습니다. 시행령의 심의 막바지에 명문화까지 되었다는 지역적 균형 배려문제도 하나의 기준이기는 하지만 궁극적인 결정은 여러 위원님들의 최종 판단에 달려 있습니다.

무엇보다도 인가 대학의 수와 각 대학별 정원의 배분문제가 합리적으로 매듭지어져야 하겠습니다. 이는 총 정원의 수와 함수관계가 있는 사안이어서 매우 어렵기는 합니다만, 인가 대학의 수와 개별 정원의 수를 아울러 잘 배합하는 공약수를 찾는 수밖에 없다고 하겠습니다.

인가 심사에 있어서 유의해야 할 평가지표가 있고, 각 항목이 모두 중요하겠습니다만, 저의 소견으로서는 학생복지와 교육재정에 포괄될 것으로 보이는 등록금 의존도와 장학금 지급 재원 등에 많은 관심을 기울여 주셨으면 합니다.

로스쿨의 진학에 따른 교육비용의 증가는 자칫 저소득층의 법조 진출에 장벽이 되거나 법조 귀족화라는 논란으로 번질 우려가 있습니다. 돈 없는 사람은 변호사시험장 문턱에도 못 가본다는 말이 나오지 않을 만큼 장학금제도가 충실히 되어 있어야 합니다. 이 점에 대해서는 국가에서도 법에 정해진 대로 재정지원 의무를 다하도록 정부가 최선의 조치를 해야 할 것입니다.

정부 주무부처인 교육인적자원부와 법학교육위원 여러분께서 알아서 잘 해주실 일인 줄 알면서도 사개추위 때부터 주변에서 거론된 이런저런 걱정과 주문들이 생각나서 비록 다듬어지지 않은 생각이나마 이 자리에서 개진하게 되었습니다.

여러모로 어려운 일을 맡으신 여러 위원님께 신뢰와 존경을 드리며, 지혜로우신 관찰과 판단으로 로스쿨제 도입 초창기의 어려운 숙제를 원만하게 수행해주시기를 거듭 당부 드립니다.

또한 교육인적자원부의 김신일 부총리님 이하 간부 및 직원 여러분께서 로스쿨의 인가, 개학에 관련된 막중한 업무를 성심껏 수행해 주심으로서 이 나라의 법조인 양성제도의 개혁에 크게 이바지해 주시기를 바라면서 당부와 격려의 말씀을 마치고자 합니다.

평범한 시민들의 평범하지 않은 운동

국제앰네스티 한국지부 '촛불의 밤' 격려사(2007.11.15.)

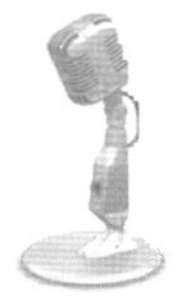

국제앰네스티 한국지부가 모시는 '촛불의 밤' 행사에 자리를 함께 해주신 여러분, 반갑고 감사합니다. 지금부터 35년 전, 한국앰네스티의 창립에 참여하여 얼마동안 그 운영과 활동에 힘을 기울인 적이 있는 저로서는 남다른 감회를 갖고 오늘 이 행사를 축하드리고자 합니다.

그동안 한국앰네스티는 과거 군사독재정권 하의 험난함을 헤치며, 국제품앗이의 원칙에 따라 온 세계의 양심수 구출운동에 참여하는 한편, 국내적으로 사형폐지, 고문 반대, 공정한 재판과 형 집행의 촉구 등 인권운동에 많은 공헌을 해왔습니다.

앰네스티는 평범한 시민들의 힘으로, 그러나 결코 평범하지 않은 일을 해내는 국제적인 인권운동단체입니다. 그러기에 여기에 필요한 재원 또한 평범한 시민들의 깨끗한 회비와 성금으로 충당되어야 합니다. 이 자리의 여러분께서는 물론이고, 우리 사회 각계의 시민 여러분께서 오늘 이 행사의 참뜻을 깊이 이해하셔서 뜨거운 정성으로, 십시일반으로 기금 마련에 협조하여주시면 감사하겠습니다.

숭고한 일을 자청하고 나서서 헌신하시는 한국앰네스티의 집행부와 회원 여러분께 격려의 말씀과 아울러 경의를 표하며, 앞으로 앰네스티 정신의 구현에 더욱 정진하시기를 바랍니다.

한승헌 변호사 스피치의 현장

'한국 제일'의 로펌다운 한 해를

법무법인 '광장' 2007 신년 시무식 덕담(2007.1.2.)

2007년 새해를 맞이하여 '광장' 가족 여러분의 만복을 빕니다. 해마다 시무 첫날의 이 자리는 우리에게 성찰의 시간이자 소망과 다짐의 자리이기도 합니다.

지난 2006년은 우리 '광장'으로서는 발돋움과 약진의 한 해였습니다. 우리 '광장'은 역사적인 '남북통일'을 성취했습니다. 남(강남 포스코센터)과 북(강북 한진빌딩), 두 곳으로 나뉘어져 있던 근무 공간을 하나로 합쳤다는 것은 공간의 통일 이상의 의미를 갖습니다. 힘의 결집, 일의 능률, 정신적 일체감 등에서 큰 성과를 기약하는 변화였습니다.

우리 '광장'은 작년에 외국의 클라이언트들로부터 '한국 제일'이라는 평가를 받았습니다. 큰 사건, 중요한 사건에서 탁월한 송무 능력을 발휘하였고, 기업자문 분야에서도 막강한 역량을 과시했습니다. 대외협력과 홍보 업무도 활성화되었습니다. 송년음악회를 통하여 그리고 그 자리에서 있었던 철암초등학교 어린이 초청행사를 통하여 다른 데서는 볼 수 없는 로펌문화의 새 장을 열기도 했습니다.

이처럼 풍요로운 많은 성과를 거둘 수 있었던 것은 '광장' 가족 여러분께서 합심 노력한 결과이며, 전향적 사고의 수확이라고 믿습니다. 특히 우리 로펌의 운영을 맡아 오신 대표변호사님들과 운영위원 여러분의 노고에 대해서 감사의 말씀을 드립니다.

새해는 서력기원의 연도 수치나 벽에 거는 달력만 바뀌는 것이 아닙니다. 우리는 새로운 마음과 자세를 갖추고 새 출발을 해야 합니다. 변호사 공익활동의 실천은 새로운 변화의 첫 걸음이 될 것입니다. 아직은 구상중인 방안이긴 하지만, 소외되고 어려운 처지에서 살고 있는 불우한 형제자매들을 위해서 사랑을 기울이는 아름다운 첫 걸음이 기대됩니다. 법조인의 사회적 책임의 외연을 좀 더 넓혀 나가야 하겠습니다.

저는 새해 연하장에 '온공자애(溫恭慈愛)'라는 문구를 써보았습니다. 이율곡 선생의 문집에서 따온 글귀입니다. 따뜻하고 공손하게, 그리고 사랑을 베풀라는 뜻입니다. 지금 우리 사는 세상, 우리 주변은 인간다운 따뜻한 체온이 아쉽습니다. 겸손한 언행이 아쉽습니다. 자비와 사랑 또한 그러합니다. 그래서 저는 언뜻 보아 평범해 보이는 이 말씀을 저 자신과 친지들에게 권면하고 싶었습니다.

원문에는 '온공자애' 앞에 '상이(常以)'라는 말이 나와 있습니다. 항상 그렇게 하라는 뜻입니다. 남에게 은혜를 베풀며, 남을 해치는 일은 추호도 마음에 두지 말아야 하며, 배운 사람은 먼저 이기심을 끊어버린 다음에야 인(仁)의 도를 배울 수 있다는 말씀이 이어져 있습니다.

우리의 역량에 인간다운 체온, 즉 따뜻함과 겸손함 그리고 사랑의 실천까지 첨가된다면, 우리 '광장'은 참으로 아름다운 공동체로 격상될 수 있을 것입니다. 새해 우리 '광장'의 큰 발전과 '광장' 가족 여러분의 만사형통을 빕니다.

건강한 전문가집단의 길로

법무법인 '광장' 2008 신년 시무식 덕담(2008.1.2.)

어느덧 2008년의 새해가 밝았습니다. 우리는 어제를 돌아보고, 앞날을 내다보아야 하는 시점에서 자리를 함께 하고 있습니다. 지난해에는 대선 정국의 연속이었고, 마침내 정권이 보수진영으로 넘어가서, 지금은 바야흐로 새 정부의 출범에 관심이 쏠리고 있는 중입니다. 그리고 사회적으로 희비가 엇갈리는 뉴스가 많았습니다. 법조계에도 사법개혁을 비롯한 변화의 물결이 넘쳐들었습니다. 재야 법조계에도 뉴스거리가 끊이지 않았습니다.

우리를 둘러싼 제반 환경의 격변 속에서도 우리는 바르고 의연하게 한 해를 보내고 이렇게 한 자리에 모여서 새해의 축복을 나눌 수 있게 된 것을 감사하게 생각합니다.

한승헌 변호사 스피치의 현장

우리는 국내외에서 높은 평가를 받았고, 전문성을 강화하여 성실히 봉사해왔습니다. 사회적으로 비난이나 지탄을 받는 일이 없이 정도(正道)를 걸어왔습니다. 우리는 정결한 직업윤리를 벗어나지 않은 건강한 전문인임을 자부할 수 있게 되었습니다.

다만 이러한 자부심이 안일로 기울어서는 안 된다고 봅니다. 정도를 걷는다는 자부심은 법조인이 갖추어야 할 필요조건의 하나이지 충분조건은 아닙니다. 지금은 엄청난 변화의 시대입니다. 정치, 사회, 문화, 경제, 과학 기술의 제 분야에서 변화의 바람은 멈출 줄을 모릅니다. 법조계에도 마찬가지입니다.

지난해의 사법개혁으로 제도가 많이 바뀌었고, 법조의 풍토가 크게 달라져가고 있습니다. 법률시장 개방으로 무한 경쟁이 다가오고 있습니다. 법률서비스의 전문성 강화, 글로벌 스탠더드의 적응, 국내외 고객의 기대 수준의 향상 등 이루 다 매거할 수 없을 만큼의 변수가 우리 앞에 가로놓여 있습니다.

우리는 이런 변화의 본질을 정확히 읽어내야 합니다. 그리고 여기에 대응해야 합니다. 각자의 노력과 아울러 우리들의 결집된 역량을 강화하여 경쟁력을 높여 나가야 합니다. 그러나 우리는 효율성으로만 평가받는 '일하는 기계'에 머물 수는 없습니다. 기능적 존재로 만족하기에는 너무나 아쉬운 삶의 주체들입니다. 우리가 속해 있는 로펌의 일원으로서 갖춰야 할 인간의 품격도 소중합니다. 저는 여기서 그것을 다 설명할 시간도 능력도 없습니다. 우리가 걸어야 할 인간의 길을 포괄하여 도(道)라고 한다면, 그 길은 높은 데 있지 않고, 또 먼 데서 찾을 필요도 없습니다. 그래서 '도비고원(道非高遠)'이라는 말이 생긴 것 같습니다.

그렇습니다. 우리는 일상의 가까운 데서 사람의 도리를 찾아야 합니다. 여러 덕목을 다 열거할 수는 없습니다. 우선 로펌이라는 공동체의 일원으로서 서로의 예의와 이해와 헌신을 말하고 싶습니다. 사회적 신분에 상응한 염치와 교양과 역할자각을 상기시켜 드리고자 합니다. 저는 새해 연하장에 '독지수덕(篤志修德)'이란 글귀를 써보았습니다. 자신의 뜻을 북돋우고 덕을 닦으라는 의미입니다. 가장 일반적이면서도 여간해서 실천하기 어려운 덕목이라고 생각합니다.

새해에는 우리 광장이 법률과 특허의 두 분야에서 선도적인 위치를 굳히고, 매사에 모범이 되며, 일의 성과와 조직 내의 화목에서도 부러움을 사는 그런 공동체가 되도록 다 함께 힘써나갈 것을 당부드립니다. 법무법인 광장과 제일특허의 발전과 여러분의 건승을 기원하면서 저의 말씀을 마치겠습니다.

조선족 동포들에게 따뜻한 사랑을

한중 친선 한가위 대잔치 격려사(2002.9.22.)

오늘 '한가위 대잔치'에 이처럼 자리를 함께 하신 중국의 조선족 동포 여러분, 참으로 반갑습니다.

저는 불우한 형제들을 돕기 위한 모금과 배분 사업을 하고 있는 사회복지공동모금회의 책임자로서 낯선 고국 땅에 와서 고생하시는 동포 여러분에게 먼저 위로의 말씀을 드리고자 합니다.

우리는 서로 같은 언어를 사용하고, 같은 역사와 전통을 공유하는 동족입니다. 설령 국적은 다르다 해도 같은 민족입니다. 지난날 험난했던 역사의 소용돌이 속에서 우리의 선조들은 조국 땅을 떠나야 했고, 그로해서 우리는 서로 삶의 터전을 달리하고, 국적을 달리하는 처지가 되었지만, 같은 핏줄을 이어받은 형제의 정은 누구도 어찌할 수 없는 것이 아니겠습니까. 그런데도 현실에서는 그러한 사리가 흐려지고, 여러분의 한국 생활에는 동포애와는 거리가 멀다고 느낄 만큼 서운한 면도 있다는 것을 저는 압니다. 그래서 혹시 이번 추석명절에도 즐거움보다는 그늘진 마음을 안고 지내신 분이 적지 아니 계시리라 생각합니다. 그런 뜻에서 다시 한 번 여러분께 심심한 위로의 말씀을 드리고자 합니다.

한국의 추석은 중국에서도 그러하듯이 민족 대이동이라는 말이 실감날 만큼 모두들 고향을 찾아가는 명절입니다. 그러나 여러분께서는 고향에 가지도 못하고, 가족들과 함께 지내지도 못하는 명절이라서 오히려 상심이 컸을지도 모릅니다.

저는 여러분들의 고달픔, 가족을 향한 그리움, 동족의 땅에서 겪어야 하는 마음 아픈 일들, 이런 심신의 고통이 사라지는 그 날이 하루 속히 오기를 간절히 바랍니다. 그리고 오늘 이 행사를 통하여 그동안 쌓인 온갖 시름을 잠시나마 잊으시고 즐거운 시간을 갖게 되셨으면 합니다. 메마른 이 세상에도 동족의 쓸쓸한 처지를 생각하는 사랑의 손길이 있다고 느끼시게 된다면 오늘의 이 '한가위 대잔치'를 지원한 저희 사회복지공동모금회로서는 더할 나위 없는 보람이 되겠습니다.

저는 여러분께서 지금 겪고 있는 고생이 여러분 자신과 여러분 가족의 행복을 위한 소중한 밑거름이 되리라는 것을 믿습니다. 그런 소망이 이루어지는 그날까지 여러분께서 굳건한 의지로 힘차게 살아가 주시기를 바랍니다. 머지않아 그리운 가족과 함께 할 그 날을 위해 하루하루의 고달픔을 이겨내는 여러분에게 오늘 이 행사가 위안이 되고 격려가 되었으면 하는 마음이 간절합니다.

오늘 이 자리를 마련하느라 애쓰신 조선족교회 관계 인사 여러분의 노고에 감사드립니다. 아울러 자리를 함께 하신 내외 동포 여러분의 건강과 행운을 빌어 마지않습니다. 여러분께서 한국에 오실 때 간직했던 그 꿈이 이루어져서 사랑하는 가족과 함께 즐거운 명절을 맞는 그 날이 오기를 충심으로 기원하면서 격려의 말씀에 가름하고자 합니다.

취(이)임사·(보고·수락)연설·답사

퇴임하는 정운찬 총리가 이임사에서 쓴 소리를 했다. 그런데 기사에는 '정 총리는 이 같은 내용의 이임사를 직접 썼다고 한다' 라는 대목이 있어서 묘한 느낌을 주었다. 쓴 소리의 배경이나 내용을 두고서 하는 말이 아니다. 고위직의 이·취임사는 아래 사람이 써 주는 것이 관례라는 사실을 재확인하는 말로 들렸기 때문이다. 그리고 밑에서 써 올리는 그런 공식 문서는 그 명의자의 뜻과는 다를 수도 있다는 암시도 주고 있다. 나는 젊은 검사 시절, 법무부에서 일할 때 내 소관이 아닌데도 장·차관의 취임사·이임사·축사 등을 써 바친(?) 경험이 있어서 '대필'의 명암을 짐작할 수가 있었다.

실제로는 1) 써주는 대로 읽는 사람도 있지만, 2) 그렇지 않고 수정·보완을 해서 읽는 사람도 있다. 3) 아예 처음부터 직접 쓰는 경우도 물론 있다. 각자의 성격과 공직자관에 따라서 선택을 달리할 수 있지만, 나는 무수정 낭독형은 아니다. 수정 낭독 또는 직접 작성형에 속한다. 감사원장, 사회복지공동모금회 회장, 사법제도개혁추진위원회 위원장 등의 자리에 취임할 때는 '수정 낭독'을 했다. 문안 작성자의 생각과 표현도 존중하면서 내 주견을 반영하였다. 이 임사는 직접 문안을 작성했다. 재임 중의 일을 회고하면서 자신의 소회를 밝히는 것이 주류를 이루기 때문에 제3자의 기안은 적절치가 않은 면이 있었다.

감사원장으로서 1998년 세계최고감사기구총회(세계감사원장회의-우루과이)에서 서울총회(2000년) 개최 결의를 이끌어낸 직후에는 수락연설을 했다. 다음 총회 개최국으로서의 입장을 밝히는 연설이었다. 그 다음 해에는 위 기구의 이사회(오스트리아)에 가서 총회 준비사항과 관련된 보고연설을 했다. 두 번 모두 영어연설이어서 사전에 발음과 억양 등에 대한 교정을 받고 또 자청해서 오디션을 갖기도 했다. 중국과 태국에서 열린 아시아감사원장회의에서는 총회 후의 송별연회에서 참가국 감사원장을 대표해서 고별연설을 했는데, 원고 없이 즉석연설 형식으로 하기 위해서 미리 원고를 외우다시피 해가지고 나가서 실수를 모면했다.

답사는 주로 출판기념회와 시상식에서 저자 또는 수상자로서 한 인사말이었다. 상을 주고 축하를 해준 데 대한 답례의 뜻으로 하는 인사말이기 때문에 그에 상응한 감사와 다짐의 말씀이 겸손하게 표현되어야 한다. 다만 너무 통속적인 어휘를 나열하는데 그치는 것은 좋지않다. 나의 《…변론사건 실록》 간행을 축하하는 모임에서는 '불의한 재판을 기록하고 증언하는 소임'을 시종 진지하게 말했지만, 그 실록으로 상을 받게 된 시상식에서는 '남의 벌 받은 이야기로 내가 상을 받다니 죄송하다'는 말을 해서 잔잔한 웃음을 자아내게도 했다.

내가 몸담은 법무법인에서 고희 축하자리를 마련해주었을 적에는 감사의 말 외에도 '두보의 시에 고희란 말이 나올 때의 평균연령과 지금은 엄청나게 다르다. 칠순이 왜 고희냐? 난 아직 고희가 아니다'라고 기분 좋은 이의 제기를 하기도 했다.

의례적인 언사를 살리면서 즐거움까지 덤으로 베풀 수 있다면 금상첨화가 아닌가?

'존경 받는 피고인들'에 대한 기록

《분단시대의 법정》 일본어판 출판기념회(도쿄) 저자 답사(2008.4.16.)

　자리를 함께 하신 여러분, 안녕하십니까? 여러 가지 바쁘신 가운데, 이처럼 저의 출판기념회에 왕림해주셔서 대단히 감사합니다. 변변치 않은 책 한 권을 내고서 일본에서 이렇게 많은 분들의 축하를 받게 된 것은 분에 넘치는 영광이 아닐 수 없습니다. 그러나 한편으로는 여러분들에게 번거로움을 끼쳐드려서 죄송스럽습니다.

　생각하건대, 일본에서 전통과 격조를 자랑하는 출판사인 이와나미(岩波)서점에서 졸저《분단시대의 법정》의 일본어판이 간행된 것부터가 영광스러운 일입니다. 야마구찌 사장님을 비롯한 이와나미 서점 여러분께 깊은 감사를 드립니다. 출판사 측의 능숙한 '성형수술'과 메이크업에 의해서 대단치 않은 책 내용에도 불구하고 아주 품격 있게 보이는 신간이 되어서 매우 기쁩니다. 그래서 이 책은 '볼만한 책' 이라고 자랑할 수가 있게 되었습니다. 물론 '읽을 만한 책' 이라고는 말하지 않겠습니다.

제가 한 사람의 변호사로서 1백여 건의 정치적 사건을 변호했다는 것은 결코 저 개인의 업적이나 자랑이 아닙니다. 그것은 과거 독재정권의 수치(羞恥)를 반영하는 것입니다. 한국 역사의 아픔이었습니다. 동시에 한국의 반민주적 지배권력에 대한 국민들의 저항과 고난의 기록이라고 말할 수도 있습니다. 만일 그런 저항이 없었다면 불의한 권력을 국민의 힘으로 물리치고 오늘날과 같은 한국의 민주사회를 이루어 낼 수 없었을 것입니다.

그러기에 제가 변호했던 피고인들은 거의 '존경받는 피고인' 이었고, 저는 오히려 그들을 통해서 많은 가르침과 깨달음을 얻을 수가 있었습니다. 그래서 저는 '피고인들은 변호사를 잘 만나야 한다고 하지만, 변호사는 피고인을 잘 만나야 한다' 는 이치를 경험으로 터득하게 되었습니다.

오늘의 이 뜻 깊은 자리도 바로 그 분들을 변호한 덕분에 제가 누리는 축복이라고 생각합니다. 저는 이번 책의 원전격인 《한승헌 변호사의 변론사건 실록》으로 한국에서 이름 있는 두 개의 상을 받았

습니다. 저는 '남의 벌 받은 이야기를 써 가지고 내가 상을 받다니'
라는 생각으로 내심 당혹스러웠습니다. 뿐만 아니라 일본까지 와서
이런 축하를 받다니, 저는 그 고난의 주인공들에게 더욱 죄송스러
울 뿐입니다.

저는 그분들의 변호인으로서 그들의 용기와 고난을 제대로 기록
하여 세상에 널리, 그리고 후세에 오래도록 알리는 일이 저의 또 하
나의 사명이라고 생각했습니다. 불의와 정의를 다 같이 외면하는
재판에서 변호인석을 지킨 저의 또 하나의 책무가 바로 기록자로서
의 소임이었으며, 그런 사명감의 연장선상에서 이번의 일어판도 나
오게 되었습니다.

그리고 불의한 압제에 대한 싸움은 단순히 한 나라의 국내문제에
국한되는 것이 아니라, 인류의 보편적 가치와 인간의 존엄에 이어
지는 중대한 책무라고 생각합니다. 자칫 제 나라의 치부처럼 보일
수도 있는 국내 사건의 실상을 일본의 독자 앞에 내보이기로 한 이
유도 여기에 있습니다.

지금 한국에서는 지난날의 민주화 쟁취 과정에서 어떤 수난과 희
생이 있었는지에 대해서 무관심해지는 경향이 있습니다. 평화가 지
속되면 전쟁 때의 참상을 잊기 쉽듯이, 민주사회도 그것을 이룩하

고 나면 독재치하를 망각하기 쉽습니다. 저는 그런 망각을 방지하고 기억을 회생시키는 일이 중요하다고 믿습니다. 그래서 저는 "과거에 눈 감는 사람은 현재에도 맹목일 수밖에 없다"는 바이츠체커 전 독일 대통령의 말씀을 명심하고 있습니다.

저는 이번에 나온 제 책이 일본에서 많이 팔렸으면 좋겠습니다. 이와나미가 제 책을 출판했다가 손해를 봤다는 이야기가 나와서는 안 되기 때문입니다. 아무쪼록 이와나미가 바위(岩)처럼 의연하고 파도(波)처럼 역동적인 출판사로서 더욱 성장 발전해 나가기를 기원합니다.

번역의 노고를 다해주신 저의 오랜 벗 다데노아키라(舘野晳) 선생, 저의 이런저런 주문을 너그러움으로 받아들여 편집자로서 각별한 배려를 아끼지 않으신 이와나미 편집부의 바바기미히코(馬場公彦) 과장님, 이 두 분께 깊은 감사의 인사를 드립니다.

끝으로 이 행사를 마련하는데 크게 수고해주신 이또오나리히코(伊藤成彦) 교수님, 오카모도아쓰시(岡本厚) 〈세카이〉 편집장님을 비롯한 발기인 여러분, 그리고 준비과정에서 애써주신 여러분께 사의를 표합니다. 오늘의 이 행사를 빛내주신 참석자 하객 여러분의 각별하신 정의를 결코 잊지 않겠습니다. 감사합니다.

성역 없는 감사로 국정개혁 뒷받침

제17대 감사원장 취임사(1998.3.3.)

친애하는 감사원의 간부·직원 여러분! 저는 이 나라 최고사정기관의 책임자로 임명 받고 그 막중한 임무를 가슴에 새기면서 오늘 여러분 앞에 서게 되었습니다.

두루 아시다시피 지금 우리나라는 헌정 50년 만에 처음으로 여야 정권교체를 이룩하고 바야흐로 새로운 역사의 지평을 열어나가는 아침을 맞고 있습니다. 그러기에 낡은 사고와 검은 유산의 청산이 무엇보다 중요한 당면과제임은 말할 것도 없습니다. 더욱이 외환위기에서 비롯된 경제난국을 타개하기 위해서는 그 원인과 책임의 소재를 규명하는 일이 절실히 요구되고 있습니다. 이런 시점에서 우리 감사원의 소임은 그 어느 때보다도 무거우며 우리들의 각오와 자세 또한 크게 일신되어야 할 때라고 믿습니다.

이처럼 중차대한 시기에 제가 감사원에 와서 여러분과 함께 일하게 된 것은 '영광스러운 고역' 일 수도 있다고 생각됩니다. 저는 비록 능력이 모자라지만 여러분과 제가 함께 힘을 모으고 성의를 다한다면 우리는 국민이 기대하는 최고 감사기관의 소임을 훌륭히 수행해 나갈 수 있을 것입니다.

이미 우리 감사원은 새 정부 출범을 전후하여 외환위기에 관련된 특별감사, PCS(개인휴대통신)사업 관련 특별감사 등을 통하여 지난 날의 구조적 비리를 밝혀내는 감사작업을 진행하고 있습니다. 우리는 뜨거운 책임감과 자부심을 바탕으로 국정을 점검하고 공직사회의 기강을 바로잡는 일에 총력을 경주함으로써 소임의 완수에 매진합시다. 그리하여 이 나라를 병들게 하는 공직자들의 부정부패를 척결하고 국가정책의 실효성을 따짐으로써 새로 출범한 '국민의 정부' 가 지향하는 개혁의지를 뒷받침하는데 우리의 감사역량을 기울이도록 해야겠습니다.

친애하는 간부 및 직원 여러분! 저는 오늘 감사원의 책임자로 취임함에 있어서 여러분에게 몇 가지 저의 소신과 당부의 말씀을 드리고자 합니다.

  한승헌 변호사 스피치의 현장

첫째, 공정한 감사업무의 수행을 담보하고 감사원이 갖는 헌법적 위상과 직무의 독립성을 지키기 위해서 그 어떠한 부당한 간섭과 외풍도 철저히 배제하겠습니다. 둘째로, 성역 없는 감사를 실시할 것입니다. 공정하고 엄정한 권능행사를 통하여 국민으로부터 신뢰받는 감사가 되도록 하겠습니다. 셋째, IMF 난국의 극복을 우선과제로 삼는 새 정부의 개혁정책을 뒷받침 하는데 감사의 역점을 두겠습니다. 공공부분의 예산낭비와 공직자의 고질적 비리 등 국가경쟁력 강화를 저해하는 요인들을 제거해 나가겠습니다. 넷째, 감사의 주안을 개별 비리의 적발에만 두지 아니하고 그런 비리의 원인이 되는 제도적 요인을 개선하는데 힘쓰겠습니다. 다섯째, 감사의 부작용을 없앰으로써 공무수행의 불편과 공직사회의 위축을 방지하겠습니다. 중복감사, 과잉감사, 강경위주의 감사 등의 폐단이 있다면 이는 마땅히 시정 되어야 합니다. 여섯째, 감사권을 행사하는 우리는 감사대상기관 종사자보다 식견, 능력, 도덕성에서 우월한 인간이 되어야 합니다. 그러기 위해서 우리는 끊임없이 자기 자신을 성찰하고 연마하며 도덕적으로도 우월해야 합니다. 공사 간에 한 점 부끄러움이 없는 삶을 견지해야 합니다. 그러한 덕목을 소홀히 하는 사람, 그중에서도 특히 청렴성에 문제가 있는 사람은 응분의 불이익을 입게 될 것입니다. 일곱째, 최대한 공정한 인사와 신상필벌을 기하겠습니다. 무엇보다도 직무면에서는 엄정한 입장을 취할 것입니다. 그것은 저의 불가피한 책무라는 점을 여러분께서 이해하시기 바랍니다. 그러나 감사원 한 권속(眷屬)이자 제가 그 중의 연장자라는 입장에서는 여러분들을 이해하고 존중하는 가운데 따뜻한 정을 나누고 싶습니다.

이제 한 식구가 된 여러분! 우리는 바야흐로 21세기의 새 역사를 지향한 재도약의 첫 장을 넘기고 있습니다. 그러나 우리 앞에는 밝은 희망과 아울러 국난의 그림자가 드리워져 있습니다. 이처럼 어려울 때일수록 우리는 국정의 파수꾼이라는 긍지와 사명감을 가지고 감사인의 본분을 완수하는데 최선을 다합시다.

저는 여러모로 모자람이 많은 사람입니다. 다만 어려운 시기에 나라를 위해 작은 힘이나마 보태야겠다는 충성에서 여기에 왔습니다. 바라건대 오늘 여러분과의 이 만남이 공적으로나 사적으로나 큰 의미와 보람을 쌓아 나가는 첫걸음이 되었으면 합니다. 우리 모두 이 삼청동산에서 함께 한 공직생활이 나라사랑의 자랑스러운 추억으로 남을 수 있도록 최선의 삶을 추구해 나갑시다.

값진 저항과 수난의 기록

《한국의 정치재판》(일어판) 출판기념회 저자 답사(1997.6.27. 도쿄)

자랑할 것 없는 책 한권을 내고 현해탄을 건너와 이 자리에 서게
되니 부끄러운 마음이 앞섭니다. 또한 뜻밖에도 일본 각계 여러분
의 따뜻한 축하를 받게 된 것을 분에 넘치는 영광으로 생각합니다.
아울러 오늘 이 자리에까지 오시도록 번거로움을 드린 데 대하여
죄송스럽게 생각합니다. 여러 모로 바쁘신 중에 귀한 시간을 할애
하서서 자리를 함께 해주신 여러 선생님들, 참으로 감사합니다. 여
러분의 사랑과 격려를 오래도록 마음에 간직하겠습니다.

이번 출판된 졸저는 책의 제호가 말해주듯이, 한국에서 있었던
정치적 사건의 재판이야기가 주된 내용을 이루고 있습니다. 제가
담당 변호인으로서 재판현장에서 보고들은 이야기와 재판기록에

근거한 실록물입니다.

저는 군사독재 밑에서 벌거벗은 권력을 상대로 싸우는 양심수와 억울한 정치범들 속에서 살아왔습니다. 저는 그들의 형사사건을 변호한다기보다는 민주화투쟁의 역할 분담을 한다는 마음으로 그들과 재판현장을 함께 했습니다. 형사사건 변호의 성과를 판결만 가지고 평가하자면 저는 실패한 변호사입니다. 오죽하면, 제가 변호했던 한 정치인은 여러 사람 앞에서 이렇게 말했습니다. "한 변호사가 변호맡은 사건치고 징역 안 간 사람이 있으면 손들어 보라"고. 그럼 저도 한 마디 합니다. "징역 가면서도 나한테 고맙다고 인사 안 한 사람 있으면 손들어 보라"고. 물론 손드는 사람은 아무도 없습니다. 이것은 그냥 웃고 넘어갈 수만은 없는 한국의 희극이자 비극입니다. 우리가 힘을 모아 극복해야 할 역사의 모순입니다.

이 책을 내면서 저는 분단과 압제 밑에서 옥고를 치르거나 그밖의 고난을 당한 많은 분들께 다시금 머리를 숙입니다. 그들의 값진 저항과 수난을 올바르게 기록하고 평가하는 일은 매우 소중한 작업이라고 생각합니다. 그런 작업의 첫 삽을 뜨는 마음으로 이 책을 썼습니다.

물론 이 책은 아직 밑그림에 불과하지만, 과거를 너무 쉽게 잊거나 잘못 알고 있는 사람들에게 역사의 진실을 알려주는 실마리가 되었으면 좋겠습니다.

한국의 불행은 남북분단과 정치적 압제에서 비롯되었습니다. 이 불행을 극복하기 위해서 수없는 저항과 도전이 있었습니다. '존경받는 피고인'도 그래서 늘어났습니다. 제가 변호했던 정치적 사건의 피고인들은 거의다 죄인 아닌 의인이었습니다. 그들의 투쟁과 희생에 힘입어, 지금 압제는 어느 정도 완화된 듯이 보이나, 분단은 오히려 고착되어가고 있습니다. 그래서 저는 여전히 '불행한 조국'이라고 표현할 수밖에 없었습니다. 그 불행한 조국은 바로 '불행한 어머니'처럼 우리 마음을 아프게 합니다. 그러나 그 어머니에게 효도를 다하고자 하는 많은 사람이 한국에 있다는 것을 저는 자랑스럽게 여기는 바입니다.

이 책이 한국과 일본에서 동시 출판된 것은 적지않은 의미가 있다고 생각합니다. 정의와 인권은 인류사회의 보편적 가치에 다름아니기 때문입니다. 한국의 아픈 경험을 기록한 책을 굳이 일본에서 내는 이유는 이 책의 머리말에서 제가 언급한 그대로입니다.

지금 이 자리에 와 계신 한분 한분이 모두 한국에 대해서 또는 저에게 대해서 깊은 애정을 베풀어주신 분들입니다. 시간관계상 여러분을 개별적으로 다 소개해드리지는 못하고 단 세 분만 소개해드리는 것을 양해해주시기 바랍니다.

요시마쓰(吉松繁) 목사님, 일찍이 1970년대 초기부터 재일 한국인의 석방운동에 헌신해오셨습니다. 나카다히라(中平健吉) 변호사님, 이분은 제가 1975년 3월 필화사건으로 구속되었을 때 일본에서 '한승헌 변호사를 지원하는 모임'을 만들어 일본 각계인사 400여 명의 서명을 받아 서울의 법원에 제출하는 등 석방운동을 해주셨습니다. 그 나카다히라 변호사님을 도와서 저의 석방운동을 전개해주신 분 가운데 가무라(加村赴雄) 선생이 계셨습니다. 몇 년 전에 애석하게도 고인이 되셨는데, 그 미망인 가무라(加村千代子) 여사가 이 자리에 와 계십니다. 이 세 분들을 비롯한 여러분의 국경을 초월한 인간애에 경의와 감사를 표합니다.

이 책을 펴내는 데 힘써주신 사이마루 출판회의 다무라(田村勝夫) 회장님 이하 임직원 여러분께 감사드립니다. 번역을 맡아서 수고해주신 다데노(舘野晳) 선생님께도 고맙다는 인사를 드립니다.

다시금 여러분께 감사드리며 앞으로 진정 축하받을 만한 저술을 통하여 여러분의 사랑에 보답하겠습니다. 대단히 감사합니다.

     한승헌 변호사 스피치의 현장

선진 사법 구현의 성공을 기약하며

사법제도개혁추진위원회 위원장 취임사(2005.1.18.)

오늘, 뜻 깊은 사법제도개혁추진위원회(사개추위)의 출범에 즈음하여 그 위원장직을 제가 맡게 되어 어깨가 무겁습니다. 그 임무와 책임이 막중하고 국민의 기대 또한 크다고 보기 때문입니다. 관행으로 보면, 위원장은 합의체의 회의를 진행하는 역할 외에, 위원회를 대표한다든가 조직의 운영과 구성원의 지휘·감독에 일정한 책임이 있다고 하겠습니다. 저는 앞으로 여러 위원님들의 뜻을 존중하여 사법제도개혁이라는 막중한 소임을 다하는데 최선을 다하겠습니다.

사개추위의 위상이 대통령의 자문기구이며, 대법원 산하 사법개혁위원회(사개위)에서 넘어온 개혁안을 기본 틀로 해서 구체적 논의를 해야 한다는 한계를 생각할 수도 있습니다. 그러나 우리 위원회가 물론 사개위의 논의 성과를 기본 삼아 존중하되, 그저 후속적인 성안작업만 하면 되는 것은 아니라고 봅니다. 보다 넓게 국민 각계의 여론을 수렴하고, 보다 깊게 전문가의 의견을 경청하여 보다 훌륭한 개혁안, 완성도가 더욱 높은 개혁안을 만들어 입법으로까지 연결시켜야 합니다.

또한 사개위가 다수의견과 소수의견을 아울러 제시했거나 연구과제로 넘어 온 부분에 대해서는 한층 더 많은 연구와 논의가 필요합니다. 사개추위의 조직과 구성형태로 보아 각 사안에 대한 구체적인 검토는 기획추진단의 각 팀과 실무위원회에서 내실 있게 이루어져야 하고, 본위원회는 그 성과에 대한 최종 평가와 가부 결정을 하고, 아울러 종합적이고 체계적인 제도화를 담보하는 소임을 맡는 것이 좋을 것 같습니다.

정부 측에서 당연직으로 참여하시는 관계 장관님들이나 민간 각계에서 오신 위원님들께서는 본 위원회가 마무리하고자 하는 사법개혁이 정의 실현과 인권을 위해서 매우 중요하다는 사실을 유의하시어 각별하신 열성으로 참여해주시기를 간곡히 당부 드립니다. 또한 기획추진단 여러분은 이번 사법개혁의 구체화 단계에서 매우 중요한 직분을 담당하게 된 만큼 각자의 전문지식과 실무경험을 최대한 활용하여 위원회의 결정을 뒤받침 해 주시기를 바랍니다.

　여러 위원님들께서도 부처나 직역의 입장과 이해를 초월하여 거시적이고 국가적인 관점에서 논의와 결정에 임해주실 것으로 믿습니다. 사법제도개혁추진위원회의 위원님들 그리고 기획추진단의 여러분, 우리 모두 성심을 다하여 사법개혁의 완성 작업을 성공적으로 수행함으로서 나라와 국민을 위하여 크게 이바지함과 아울러 우리 자신의 커다란 자부심과 보람을 쌓아나갑시다. 끝으로 국민 각계 여러분의 애정 어린 편달과 성원을 간곡히 바라마지 않습니다.

남 벌 받은 이야기로 내가 상을 받다니

제21회 단재상 수상 인사(2007.5.2.)

저에게 단재상의 영예를 안겨주신 심사위원님들께 감사드립니다. 제가 수상자로 정해졌다는 통지를 받았을 때, 저로서는 너무도 뜻밖이자 과분해서 실감이 나지 않았습니다. 하지만 오늘 이처럼 뜻 깊은 시상식에서 영광스런 상을 받고 또 여러분의 축하까지 받고 나니 배움과 덕이 모자라는 저는 이래저래 '수상한 사람'이 되어버렸습니다. 수상한 저를 축하해주시고자 이 자리에 왕림하신 내빈 여러분께 진심으로 감사의 말씀을 드립니다.

왕년에 글을 쓰고 (필화사건으로) 벌을 받았던 제가 이번에는 글을 써서 상을 받게 되다니 감회가 없을 수 없습니다. 또한 글로 해서 징역 간 사람들의 이야기를 글로 써서 상을 받게 되었기 때문에 쓰게 된 이 글(답사)은 또 무엇일까 생각해봅니다. 벌 받은 사람들의 이야기를 써가지고 상을 받는 나는 과연 도덕적인 사람인가 하는 성찰도 해봅니다.

흔히들 피고인은 변호인을 잘 만나야 된다고 합니다. 그러나 저의 경험으로는 변호사는 피고인을 잘 만나야 합니다. 바로 오늘 이 자리, 이 실록이 그것을 증명해주고 있습니다. 그렇습니다. 제가 법정에서 우군 노릇을 했던 피고인석의 그분들은, 적어도 시국사건에서는 거의 양심과 용기를 갖춘 의인들이었습니다. 분단과 독재로 한몫 보는 권력자의 눈 밖에 난 사람들, 민주주의를 위해서 위험을 무릅쓰고 저항을 하다가 고난을 자초한 사람들, 그들을 만날 수 있었던 것은 저의 보람이었습니다. 여기에는 그런 분위기를 만들어 준 박정희 대통령을 비롯한 역대 군사독재자들의 기여도 있었다고 봅니다.

저는 피고인들의 의로움에 감동·감화를 받고 깨달음과 사명감에 다가설 수 있었습니다. 저의 변호활동은 현실적으로는 피고인들에게 별 도움이 되지 못했습니다. 죄 없는 사람도 유죄가 되고, 풀려날 사람이 징역살이를 했습니다. 사법권의 독립과 법관의 양심이 무너진 법정에서 마치 짜고 하는 연극 같은 재판, 정찰제 판결, 자판기 판결에 저는 허탈했습니다.

그래도 저는 피고인들이 소신대로 자기주장을 펼 수 있도록 질문과 변론을 통해 힘을 실어주고 기를 살리는 응원단 노릇을 했습니다. 동시에 저는 그런 변호의 직분 외에 법정 현장의 목격자, 기록자, 증언자로서의 소임을 생각하게 되었습니다.

이번에 상을 받게 된 저의 《…변론사건 실록》은 그런 착안과 역할자각으로 작업이 시작되었습니다. 법정 판결을 법정 밖으로 끌어내어 역사와 국민의 재심을 받을 수 있도록 하기 위함이었습니다. 공소장과 판결문을 변론서나 최후진술(또는 모두진술)과 함께 실어, 단상·단하, 압제자와 저항자의 입장을 동시에 알 수 있도록 유의했습니다.

군사정권을 밀어내고 민주정부가 수립되자 그중 일부 사건은 재심절차를 거쳐 이미 무죄판결이 났습니다. 그러나 억울하게 숨져간 목숨을 되살리지는 못했습니다. 야만적인 고문이나 옥살이에 의한 많은 사람들의 상처도 치유되지 않고 있습니다. 막상 민주화 단계에 접어들면서 어이없는 '변질'이 난무하기도 했습니다. 각자의 이기심 앞에 이념도 동지도 대의도 다 밀어붙이고 딴 사람이 되어버리는 사례도 적지 아니 보아야 했습니다.

세월이 가고 세대가 바뀌면서 지난날 군사독재에 대한 저항의 역

사, 민주화를 위한 싸움은 어느새 잊혀져가는 듯합니다. 민주주의
의 쟁취과정을 연구할 사료나 자료도 정리된 게 드문 것 같습니다.
제가 이 재판실록을 간행한 또 하나의 이유가 여기에 있습니다. 이
러한 저의 충정과 작은 성과물을 눈여겨 보아주시고 평가해주신 심
사위원님들께 감사하지 않을 수 없습니다.

《…변론사건 실록》의 간행은 사건 변론 그 자체와는 별개로 또
하나의 의미가 있다고 생각합니다. 물론 미흡한 점이 없지 않지만
나름대로 한국현대사의 연구 등에 일조가 되었으면 합니다. 불의에
맞서 싸우다가 고난당한 분들의 의로운 발자취를 먼 훗날까지 널리
알리는 데도 쓸모가 있기를 바랍니다.

지금은 민주화가 되었다고는 하지만 이런저런 정치적 사회적 현
상들을 지켜보면서, 이것이 과연 우리가 염원하던 정의로운 세상인
가 하는 회의도 듭니다. 우리는 민주세상을 갈망하며 한 마음 되어
싸우던 초심을 다시 찾아나서야 합니다. 지난날의 벅차고 순수했던
그 열정을 되살리기 위해서는 과거사를 되짚어보고 역사연구, 역사
교육에 힘을 모아야 합니다. 이웃 중국이나 일본의 엉뚱한 역사 왜
곡에서 충격을 받고나서야 과민과 흥분으로 잠깐 우리 현대사를 들
추어 보다가 마는 부끄러움에서 벗어나야 합니다. 현재와 밀접되어
있는 가까운 역사부터 잘 알아야 하고, 그 교훈을 살려 우리의 미래

를 위해 헌신하는 다짐이 있어야겠습니다.

　앞서 간 민주영령들의 명복을 빌며, 고난의 대장정에 함께했던 분들의 높은 뜻을 가슴에 새겨야 합니다. 이《…변론사건 실록》을 간행하기까지는 여러분의 협조가 있었지만, 그중 두 분만은 꼭 소개해드리고자 합니다. 이런 사건 실록을 정리해서 남겨야 한다고 저에게 줄곧 역설하신 분이 바로 오늘 함께 상을 받게 되신 박원순 변호사님입니다. 박 변호사님과는 법정에서, '민변(민주사회를 위한 변호사 모임)'에서, 시민운동의 현장에서 오랫동안 발걸음을 함께해온 사이지만, 특히 이 실록 탄생에는 고마운 프로모터였으며, 그러기에 그 실록의 간행위원장까지 맡아주셨습니다.

　또 한 분은 이 책을 출판한 범우사의 윤형두 회장이십니다. 제가 어려울 적마다 형제의 정으로 도와주신 윤 회장님은 이번에도 적잖은 제작비를 무릅쓰고 이 실록을 세상에 펴내주셨습니다. 두 분께 거듭 감사를 드립니다.

　전통 있는 이 상을 주관하는 한길사는 한국의 정치적·문화적 특수상황 속에서 탄생하고 성장한 훌륭한 출판사입니다. 출판문화의 새 지평을 열고 넓히는 데 크게 공헌하신 김언호 사장님께 경의를 표하며, 한길사가 한 시대를 이끄는 양서의 산실로 더욱 발전하기를 빕니다.

위대한 민족독립운동의 선구자이자 애국 실천의 사학자이신 단
재 신채호 선생의 귀한 이름을 모신 이 상을 불초한 제가 받게 된 것
은 큰 영광이자 무거운 짐이라고 생각하면서, 이 상의 명예와 권위
에 합당한 길을 가도록 최선을 다하고자 합니다.

이 자리를 빌어서, 지난 날 저에게 따뜻한 도움과 가르침을 주신
모든 분들에게 거듭 감사를 드리면서, 이만 수상자의 인사말씀을
맺고자 합니다.

불의한 재판을 증언하고
기록하는 소임

《한승헌 변호사 변론사건 실록》 간행축하회 답사(2006.11.21.)

오늘 이 모임에 자리를 함께 해주신 각계의 귀빈 여러분께 진심으로 감사를 드립니다. 오늘 이 자리는 저에게 너무 과분하여 면구스럽습니다. 특히 김대중 전 대통령님께서 참으로 귀한 걸음을 하시어 분에 넘치는 축하와 격려를 해주서서 영광스럽습니다. 서평을 해주신 강만길 교수님, 축하의 말씀을 해주신 임채정 국회의장님, 김주언 사무총장님께 감사를 드립니다.

1994년, 저의 회갑문집을 낼 때에 간행위원이셨던 분들께서 이번에도 전원 간행위원으로 참여해주신 것을 고맙게 생각합니다. 또한 적지 않은 제작비 부담을 무릅쓰고 이 《…변론사건 실록》을 출간해주신 범우사 윤형두 회장님의 우정에 감사드립니다.

이 《…변론사건 실록》에서는 책에 수록된 사건 67건의 피고인들이 모두 주인공입니다. 크든 작든 이 나라 역사에 영향을 미쳤거나 각인이 된 그 분들의 고난의 기록입니다. 그분들을 돕는다고 나섰던 저의 안간힘은 벌거벗은 권력의 독기 앞에서 좌절을 경험하기도 했지만, 그래도 저는 법정의 변호인석에서 물러설 수가 없었습니다. 물론 변호인의 소임은 법정 안에서 변호활동을 하는 것이 기본입니다. 하지만, 공간과 시간의 한계를 넘어서 재판의 실상과 진실을 널리 알리는 일도 저의 사명의 하나라고 생각했습니다. 특히 재판이 불의와 거짓의 편에 기울어질 경우에는 변호사의 증언자적 소임이 중요하다고 믿습니다.

이번 《…변론사건 실록》의 간행 동기가 바로 여기에서 비롯됩니다. 저는 이번 문헌·자료의 정리과정에서, 변론의 효험이 없는 재판의 해독과, 그래도 좀 더 피고인들에게 유리한 도움을 주지 못한 자책감을 반추해야 했습니다. 그럼에도 불구하고 법정을 박차고 나오지 않은 이유는 책의 머리말에서 적었듯이 피고인의 방어 반격을 돕는 우군이 되고, 기를 살리고, 길잡이가 되어주고, 위로와 격려를 해주고, 그리고 앞서 말한 증언자로서의 역할에 대비한다는 생각에 서였습니다.

흔히들 변호인은 피고인을 선도하거나 감화시켜야 한다고 생각하기 쉬운데, 저는 오히려 그들에 의해서 선도를 당하고 감화도 받았습니다. 그들에게서 많은 것을 배우고 깨달음을 얻었습니다. 일반적으로 피고인들은 변호사를 잘 만나야 한다고 하지만, 제 경우를 보면, 변호사는 피고인을 잘 만나야 합니다. 오늘 이 자리가 그런 새로운 진리(?)를 증명해주고 있습니다.

지난날 탄압의 대상이던 인물들이 나라와 사회 각 분야에서 큰 몫을 다하게 된 것은 이 나라 민주화의 한 징표입니다. 그러나 저는 그와 정반대의 경우랄까 대칭점에 있는 분들에게 더 마음이 끌립니다. 박해와 고난의 삶을 뒤척이던 왕년의 존경할만한 피고인들의 오늘을 생각해봅니다. 그분들의 처지, 그분들의 소망, 그분들의 삶과 생각에 드리워진 그늘을 헤아려 봅니다.

더욱이 먼저 가신 분들을 떠올려 봅니다. 문익환 목사님을 비롯하여 먼저 가신 분들을 잊지 말아야 합니다. 또한 우리 함께 법정과 구치소를 드나들며 뜻을 같이 했던 변호사들, 이병린 변호사님, 유현석 변호사님, 황인철 변호사님, 그리고 조영래 변호사님, 그분들이야말로 제가 오늘 받는 박수를 먼저 받아야 할 분들입니다. 이 실록에도 그분들과 더불어 법정에서 싸우고 변호한 흔적들이 배어 있어서 감회가 깊습니다.

　이 실록이 그나마 한국현대사의 한 시기, 잔혹하고 암울했던 어둠의 연대에 독재의 서슬에 맞섰던 아름답고 처절한 웅전의 현장을 실증적으로 밝혀주는 사료 총서가 되었으면 합니다. 그리하여 역사의 바른 인식과 나라의 정체성 확립에 일조가 되기를 희망합니다. 자료의 수집과 정리에 협조해주신 분들, 입력과 교정에 수고해주신 분들의 노고가 컸습니다. 표지의 장정과 디자인을 맡아주신 김병철 님, 이《…변론사건 실록》의 자매서로서 이번에 동시 출간된《분단시대의 법정》의 제호를 써주신 신영복 교수님, 두 분께 두루 사의를 표합니다. 축전이나 화환으로 축하의 뜻을 표해주신 분들의 정의도 잊지 않겠습니다. 그리고 이 행사를 마련하는데 노고를 다해주신 준비모임의 여러분께 고맙다는 인사를 드립니다.

'바른 감사, 바른 나라'를 염원하며

감사원장 이임사(1999.9.28.)

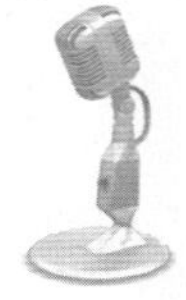

　저는 이제 여러분과 아쉬운 작별을 고하고자 이 자리에 섰습니다. 지난 1년 반 동안 여러분과 고락을 함께 해 온 삼청동산을 떠나는 이 시간, 석별의 정이 무엇인가를 새삼 절감하게 됩니다. 작년 3월 3일 바로 이 자리에서 거행된 취임식에서 여러분과 처음 마주했을 때, 이미 오늘의 작별이 예정되어 있었건만, 헤어짐의 길목은 이처럼 아쉬움으로 넘치고 있습니다. 그것은 지금 자리를 함께 하신 여러분과 제가 서로 주고받은 이해와 신뢰 때문이라고 믿습니다.

　저는 부임하는 그 시간부터 흔히 말하는 조직의 물갈이니 장악이니 하는 관리방식을 생각하는 대신 여러분들을 이해하고 신뢰하는 인격적인 교감을 통해서 직무수행과 인간관계가 아울러 건강해질 것으로 확신했습니다. 참으로 감사하게도, 여러분께서도 저를 이해하고 신뢰해 주셨습니다. 그처럼 서로의 이해와 신뢰가 두터웠기에 우리는 한 마음이 되어 지난 1년 반 동안 이 나라, 이 시대가 요구하는 감사원의 책무를 훌륭히 수행할 수 있었던 것입니다. 저는 이임의 자리를 빌어서, 제가 이 나라 최고감사기구의 책임자로서의 중책을 대과없이 수행할 수 있도록 도와주신 감사위원 여러분과 사무총장 이하 직원 여러분의 헌신적인 노고에 대하여 깊이깊이 감사를 드립니다.

돌이켜 보면, 헌정사상 처음인 수평적 정권교체로 새 정부가 출범한 뒤, 경제위기의 타개와 국정개혁의 추진이라는 절체절명의 국가적 과제 앞에서 우리 감사원 가족들은 국민들의 높은 기대와 여망에 부응하기 위하여 최선을 다했습니다. 경제난국의 극복, 공직기강의 확립, 부정부패의 척결 등 우리가 해야 할 일은 너무도 많았고, 그 과제를 수행하기 위해 우리는 열과 성을 다해서 일했습니다.

예방감사, 성과감사라는 새 경지를 넓혀나가면서 감사의 민주화, 전문성의 강화, 중복감사의 최소화 등 안팎의 숙제를 풀기 위해서도 힘을 기울였습니다. 공직사회의 많은 기관들이 통폐합·구조조정의 아픔과 불안을 겪고 있을 때에 우리 감사원은 아무런 신분상의 불안 없이 조직의 안정을 유지한 가운데 최고 감사기구의 성원답게 의연한 모습으로 본분을 수행할 수 있었습니다.

감사원의 독립을 직무면과 인사면에서 완벽하게 견지할 수 있었던 것도 우리의 큰 자랑이자 강점이었습니다. 그러한 안정과 독립의 기반 위에서 여러분의 감사성과는 한층 더 공정성을 인정받을 수 있었고 국정개혁에 큰 밑거름이 되었습니다. 그러나 저는 감사원의 직무상 독립이 조직이나 개인의 독선 또는 아집과 혼동되어서는 안 된다는 것, 그리고 신분의 안정이 무사안일의 울타리로 곡해되어서도 안 된다는 것을 강조해왔습니다. 엄격한 직무수행과 고압적 감사자세를 등식화하거나 자신의 고과평가를 의식한 나머지 무리한 감사에 빠지는 일이 없기를 강조해왔습니다.

제가 떠나더라도 여러분께서는 그러한 감사기구 구성원으로서의 윤리와 덕목을 변함없이 유념해주실 것으로 믿습니다. 또한 감사인으로서의 민주적 자세, 전문성, 도덕성 등의 현주소를 겸허하게 되짚어보시기를 당부 드립니다.

제가 강조해 온 '신식 시어머니론'도 한 번 더 상기시켜 드리고 싶습니다. 감사원이 공직사회의 시어머니인 것은 어쩔 수 없지만, 며느리의 약점을 잡고 구박이나 주는 재래식 시어머니가 아니라 며느리를 이해하고 함께 고민하면서 도와주는 그런 신식 시어머니가 되어주시기를 바랍니다. 감사의 본질은 결코 수술이 아니라 종합진찰이라는 점도 업무 수행을 통해서 실증해 보이도록 힘써 주시면 좋겠습니다.

우리 감사인은 숙련된 테크노크라트이기 전에 양식을 갖춘 도덕적 인간이어야 합니다. 남과의 관계에서 승자가 되려고만 하기 전에 자신을 바르게 다스리고 자기와의 싸움에서 이기는 사람이 되어야 합니다. 일찍이 노자는 "남을 이기는 자는 힘 있는 사람이지만(勝人者有力), 자기 자신을 이기는 사람이야말로 정말 강한 사람(自勝者强)"이라고 했습니다. 온갖 이기심과 자기중심의 도그마를 극복하는 일이야말로 감사인이기 전에 건전한 지성인이어야 할 우리들의 또 하나의 덕목이 될 것입니다.

남에게 보이기 위한 삶이 아니라 세속적인 눈금을 떠나서 자신을 난향처럼 은은하고 향기롭게 가꾸는 삶을 구축해 나가는 일이 중요합니다. 지란(芝蘭)은 비록 깊은 산 속에서 자라지만 보아주는 사람이 없다고 해서 향기를 안 내는 일은 없다고 했습니다.

사랑하는 감사원 가족 여러분! 이제 얼마 후면 새로운 천년의 아침이 열립니다. 급속하게 변화하는 세계 속에서 우리가 직면하고 있는 감사환경도 많은 변화가 있을 것으로 예상됩니다. 따라서 여러분들은 그러한 변화에 대응할 수 있는 감사인으로서의 역량을 부단히 함양하여 진정 나라에 이바지하는 자랑스러운 공복이 되어 주시기 바랍니다.

사랑하는 감사원 가족 여러분! 지금은 우리 모두가 염원하는 공직사회의 정화와 국정개혁의 성취를 위해서 감사원의 역할이 그 어느 때 보다도 중요한 시기입니다. 이러한 시점에서 높은 식견과 덕망을 겸비하신 이종남 새 감사원장님께서 취임하시게 된 것은 매우 반가운 일입니다.

아무쪼록 새로 오시는 원장님을 중심으로 여러분께서 배전의 열정을 다하여 감사원의 발전을 이룩해 주실 것을 기대합니다. 저의 재임기간 중 여러분께서 부덕한 저를 도와주신 것을 다시금 감사드리면서, 이제 저는 취임사에서 자임했던 '영광스러운 고역' 을 마치고 본래의 자리로 돌아갑니다. 아무쪼록 새로운 천년에는 감사원의 지고한 목표인 '바른 감사, 바른 나라' 가 현실로 이룩되기를 간절히 염원하면서, 끝으로 감사위원 및 직원 여러분과 여러분의 가정에 평강이 함께 하기를 아울러 기원합니다. 감사합니다.

아직 '고희' 아니다

법무법인 '광장'이 마련한 고희 축하모임 답사(2003.10.6.)

이렇게 분에 넘치는 자리를 마련해 주신 '광장'의 여러분께 감사드립니다. 저로서는 매우 민망하고, 따라서 피하고 싶은 자리이기도 합니다. 노인 대접 받는 것이 싫고, 삶의 노후화를 시인하고 싶지도 않기 때문입니다.

'고희'란 말은 도저히 받아들일 수가 없습니다. 이는 '본안전 항변'입니다. '고희(古稀)'란 말은 중국의 시성(詩聖) 두보(杜甫)의 시 곡강이수(曲江二首) 속의 한 구절, '인생칠십고래희(人生七十古來稀)'에서 나왔다고 합니다. 당시의 평균수명은 40~50세였다고 하니 70세는 고희였을 것입니다. 두보가 이 시를 쓸 때의 나이도 47세였다고 합니다. 한국인 남자의 평균수명이 74세로 늘어난 지금에 와서 나를 두고 '고희' 라고 하다니, 이것은 것은 참으로 억울한 표현이 아닐 수 없습니다.

그러나 나의 이런 넋두리는 여러분의 경로사상에 대하여 감사하는 마음에는 추호의 영향도 미칠 수가 없습니다. 여러분의 따뜻한 정을 잊지 않겠습니다. 함께 축하받게 된 박우동 변호사님은 어느 면으로 보나 이 자리에서 저보다 먼저 말씀을 하셨어야 하는데, 차례가 바뀌었습니다. 굳이 해명을 하자면, 제가 박 변호사님보다 딱 하루 먼저 이 세상에 나왔기 때문입니다. 오뉴월 하루 볕이 어디냐는 말도 있지만, 9월 초가을의 하루 볕도 대단하다는 생각이 듭니다.

제가 감사원장 정년을 앞두고 있던 1998년 여름 어느 날, 박 변호사님으로부터 퇴임 후에 법무법인 '광장' 에 와서 일하지 않겠느냐는 권유를 받았습니다. '지금 내 옆방을 비워놓았으니 가까이서 서로 말벗 삼아 지내자' 는 말씀도 하셨습니다. 저는 고마운 생각이 들어 이것저것 알아볼 것도 없이 즉석에서 수락을 했습니다. 그리고 그해 9월 28일 정년퇴임을 하면서 법조계로의 '9.28수복' 을 선언하고 한 달쯤 뒤에 '광장' 에 출근을 했습니다.

그동안 '광장' 가족 여러분의 따뜻한 배려에 힘입어 보람 있고 행복한 나날을 보내왔습니다. 다만 제가 '광장' 의 발전을 위해서 얼마나 이바지했는가를 자문해본다면 그저 송구스러울 뿐입니다. 앞으로도 저는 여러분의 대접이나 받는 선배, 경로사상에만 의지하는 선배가 되지 않도록 최선을 다하겠습니다.

이제 우리 '광장' 은 몸집, 체질, 역량, 응집력, 도덕성 등 그 어느 면에서나 자부심을 가질만한 우수한 로펌이 되었습니다. 이만한 오늘이 있기까지에는 대표변호사님들, 운영위원님들, 파트너 변호사님들의 노고는 물론이고 구성원 모두의 합심협력이 그 밑거름이 되었다고 믿고, 이 자리를 빌어서 경의를 표하고 또한 감사드립니다.

굳이 욕심을 더 낸다면, 우리 구성원간의 정신적 유대를 더욱 두터이 하고 메마른 업무에 갇히기 쉬운 인간미와 정서를 윤택하게 가꾸어주는 데도 좀 더 관심을 기울였으면 합니다. 만일 그에 도움이 되는 프로그램을 갖게 된다면, 우리 '광장' 가족의 교양과 정감을 높이고 세상을 보는 안목과 사고의 폭을 넓히는 데도 좋은 계기가 될 것으로 믿습니다.

법무법인 '광장' 의 무궁한 융성·발전과 '광장' 가족 여러분의 건승을 빕니다.

외대의 새로운 중흥과 도약을!

한국외국어대 재단 학교법인 동원육영회 이사장 취임사(2004.4.16.)

외대와 직접적인 인연이 없는 저에게 재단 이사장직의 중책을 맡겨 주신 여러 이사님들, 그리고 오늘 이처럼 뜻 깊은 자리를 마련해 주신 안병만 총장님을 비롯한 한국외국어대학교 가족 여러분, 감사합니다. 여러분께서도 잘 아시겠지만, 저는 평생을 법조계에 몸담아 온 사람으로서 막상 대학교의 법인 이사장직을 맡게 되니 업무의 생소함과 책임의 막중함을 아울러 통감하게 됩니다.

한국외국어대학교는 지난 반세기 동안, 이 나라에서 제일 먼저 세계화의 건학이념을 내세우고 유능한 인재를 길러낸 명문 사학입니다. 하지만 이러한 명성과 역사에도 불구하고, 지난 1998년 이후 6년이 넘도록 관선임시이사체제 하에서 다소 침체를 겪게 된 것은 매우 안타까운 일이었습니다.

그렇지만 지난해 외대의 모든 교수와 학생, 직원 그리고 동문 여러분들이 지혜를 모아, 공영적 성격을 띤 새로운 정이사체제를 출범시키자는 데 합의하기에 이르렀으며, 그 결과로 오늘 제가 외대 가족 여러분들의 뜻을 받들어 이사장직에 취임하게 되었습니다. 외대 가족 여러분들이 지난 시절 관선이사체제의 요인이 되었던 학내 갈등을 각 구성원의 화합 속에 극복한 것은 외대의 50년 명성과 전통을 다시 한 번 확인할 수 있는 자랑스러운 성과였습니다.

친애하는 외대 가족 여러분! 오늘날 세계화의 큰 물결 속에 대학들은 저마다 치열한 경쟁을 벌이고 있습니다. 온 세계가 글로벌화되면서 대학 간의 경쟁은 이제 국제적인 국면으로 확대되고 있습니다. 이제 우리는 외대 각 구성원들이 힘을 합쳐 임시이사체제를 극복한 지난 6년의 경험을 앞으로의 외대 발전에 소중한 밑거름으로 삼아야 할 것입니다.

구성원들이 입장과 견해의 차이를 초월하여 대승적 안목과 민주적 화합의 정신을 살려나가는 것만큼 소중한 자산은 없을 것입니다. 아마도 외대와 직접적인 인연이 없는 저에게 이사장직을 맡겨주신 데는 외대를 사회발전에 기여하는 명문대학으로 자리매김하고자 하는 외대 구성원들의 의지가 담겨 있다고 생각합니다. 그런데 알고 보면 저도 '외대' 출신입니다. 외부대학 출신.

대학은 특정 개인, 특정 세력의 전유물일 수 없습니다. 두말 할 것도 없이 대학은 학문을 연마하고 인재를 교육하는 곳입니다. 그렇기에 우리 재단 이사회는 외대 구성원 여러분의 염원을 존중하여 우리 외대를 세계적인 연구와 교육의 전당으로 육성하는 데 최선의 노력을 기울이고자 합니다.

저는 이 자리를 빌어서 법인 이사장으로서 외대의 발전을 위한 소견 몇 가지를 말씀드리고자 합니다.

첫째, 무엇보다 중요한 것은 대학운영의 민주화라 할 것입니다. 구성원들의 다양한 의견이 합리적인 논의를 통하여 수렴되고, 그것이 효과적인 정책으로 집행될 수 있을 때 진정한 발전이 이루어질 수 있을 것입니다. 저는 민주적 의사결정이 집행의 추진력을 배가시켜 주며, 참된 개혁의 동력이 된다고 믿고 있습니다.

둘째, 대학운영의 투명성입니다. 요즘 우리 사회의 각 부문에서 투명 경영이라는 말이 강조되고 있습니다. 투명한 경영은 구성원간의 신뢰를 돈독히 함으로써 미래의 발전에 희망을 갖게 해줍니다.

셋째, 구성원 여러분께서 각자의 위치에서 자발적이고도 성실한 노력을 기울여 주시기 바랍니다. 교수님들은 연구와 교육에 매진하고 직원 여러분들은 효율적이고 원활한 행정서비스를 위하여 최선을 다해야 할 것입니다. 또한 학생들은 학생들대로 자신의 미래를 진지하게 고민하고 학업에 열중하는 자세를 견지해나가야 합니다.

사랑하는 외대 가족 여러분! 우리 외대는 며칠 후인 4월 20일이면 개교 50주년을 맞이합니다. 개교 50주년을 계기로 하여 이제 우리 외대는 새로운 중흥과 도약의 힘찬 발걸음을 내딛어야 할 시점을 맞게 되었습니다. 이처럼 중요한 시기에 제가 외대 가족의 일원이 된 것을 기쁘고 영광스럽게 생각합니다.

저는 모든 정열과 능력을 다하여 외대의 발전을 위해 헌신할 것을 다시금 약속드립니다. 여러분께서도 저의 뜻을 깊이 헤아려주시고, 아낌없는 지도와 편달해 주시기를 당부 드립니다. 우리 외대의 웅비를 염원하며 자리를 함께 해주신 여러분께 깊은 감사를 드리면서 이만 취임의 인사말씀에 갈음하고자 합니다.

'영광스런 고역'의 자리를 떠나면서

감사원장 퇴임 기자간담회 모두발언(1999.9.16.)

저는 오는 9월 28일 감사원장직을 떠나게 됩니다. 돌이켜 보면 작년 3월 헌정 사상 처음으로 맞이한 수평적 정권교체에 따른 희망과 기대 속에서, 그리고 한편으로는 역사상 경험해 보지 못한 IMF 사태가 부른 경제적 어려움 속에서 국정개혁에 대한 국민들의 기대와 여망을 안고 감사원장이라는 중책을 맡게 되었습니다.

나라의 어려움 속에서 많은 국민들이 고난을 겪고 있는 가운데 막중한 본분을 다하느라고 제 나름대로 최선을 다했다고 생각합니다. 더러는 4년 임기를 다 채우지 못하고 1년 6개월 만에 감사원장직을 떠나게 되어 아쉽지 않느냐고 말하기도 합니다. 하지만 저는 재임 1년 6개월 동안에 못하는 일은 4년이 걸려도 못한다는 심정으로 일의 선후를 가리고 완급을 조절하여 주어진 직분을 효율적으로 처리하고자 하였습니다.

우선 감사의 큰 줄기를 사후 적발위주 감사에서 사전 예방적 감사로 전환하였고, 당면한 경제난의 극복과 국정개혁의 지원에 감사역량을 결집시켜 국가경제의 회생 및 공공부문의 경쟁력 제고에 힘썼습니다. 외환특감을 실시하여 그 원인과 대책을 밝혔으며 경부고속철도공사, 인천신공항건설공사 등 대형국책사업의 효율적 추진을 지원하는 한편 복지·환경 등 민생분야와 재난관리 분야에 대한 감사도 강화했습니다.

21세기에 대비한 국가정보화 기반구축을 위한 감사와 국가재정 운용의 건전화·효율화를 촉진하기 위한 감사에도 힘을 기울였고 공직사회의 기강확립과 성실한 공직풍토를 조성하는 데도 진력했습니다. 뿐만 아니라 감사처리 제도를 개선하여 감사처리 소요시간을 평균 50일에서 30일로 단축한 것과 공공부문 감사에 일반적으로 적용될 표준화된 감사기준인 공공감사기준을 제정·공포한 것도 기억에 남는 일입니다.

INTOSAI(세계최고감사기구)와 ASOSAI(아시아최고감사기구)를 통한 국제활동도 우리 감사원의 위상을 높이는데 일조가 되었다고 생각합니다. 특히 우리 감사원이 2001년의 INTOSAI총회 개최국으로 선정된 것, 그리고 ASOSAI권역의 환경감사 워킹그룹 결성을 주도하게 된 것은 의의가 자못 크다고 하겠습니다. 그리고 다가오는 21세기에 걸 맞는 새로운 감사원상(監査院像)을 정립하고 국민과 함께하는 감사원으로 거듭나고자 감사원의 원훈과 원 상징을 새롭게 제정하였으며 감사문장 바로쓰기 운동을 전개하였습니다.

주1회 정보화동향설명회를 정착시키고 컴퓨터 자격제도를 실시한 것 또한 새로운 시도의 하나였다고 생각합니다. 이러한 나름대로의 성과와 노력에도 불구하고 재임 중 완수하지 못한 아쉬운 일고 물론 있습니다. 고도로 지능화되고 있는 공직비리에 대한 실효성 있는 직무감찰을 수행하고자 계좌추적권과 공직자재산등록자료열람권을 확보하는 등 최소한의 감사수단을 보완하려고 하였으니 일부의 반대로 성사되지 못하였습니다.

그리고 감사인력의 부족으로 기초자치단체 등 일부 감사대상기관이 감사사각지대로 방치되어 있는 현실에 비추어 감사인력의 대폭 증원이 절실합니다. 그동안 우리 감사원과 저에 대하여 많은 관심과 성원을 보내주신 국민 여러분과 언론계 여러분에게 감사를 드리며 우리 감사원에 대한 변함없는 애정과 지원을 부탁드립니다.

취임 초에 밝힌 감사원의 독립이 직무면과 인사면에서 완벽하게 지켜진데 대하여 다시금 자부심을 느끼며, 앞으로도 감사원에 대한 어떤 형태의 외풍도 차단되어야 할 것입니다. 그런 의미에서 정치권 일각에서 대두되는 국회의 감사청구제 등 감사원의 독립성에 영향을 주는 어떠한 제도, 어떠한 기구도 바람직스럽지 못하다는 생각을 갖고 있습니다. 지난 재임기간을 돌이켜 볼 때 제 나름대로의 최선을 다했다고는 하나 저 자신의 역량부족과 감사여건의 제약으로 여러 가지 미흡한 점이 적지 않았다는 점을 아쉽고도 죄송스럽게 생각합니다.

이제 저는 취임사에서 자임했던 '영광스러운 고역'을 마치고 다시 재야법조계로 돌아가고자 합니다. 우리 모두가 염원하고 추구했던 공직사회의 정화와 국정개혁의 성취를 위해서 국가최고감사기구인 감사원에 대하여 국민 여러분, 특히 언론계 여러분께서 따뜻한 성원과 편달을 해주시기를 간곡히 당부드립니다.

INTOSAI(세계최고감사기구)총회 서울개최 결의를 수락하면서

세계최고감사기구 제16차 총회(우루과이) 한국 감사원장 연설(1998.11.4.)

　존경하는 기예르모 라미레스(Guillermo Ramirez) 의장님, 프란츠 피들러(Franz Fiedler)사무총장님, 동료 여러분, 그리고 귀빈 여러분. 본인은 이 자리에서 대한민국이 2001년의 제17차 INTOSAI(세계최고감사기구)총회 주최국으로 결정된데 대하여 영광스럽게 생각하며, 우리 감사원을 믿고 승인해 주신 각국 대표 여러분들의 전폭적인 지원에 감사드립니다. 우선 감사원에서는 1995년 9월 개최된 제41차 INTOSAI이사회에서 2001년 총회 주최국으로 내정된 이후 지금까지 총회의 성공적 개최를 위한 준비 작업을 착실하게 진행하여 왔으며, 앞으로도 준비에 최선을 다할 것입니다.

　지난 몇 년 동안 우리 감사원은 체계적이고 일관성 있는 총회 준비를 위하여 최근에 개최되었던 수차의 INTOSAI총회의 준비기구 구성, 주요 프로그램 및 세미나 운영 등에 관한 자료를 수집하여 분석하였을 뿐 아니라 INTOSAI사무처에도 여러차례 자문을 요청한 바 있습니다.

금년 5월에는 본격적인 총회 준비의 기반조성을 위하여 준비조직 설치, 인력 충원 및 예산 편성 등에 관한 근거규정을 마련한 바 있습니다. 금년 7월에는 위 규정에 근거하여 총괄, 운영, 회의, 행사 등 INTOSAI총회 준비업무 영역에 따른 4개팀으로 구성된 준비사무국을 발족하였습니다.

우리 감사원은 차기 총회가 다양한 감사경험과 이론의 상호교환을 통한 정부감사발전과 감사원간의 돈독한 친목 도모를 위한 뜻 깊은 행사가 되도록 하여 여기 모이신 여러분들의 기대에 부응할 것입니다. 그리하여 제17차 총회가 가장 성공적인 총회로 오래도록 INTOSAI 역사에 기억될 수 있도록 힘쓰겠습니다.

이 자리를 빌어 본인은 제17차 INTOSAI총회 준비를 위한 우리 감사원의 기본방침 3가지를 다음과 같이 천명하고자 합니다.

첫째, 총회의 주제는 회원국 감사원들의 공통 관심사항이 가장

잘 반영된 시의성 높은 주제를 선택하여 회원국들의 적극적인 참여
가 이루어지도록 하겠습니다.

둘째, 총회의 준비와 운영에 있어 정부감사의 발전과 감사원간
우의 증진을 위한 여건조성이 가장 잘 이루어질 수 있도록 준비할
뿐 아니라 능률성과 경제성에 입각한 내실 있는 총회가 되도록 회
의와 기타 행사를 기획하고 운영하도록 하겠습니다.

셋째, 총회에 참석한 각국 대표들이 총회기간 동안 쾌적한 환경
에서 보람 있고 즐거운 시간을 보낼 수 있도록 질 높은 회의장과 숙
소를 선택하고, 다양한 문화행사 프로그램도 마련할 계획입니다.

끝으로 모든 회원국 감사원장님들과 여기에 참석하신 국제기구
대표 여러분, 그리고 옵저버 여러분들께 제17차 INTOSAI총회의 성
공을 위해서는 여러분 모두의 뜨거운 관심과 협조, 그리고 적극적
인 참여가 꼭 필요하다는 말씀을 드립니다. 여러분 모두가 제17차
INTOSAI의 성공을 위해 아낌없는 협조와 참여를 해주실 것을 믿습
니다. 감사합니다.

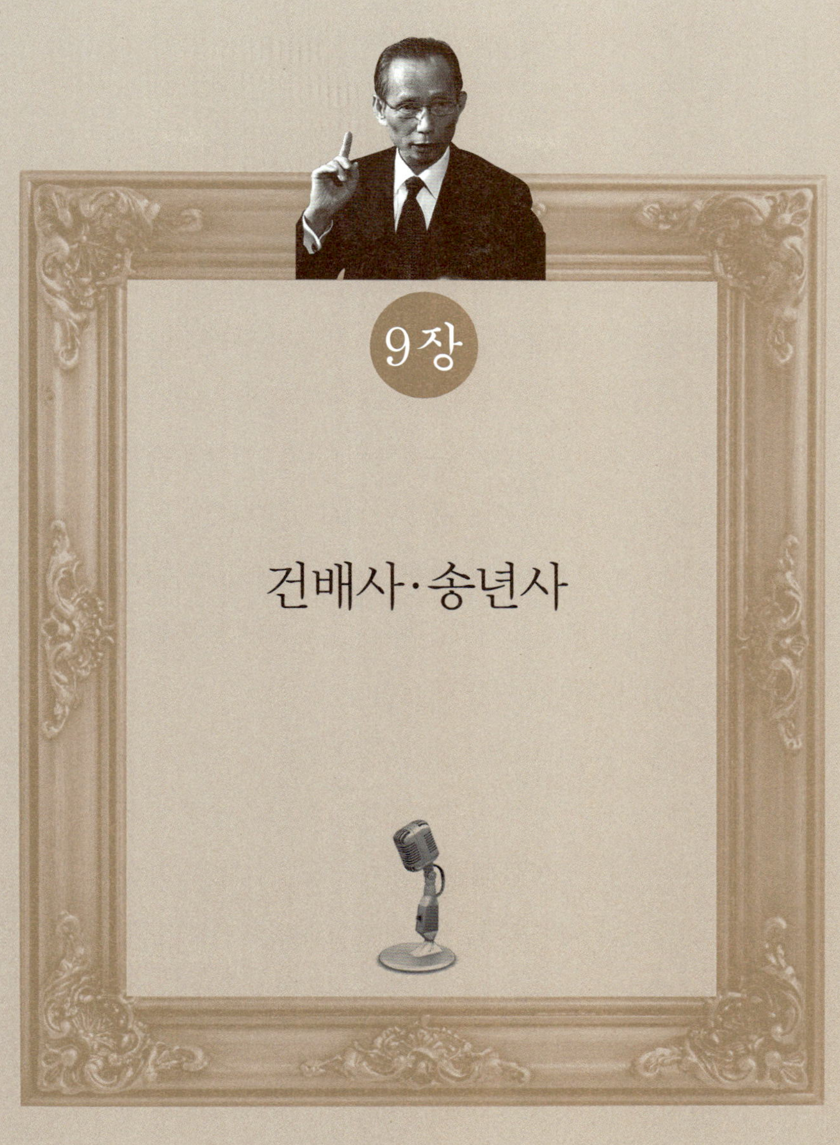

건배사·송년사

건배사와 송년사의 공통점은 마지막 또는 마무리라는 시간적 정서 외에 앞날을 향한 염원과 소망의 표현이 아닐까 싶다. 건배사에서 '위하여'가 애창되는 이유도 거기에 있다. '건강과 행복을 위하여'도 그래서 많이 쓰인다. 고령자 앞에서 '만수무강'을 너무 강조하면 역설적으로 묘한 느낌을 주어 오히려 결례가 될 수도 있는데, 사람들은 그 점을 생각치 않고 잔만 들었다 하면 노인 앞에서 노상 '만수무강'이니, 듣기에 딱할 때도 있다.

자리에 따라서는 '위하여 건배!' 식의 한 마디 구호로 끝내기 어려운 경우가 있다. 얼마쯤의 '머리말'을 앞세워야 할 자리가 있는 것이다. 그렇지만 너무 길고 장황하면 '오버'가 되니까 간략하게 해야 한다. 그러나 압축해서 짧게 말하기는 쉽지가 않다. 그래서 미리 머릿속에서 구상하고 입력을 해두면 효과적이다.

내가 평양에 가서 북측의 환영 만찬 때에 한 건배사는 사전에 준비된 말이었다. 얼마쯤 예민하고 조심스러운 면이 있는 것이 사실이기 때문이었다. 그래도 물에 물 탄 듯해서는 안 된다는 생각에서 몇 마디를 강조하고 나서 마지막에는 '민족의 염원을 받들어 이심' 하고 선창을 하면 장내의 참석자들이 '전심' 하고 화답하는 것으로 역사적(?) 건배를 마쳤다.

언제부턴가 나는 '이심, 전심' 건배를 즐겨 외치는 습관이 생겨서 심지어 청와대 행사에서도 '이심, 전심'을 애용했더니, 그날 좌중의 고위직 한 분이 훗날 건배 때에 그대로 하면서 '한 아무개에게 저작권이 있는 건배사' 라고 말하여 그것이 기사화까지 된 적도 있었다.

어린이 영화제, 사개추위 위원 위촉식, 6월민주항쟁 기념 청와대 모임, 한국기자협회 창립 40주년 기념행사 등등, 제법 많은 자리에서 건배사를 했는데, 사전 요청이 없이 즉석에서 호명을 받았을 때에는 순발력에 의존하는 수밖에 없었다. 어느 경우든지 간에 그 행사의 취지와 참석자들의 정서를 생각해서 미래지향적인 말로 흐름을 잡아나가는 것이 중요하다.

바야흐로 행사도 많고 모임도 많은 세상이 되었다. 그리고 건배의 기회도 많아졌다. 회식 자리나 대포집에서도 시도때도 없이 건배를 외친다. 한 마디 구호로 끝내든, 건배사를 한 다음에 건배를 제의하든 간에 이왕이면 개성 있고 기억에 남을만한 말을 하도록 머리를 쓸 일이다. '성공과 행복을 위하여'를 줄여서 "ㅇ행위!"라고 외치는 사람도 있었다. 재미로 하는 건배에는 장난끼가 좀 섞여도 되겠지만, 점잖은 모임이나 공적인 자리에서는 건배도 품위를 갖추어야 한다. 스피치형 건배사는 미리 준비한 내용을 암기해두었다가 세련되게 '재생' 시키는 것도 하나의 요령이라 하겠다.

건배의 사전적 의미는 '잔의 술을 다 마시는 것' 또는 '(연회 같은 데서) 잔을 들어 비우는 것'을 뜻한다. 건(乾)은 '마를 건'임으로 고갈, 건조를 떠올려서 어감이 메마르기 때문에 건배 대신 '축배'라는 말을 쓰기도 한다. 건배사를 복수의 사람이 순차로 하게 될 때에는 앞 사람의 말과 중복되지 않게 언어 선택을 하여 개성을 살리도록 하는 것이 바람직하다.

겨레의 하나됨을 위한 바른 길로

SBS 북한방문단을 맞는 북측 환영 만찬(평양) 건배사(2005.8.22.)

오늘 자리를 함께 하신 남과 북의 형제 여러분, 참으로 반갑고 감격스럽습니다. 이제 우리 조국의 남과 북은 대결의 시대에서 화해·협력·교류의 시대로 접어들었고, 이는 겨레의 하나 됨을 위한 역사 발전의 바른 길입니다. 지난 8.15 광복 민족대축전에서 보여준 남북 양측의 전례 없는 변화는 그런 의미에서 매우 큰 역사적 의미를 심었다고 할 것입니다.

이제는 선언의 시대, 구호의 시대, 선전의 시대가 아닙니다. 실천의 시대, 구현의 시대, 전진하는 시대입니다. 바로 그것이 겨레의 염원이자 역사의 소명입니다. 이번 우리 남측의 방북행사가 그런 소명을 다하는데 보탬이 되기를 기원하면서, 내일 정주영체육관에

서 열리는 남측의 공연도 우리 남과 북 사이에 공통의 민족정서를
확인하고 통일의지를 한층 더 굳게 다지는 소중한 계기가 되기를
다 함께 기원합시다.

　그런 의미에서 제가 여러분께 축배를 제의하겠습니다. 우리가
이 자리에서 소망하고 다짐해야 할 일은 참으로 절실하고 많습니
다. 그러나 우리는 하나하나 말로 다 하지 않아도 우리 마음속의 공
통된 염원을 이심전심으로 서로 공감하는 터입니다. 그러기에 제가
'이심' 하고 선창을 하면 여러분께서는 '전심' 하고 화답해주시기
바랍니다.

　"이심!" ("전심!")
　감사합니다.

　　　　　　　　한승헌 변호사 스피치의 현장

성취와 좌절 속에서 전진하는 역사

6월민주항쟁 15주년 청와대 오찬 건배사(2002.6.12.)

오늘 이러한 자리를 마련하고 저희들을 초청해 주신 대통령님께 감사를 드립니다. 아울러 나라의 큰 어려움을 극복하고 남북 간의 화해와 평화 정착에 기여하신 대통령님의 업적에 경의를 표합니다.

1987년의 6월민주항쟁은 전국의 수많은 민주시민들이 모두 주역이었습니다. 그 역사적 항쟁에 견인차 역할을 맡았던 '민주헌법쟁취국민운동본부'에 참여했던 우리들이 이렇게 한 자리에 모이게 되니, 참으로 감회가 깊습니다.

우리는 6월항쟁의 위대한 승리와 성취에 큰 자부심을 갖는 한편, 아쉬움과 자책감도 떨쳐버릴 수가 없습니다. 그러나 희생과 승리,

성취와 좌절의 되풀이 속에서 역사는 분명 전진한다는 것을 확신합니다. 오늘의 민주 한국을 이룩하는 과정에서 고난을 당하신 민주 열사들, 유명을 달리하신 민주화투쟁의 선배들의 명복을 빕니다.

당시의 순수하고 뜨거웠던 애국정신과 동지애를 되새기면서, 그리고 이 나라의 발전과 통일을 위해 아직도 우리에게 남아 있는 책무를 되새기면서, 우리 조국의 밝은 앞날을 기원하는 마음으로 다 함께 건배를 나누고자 합니다. 이러한 시점, 이러한 자리에서 우리가 함께 다짐하고 염원할 바가 무엇인지는 더 이상 긴 말씀을 하지 않더라도 이심전심, 마음과 마음으로 공감하는 바라고 믿기에, 오늘은 제가 '이심' 하고 선창하면 여러분께서는 '전심' 하고 화답해 주시기 바랍니다.

"이심!" ("전심!")
감사합니다.

민주언론 수호의 보루답게

한국기자협회 창립 40주년 기념행사 건배사(2004.8.17.)

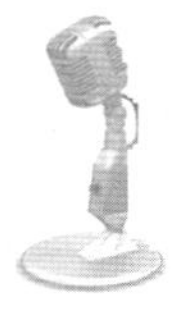

저는 한국기자협회 창립 이래 40년 동안 고문변호사로 인연을 맺어왔습니다. 돌이켜 보건대, 기자협회가 고문변호사를 자주 찾던 시절은 불행한 때였습니다. 언론탄압이 심했다는 증좌였기 때문입니다. 그후 고문변호사를 별로 찾지 않게 된 시절이 왔는데, 이 또한 불행한 일이었습니다. 탄압이 없어진 것이 아니라 변호사의 쓸모가 없어졌다는 반증이었기 때문입니다.

그러나 그런 시대는 갔습니다. 지금의 언론 상황은 많이 달라졌습니다. 그러다보니 제가 기협 고문변호사인지조차 모르고 넘어가는 형국입니다. 언론환경이 그만큼 좋아졌던지 언론인 또는 언론사의 자체 방어능력이 향상되었던지 간에 매우 다행스런 일입니다.

그러나 공정한 언론, 깨끗한 언론을 구현하기 위한 미해결의 과제
는 한국 언론 앞에 여전히 남아 있습니다.

오늘 우리는, 지난 40년 동안 이 땅에서 민주언론을 수호하고 공
정한 언론을 확립하기 위해, 그리고 언론인의 권익 옹호를 위해 힘
을 기울여 온 한국기자협회의 역대 임원 및 회원 여러분의 헌신에
경의와 찬사를 보내면서, 앞으로 이 나라의 민주발전과 사회통합
그리고 민족화합을 위해서 한국기자협회와 그 회원 여러분들이 더
욱 크게 이바지해주기를 비는 마음 간절합니다.

한국 언론에 거는 우리의 이러한 기대와 염원은 지금 자리를 함
께 하신 여러분과 제가 모두 이심전심으로 다 함께 교감하는 터이
므로, 오늘의 축배에서는 제가 '이심' 하고 선창을 하면 여러분께
서 '전심' 하고 화답해주시면 감사하겠습니다.

"이심!" ("전심!")
감사합니다.

어린 생명들에게 소망의 영상을

고양 국제어린이영화제 개막식 건배사(2006.9.14.)

자리를 함께 하신 장내의 어린이 여러분, 그리고 전직 어린이 여러분, 우리 함께 고양 국제어린이영화제의 개막을 축하합시다. 그리고 이 영화제가 큰 성과를 거두게 되기를 기원합시다.

아무쪼록 이 영화제가 여기 남한뿐 아니라 저 북한의 어린이들, 아니 온 세계의 어린이들에게, 특히 어려운 환경 속에서 살아가고 있는 불우한 어린 생명들에게 소망의 빛을 안겨주는 값진 축제로 발전하기를 진심으로 염원합니다. 비단 마음속의 염원에 그치지 말고, 우리 모두가 여기에 참여하고 성원하고 힘을 실어주어야 하겠습니다.

이러한 염원과 다짐은 여러분과 제가 이심전심으로 공감하는 터이므로, 오늘의 건배 제의에서는, 제가 '이심' 하고 선창하면, 여러분께서 '전심' 하고 화답해주시기 바랍니다.

"이심!" ("전심!")
감사합니다.

사법개혁을 위하여 지혜와 열정을

사법제도개혁추지위원위 위원 위촉행사 건배사(2005.1.18.)

고치고 바꾸는 것이 모두 개혁은 아닙니다. 올바르게 고쳐나가는 것만이 개혁입니다. '올바르게'를 고공비행 하면서 말로 하기는 쉽지만, 지상의 현실에서 각론으로 실현하기는 여간 어렵지 않습니다. 특히 정의와 인권을 놓고 많은 사회구성원들의 다양한 세계관과 이해가 엇갈릴 수도 있는 사법제도의 개혁은 그것이 중요하고 절실한 만큼 그 실현에 어려움도 크다 하겠습니다. 바로 그 지난한 과제를 우리가 추진하고 마무리해야 합니다. 어쩌면 중요하고 어려운 과제이기 때문에 기여도가 크고 보람도 클 것입니다. 우리 모두 지혜를 모으고 열정을 다하여 이 숭고한 사명을 성공적으로 수행하기를 다짐하는 뜻에서 다 함께 축배를 나누도록 하시겠습니다.

축배! 감사합니다!

몸은 비록 정부를 떠났어도

김대중정부 전반기 재임 정무직 초청 청와대 만찬 건배사(2000.9.19.)

　　오늘 대통령 님 내외분께서 저희 정무직 전임자들 부부를 이렇게 초청해주셔서 영광스럽고 감사할 뿐입니다.

　　저희들은 국민의 정부 전반기에 정부의 고위직에 봉직하면서 대통령님을 모시고 국정에 참여할 수 있었던 것을 자랑스러운 전력으로 간직하고 있습니다. 다만, 재임 중 나름대로 최선을 다하였으나 대통령님의 뜻과 국민의 기대에 제대로 부응하지 못한 점도 적지 않아서 죄송스럽게 생각하고 있습니다.

　　존경하는 대통령님께서는 취임 후부터, 아니 당선 직후부터 오늘에 이르도록, 국난 타개의 일념으로 불철주야, 초인적으로 많은 노

한승헌 변호사 스피치의 현장

고를 다해 오셨습니다. 그 결실로 IMF 경제 위기의 극복, 국정 개혁, 남북 정상회담에 이은 남북이산가족의 상봉으로 실증된 남북 대화해시대의 개막 등 역사적인 업적을 남기셨습니다.

　지금은 정부를 떠나 있는 저희들이지만, 나라에 좋은 일이 있으면 누구보다 기쁘고, 반면 안 좋은 일이 있으면 역시 누구보다도 걱정이 크고 안타까워집니다. 저희는 후반기로 접어든 국민의 정부의 앞날에 구름이 걷히고 맑고 밝은 햇살이 가득하기를 빌고 또 빕니다.

　저희는 대통령님의 위대하신 애국애민정신과 강인한 개혁의지가 이 나라의 안정과 번영을 이룩하게 되리라고 확신합니다. 몸은 비록 정부 밖에 있을지라도, 각자의 영역에서 나라 걱정, 나라 사랑의 소임을 다하면서 작은 힘이나마 성원을 아끼지 않겠습니다.

　나라 일로 매우 바쁘시고 심려하시는 일도 적지 않으신 가운데서도, 이처럼 귀한 만찬으로 저희들을 격려해주신 대통령 님 내외분께 진심으로 감사드리오며, 저희들의 진솔한 마음을 하나로 모아 우리나라와 대통령님을 위한 축복의 잔을 나누고자 합니다. 이 땅의 평화와 겨레의 화합을 위하여, 나라의 융성 발전을 위하여, 그리고 대통령 님 내외분의 건강을 위하여 우리 다 함께 축배를 드시겠습니다. 축배!

10년 걸린 사법개혁의
마지막 주자로서

사법제도개혁추진위원회 해단 청와대 오찬 인사 및 건배사(2006.12.22.)

사법제도개혁추진위원회가 2년 동안의 임무를 마치고 해단을 하게 되었습니다. 기쁘고 후련하고 섭섭한 심정입니다. 그러나 자부심과 성취감도 아주 숨길 수는 없습니다. 오늘 이렇게 의미 있는 자리를 마련해주신 대통령님께 감사드립니다.

그동안 대통령께서 기울여주신 관심과 격려가 큰 힘이 되었습니다. 10년 걸린 대역사(大役事)의 완공을 위해서 여러 위원들과 추진단 여러분이 일체감을 갖고 최선을 다했습니다. 사법 선진화라는 목표도 숭고했지만, 그것을 달성하기 위한 논의 구조 및 논의 과정이 아울러 민주적이었다는 강점에 자부심을 갖게 되었습니다.

성과로 말씀드리면, 25건의 사법개혁 법안을 의결, 국무회의를 거쳐 정부안으로 국회에 송부하였고, 장기과제 8건은 정책자료로 다듬어 정부에 넘기게 되었습니다.

그러나 국회에서 심의가 지지부진하여 중요 법안의 연내 통과가 난망에 빠져 있는 것은 매우 유감스러운 일이 아닐 수 없습니다. 언론에서 야당이 발목을 잡는다기에 저는 야당을 찾아가서 손목을 잡고서 역설을 했습니다. 민주주의는 발목 아닌 손목을 잡는 것이라는 게 제 생각입니다. 그러므로 저는 앞으로도 계속 찾아가서 손목 잡고 설득을 하여 좋은 결실을 얻도록 힘쓰겠습니다.

사개추위가 해산된 뒤에는 정부의 소관 부처에서 사법개혁 입법을 계속 추진해주시기를 당부 드립니다. 뒤늦게라도 사법개혁이 입법으로 완성되어 국민을 위한 사법과 국민에 의한 사법이 제도적으로 구현되기를 염원합니다. 대통령님을 비롯한 이 자리의 우리들, 그리고 지금까지 참여·협조해주신 전문가들의 노고가 큰 보람으로 꽃 피는 날이 오리라고 저는 확신합니다.

새해엔 대통령님 내외분께서 더욱 건강하시고, 이 자리에 계신 모든 분들의 만복을 기원합니다. 그리고 무엇보다도 이 나라의 융성 발전을 다 함께 기원하면서 새 해를 맞기로 합시다. 축배!

청와대에서 '해방'되는
대통령 내외분을 위하여

5.17가족 초청 청와대 오찬모임 건배사(2003.2.8.)

우리 5.17가족(김대중내란음모사건의 피고인들과 그 가족)의 오늘
이 모임은 매우 의미가 큰 자리입니다. 우리는 1980년의 그 처절했
던 수난과 저항을 함께 했고, 1997년 12월 대선 승리의 감격을 함께
했습니다. 그 후 지난 5년 동안의 보람과 애환도 함께 했습니다. 그
리고 이 모든 사연의 중심에는 언제나 김대중 대통령님이 계셨습니
다. 이제 길고 긴 대장정이 후반의 한 단락을 맞이했습니다. 마땅히
이 자리에 함께 하셨어야 할 분 중에서 재심 무죄의 판결을 보지 못
하고 먼저 가신 영령들의 명복을 빕니다.

어느덧 5년이란 세월이 지나고, 김 대통령님 내외분께서 동교동
사저로 돌아가실 날이 다가왔습니다. 우리는 대통령님 내외분의 나

라 위한 헌신에 무한한 경의를 표하고, 그동안의 이런저런 마음고
통에 위로의 말씀을 드리고자 합니다. 그러면서 청와대의 속박과
중책을 벗어나는 '자유 해방'에 축하를 드립니다.

이제 우리는 대통령님의 국정 마무리가 훌륭하게 이루어지기를
빌고, 하느님께서 내외분의 건강과 행복을 지켜주시기를 비는 마음
으로 다함께 축배를 나누시겠습니다. 김 대통령님 내외분의 앞날이
행복과 건강을 위하여 '축배!'

송구영신의 참 뜻을 살립시다

김대중평화센터 2008 송년회 송년사(2008.12.30)

2008년이 저물었습니다. 참으로 다사다난이란 말이 실감나는 한 해였습니다. 기쁨보다 개탄스러움이 많았고, 맑은 날보다는 궂은 날이 많았습니다. 그런 이 땅의 악천후 속에서도 우리 김대중 평화센터는 시의에 알맞고 또 보람 있는 일을 많이 했습니다.

그 중심이자 정점에는 물론 김대중 대통령님이 계셨습니다. 우리 모두가 존경하는 김대중 대통령님께서는 국난을 극복하고 겨레의 평화와 민주주의를 살리기 위하여 실로 초인적인 행보를 기록하셨습니다.

서툴면서도 오만한 권력, 편 가르기와 무모함을 숨기지 않는 세

  한승헌 변호사 스피치의 현장

력들이 지금 이 나라를 어려움에 몰아 넣고 있습니다. 바로 이런 위기를 걱정하신 김 대통령께서는 이 나라가 바른 길로 가도록 명철하고도 애국적인 경륜을 펴오셨을 뿐 아니라, 몸소 온 지구 곳곳을 누비시며 세계의 평화를 위한 지도자로서의 발걸음을 남기셨습니다.

이처럼 헌신하시는 김 대통령님을 모시고 일할 수 있었던 것은 우리들에게 큰 영광이자 보람이었습니다. 한 해를 보내는 이 자리를 통해서 우리 김대중 평화센터가 일 년 동안 해온 일들을 되돌아보고, 새해에 더욱 정진 분발할 것을 다짐했으면 합니다.

'송구영신' 이라 하는 말은 가는 세월 오는 세월을 그저 전송하고 맞아들인다는 뜻은 아니라고 봅니다. 낡은 생각, 구시대적인 행태와 같은 보낼 것은 과거로 추방하고, 새로운 것을 이룩하고, 마땅히 와야 할 사회를 오게 해야 한다는 과제와 다짐이 담겨 있는 말이라고 풀이하고 싶습니다.

오는 해에도 우리는 김 대통령님을 모시고, 서로 힘을 모으고 격려하면서, '송구영신' 의 참다운 뜻을 이룩하는 그런 새해가 되도록 합시다. 지난 일 년 동안 각자의 자리에서 여러 모로 수고하신 여러분께 감사드립니다. 아무쪼록 김대중 대통령님 내외분께서 더욱 강

건하셔서 이 나라를 바르게 이끌어 주시는 새로운 한 해가 되기를
여러분과 함께 기원합니다.

　여러분의 건승과 아울러 여러분 가정에 평강이 넘치는 새해가 되
기를 빕니다. 새해 복 많이 받으십시오. 축배!

한승헌 변호사 스피치의 현장

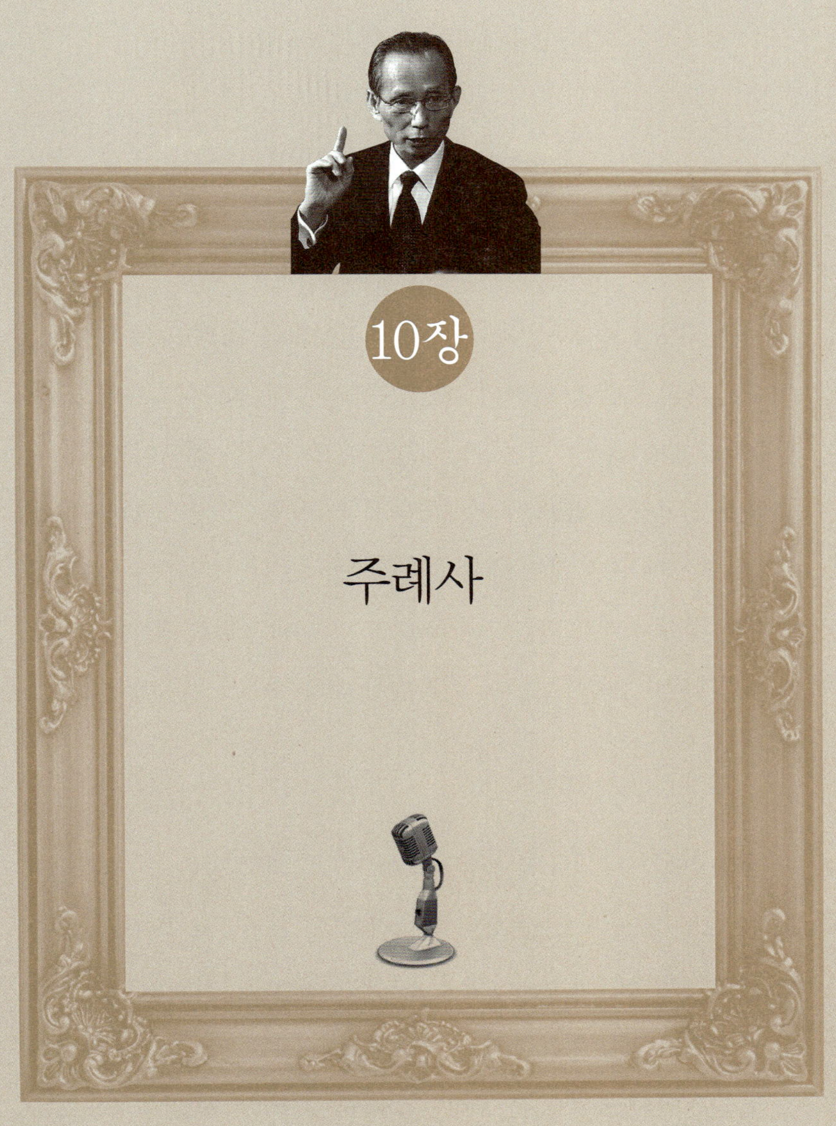

주례사

　나는 되도록 주례 서기를 절제하는 편이지만, 그래도 '묻지마' 식 거절은 하지 못한다. 나와의 인연(혼주와의 관계, 학교나 고향 후배, 대학에서의 제자, 직장의 인연 등), 세상일로 고난 받은 젊은이, 주례 서줄만한 연고자가 없는 딱한 사람에게는 '부득이' 승낙을 하게 된다. 이 범주에 들지 않는 예외가 딱 한 번 있었다. 하객으로 갔던 결혼식에 정작 주례가 한참 지각을 하는 바람에(그 다음 예식을 이유로 예식장 직원의 재촉이 심했다) 현장에서 대타 주례로 차출된 적이 있었다.

　주례사에는 나대로의 유의사항이 있다. 너무 통속적이어도 안 되고, 너무 튀는 것도 안 된다는 생각이다. 요샛말로 하자면, 보수와 진보의 적당한 배합이라고 할 수 있다. 부모에 대한 효도와 형제 간의 우애 그리고 이웃과의 화목을 강조하는 점은 언뜻 '보수' 같지만, 그것은 사람의 기본 도리이기 때문에 주례사에 필수과목으로 들어간다. 힘들어도 바르게 사는 것, 나와 인연 없는 세상 사람들에게도 사랑을 베푸는 것, 바른 세상을 위해서 사서 고생하는 사람이 될 것 등은 '진보' 처럼 들리기 쉽지만 따지고 보면 그것 또한 사람의 기본 되는 도리일 뿐이다.

이렇게 신랑·신부에게 올바른 삶을 권고하다보면, 문득 자신의 설교에 위선이 끼어들었다는 생각이 들어서 가책을 느끼기도 한다. 정작 나는 그런 말에 합당한 삶을 살아왔는가, 하는 물음 앞에 할 말이 없기 때문이다. 그래서 나는 이런 말을 하곤 했다. "명 주례사의 비결은 간단하다. 주례 자신이 살아온 것과 정반대의 이야기만 늘어놓으면 된다."

주례사는 누구를 향해서(누구 들으라고) 하는 것일까? 신랑·신부에게 하는 말과 하객을 염두에 둔 이야기가 혼합될 수는 있지만, 나는 신랑·신부 들으라는 당부의 말을 주로 한다. 거기에는 개인차가 없이 누구에게나 적용되는 일반적인 내용과 그 날의 주인공들에게 맞는 개별적 '맞춤형' 언급이 공생하는 것이 좋다. 일반적인 틀의 주례말씀에 그치는 것은 자칫 진부하고 권태롭게 들릴 염려가 있다. 사전에 알게 된 사실을 소재로 한 '맞춤형' 주례말씀이 신선감도 주고 오래 기억에 남는다.

해외 출장을 다니면서 친해진 변호사와 스튜어디스가 결혼에 성공했다. 그들의 혼례에서 나는 이런 주례사를 했다. "세상의 부부들은 지상에서 함께 살다가 죽은 뒤에 하늘나라에서 다시 만나게 되는데, 오늘 이 두 젊은이는 반대로 하늘나라에서 먼저 만나가지고 지상으로 내려와서 부부가 되었습니다. 신랑이 신부를 하늘에서 데리고 내려온 것을 영어로는 하이재킹이라고 합니다."

언젠가는 신부의 아버지가 신부의 신상명세를 적은 종이를 나에게 주면서 주례사에 반영해주기를 청했다. 거기에는 신부의 신장, 몸무게, 혈액형, 특기, 좋아하는 음식 등이 적혀 있었다. 나는 주례사를 할 때에 그 종이를 펴 보이며, "여기에는 신부의 신장과 몸무게 등이 수치로 기재되어 있고 혈액형, 특기까지 적혀 있는데, 이것은 혼주가 고고학자라서 무엇이든지 재보고 수치로 정확히 표시를 해야 직성이 풀리시는 분이라서 그런 것 같습니다. 그러나 저는 변호사임으로 프라이버시 보호 차원에서 신부 아버지의 희망대로 그 내용을 공표할 수는 없음을 양해해주시기 바랍니다." 이런 말로 장내를 잠시 웃음으로 넘치게 했다.

내가 변호했던 신부의 혼례에서는 그녀가 전에 시국사범으로 재판을 받은 적이 있기 때문에 법조문을(그것도 국가보안법을) 패러디해서 이런 덕담을 끼워 넣기도 했다. "신랑과 신부는 서로 찬양·고무·동조하면서 잘 살아가기를 바랍니다."

미국에서 사랑에 빠진 신랑·신부의 혼례에서는 신랑이 중국계임을 감안해서 '결혼을 축하한다' 는 말과 '부디 만복을 누리시기를 빈다' 는 말을 미리 중국어로 익혀두었다가 주례사에서 활용(?)해서 신랑과 그 부모를 기쁘게 해 준 적도 있었다(실인즉, 그날 중국어에 능통한 여교수를 동행해서 예식의 전 과정과 주례사 내용을 중국인 혼주에게 통역까지 해주었던 것이다).

혼주나 신랑·신부를 칭송하는 것은 좋으나 너무 지나치게 추켜세우는 것은 별로 좋게 들리지 않을 수도 있다. 하물며 시류에 영합하는 느낌을 주는 찬사는 역효가 날 수도 있다. 몇 해 전 대선 후보 한 사람이 아들의 병역문제로 크게 몰리고 있을 무렵, 어느 주례는 이런 주례사를 했다. "신랑의 아버지 아무개 선생은 우리나라의 명문인 무슨 대학을 나온 뒤 병역을 필하시고, … 또 신랑 아무개 군도 명문대학을 우수한 성적으로 졸업한 후 역시 병역을 필하고…." 시사성을 살린 애교라고 보기에는 주례의 어조가 너무 엄숙해서 듣기에 민망했다.

주례사가 너무 길어지지 않도록 유의하는 것이 좋다. 나는 대략 5분에서 7분 사이에 마친다. 어느 목사님은 혼인예배에서 축가가 (신랑·신부 양측에서 각 한 곡씩 부르다 보니) 조금 길어지자 "예정보다 1분이 초과되었음으로 순서지에 있는 찬송가는 각자 집에 가서 부르는 것으로 하고, 임 목사님 나오셔서 축도해주십시오"라고 해서 모두를 놀라게 했다.

주례사에는 혼례 집례자로서의 입장뿐만 아니라 결혼의 의미를 바탕으로 한 축사의 요소도 당연히 포함되기 마련인데, 너무 세속적인 지위나 파워를 내세워 칭찬하지 말 것과 신랑·신부를 다른 사람과 비교해서 미화시키는 말은 삼가야 한다.

웅변조나 훈시조로 기우는 사례도 더러 보게 되는데, 같은 말이라도 정겹고 친근하게 들리도록 하는 것이 좋다. 주인공이나 혼주 그리고 하객들의 수준을 염두에 두고 그들에게 알맞은 표현을 쓴다면 더욱 바람직한 일이다. 유명한 어록이나 격언을 한 두 마디 넣어서 강조점을 부각시키는 것도 효과적이다.

가령, '결혼의 성공은 적당한 짝을 찾기에 있는 것보다도 적당한 짝이 되는 데 있다' 와 같은 명구를 인용하는 것이다. 나는 가끔 한문이나 성서에서 알맞은 한 구절을 인용하여 써먹기도 하는데, 기독교가정과 불교가정 사이의 혼사 때에는 일부러 불자가 새겨둘만한 글 한 대목을 먼저 말함으로써 불교가정을 배려하고 양가의 형평을 도모했다.

지구촌시대의 상징적 배필

펑손(孫峰) 군 · 유현정 양 혼례 주례사(2002.1.6.)

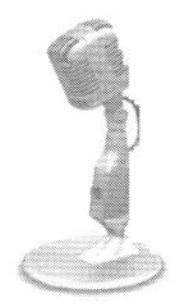

꿍시 니먼지에청 바이니엔쯔하오(恭喜 你們 結成 百年之好)

먼저 신랑, 신부 두 분의 백년가약을 진심으로 축하합니다. 아울러 오늘의 이 경사가 있기까지 신랑 신부의 성장과 교육에 정성을 기울이신 양가의 부모님께 경하의 말씀을 드립니다. 그리고 모처럼의 휴일이자 여러 모로 바쁘신 가운데 오늘의 이 혼례를 축하하기 위해 왕림해주신 하객 여러분께 감사를 드립니다.

저는 과학기술부 고위직에 재임 중이신 신부 아버지의 고등학교 선배로서, 누구보다도 이 두 사람의 혼인을 기뻐하는 바입니다. 또한 신랑의 부모님께서 훌륭한 며느리를 맞이하기 위하여 멀리 중국에서 여기까지 오신 것을 반갑게 환영합니다.

신랑은 현재 미국의 유명한 뮤추얼 펀드인 뱅가드 그룹에서 컴퓨
터 애널리스트로 근무 중인 엘리트이며, 신부는 이화여대 국제대학
원의 졸업을 앞둔 재원입니다. 이 두 사람의 결혼은 국적과 국경을
초월한 사랑의 결실이기에, 지구촌시대의 상징적인 결합이라고도
하겠습니다.

두 사람이 조금 전 주례와 여러 하객들 앞에서 서약한 바를 제대
로 잘 지켜나가면 좋은 가정을 이루는 기본은 갖추게 될 것입니다.
두말할 것도 없이 부부간에는 무엇보다 사랑이 소중합니다. 다만
그 사랑은 단순한 이성간의 연애감정이 아니라 상대방을 존중하고,
깊이 이해하고, 서로 양보하고, 뒷받침해주고, 관용하는 덕목을 수
반해야 합니다. 소통과 화합이 잘 되면, 가화만사성(家和萬事成)이
라는 말 그대로 모든 일이 형통하고 모범적인 가정을 이룰 수가 있
는 것입니다.

부부 중심의 이기주의에 빠지는 일이 없도록 사랑의 외연을 넓혀
나가야 합니다. 부모님에 대한 효도, 형제간의 우애, 그리고 이웃과
사회에 대한 사랑까지도 항상 명심하시기 바랍니다. 그리고 가정을
창조적 활동의 기지로 삼아 나라와 인류사회에 공헌하는 일꾼이 되

   한승헌 변호사 스피치의 현장

시기 바랍니다.

인생의 항로에는 흐린 날도 있고, 풍랑을 만날 수도 있습니다. 그러나 오늘 가약을 맺는 이 두 사람이 합심하면 무슨 어려움도 다 헤쳐 나갈 수 있을 것으로 믿습니다. 인간은 고난을 통하여 오히려 성숙해지고 발전해나가는 법입니다. 이유 없는 고난은 있어도 의미 없는 고난은 없다고 했습니다. 고난이 주는 의미와 교훈을 잘 깨닫고 대응한다면 그야말로 전화위복이 되는 것입니다.

부부간에나 인생살이에서는 참는다는 것처럼 중요한 덕목이 없습니다. 가정의 화목을 위해서는 물론이고, 원만한 대인관계와 사회생활을 위해서 인내는 매우 중요합니다. 제가 어릴 적에 배운 한문에 '참으면 덕이 된다' (忍之爲德)라던가, '백번이라도 참아야 집안이 태평하고 화목하다' (百忍堂中有泰和)라는 말이 있었습니다. 참는다는 것은 말처럼 쉽지는 않습니다. 그러나 노여움과 마찬가지로 고통 또한 강한 의지와 합심으로 얼마든지 감내하고 이겨낼 수가 있습니다.

두 사람은 성장 배경이나 문화가 서로 다른 가운데서 자랐지만, 각기 훌륭한 가정교육과 높은 지적 교양을 쌓은 지성인인 만큼, 웬만한 어려움은 순조롭게 극복할 수 있으리라고 믿습니다. 동양인다운 아름다운 윤리 도덕과 정서는 두 사람의 공통된 인격적 장점으로서 항상 자랑스럽게 간직해나가시기를 바랍니다.

아무쪼록 두 분의 가정에 행복이 가득하시기를 진심으로 기원합니다.

쭈 니먼쟈팅메이만(祝你門 家庭美滿).

꿈 이야기를 현실로 살려가며

김경제 군·이여정 양 혼례 주례사(2010.1.29.)

신랑 김경제 군과 신부 이여정 양의 혼인을 진심으로 축하합니다. 양가 혼주와 가족 여러분에게 경하의 말씀을 드립니다. 또한 이 경사스런 자리에 왕림해주신 하객 여러분께 감사 드립니다.

지금 제 앞에 서 있는 이 두 사람은 좀 비범한 젊은이들입니다. 두 사람이 하는 일부터가 예사롭지가 않습니다. 신랑은 우리 일반인들에게는 다소 생소한 광고감독입니다. 국내 유수의 기업과 정부기관의 많은 광고를 연출하였으며, 뉴욕 페스티벌에서 상을 받기도 하였습니다. 신부 또한 여성으로선 보기 드문 부동산경매전문가입니다. 경매·권리분석사의 자격을 갖고 있으며 대학에서 도시행정학과 박사과정을 밟고 있는 학구파이기도 합니다.

　광고는 창의력이 있어야 하고, 부동산 전문이라면 실리 추구가 떠오릅니다. 그러니까 오늘 이 두 젊은이의 혼인은 인간의 삶에서 중요한 창의력과 실리라는 두 가지 요소의 이상적인 융합이라고 하겠습니다. 두 사람 다 정년이나 감원 걱정이 없는 이색적인 직업이란 점에서도 든든한 가정의 미래가 보장되어 있습니다. 준비된 대통령이란 말이 있습니다만, 오늘의 이 두 젊은이야 말로 준비된 커플임에 틀림없습니다.

　따라서 두 사람은 서로 부부되는 데 필요한 기본 교과서는 다 마스터 했을 것으로 보고, 여기서는 참고서에 있는 이야기 두어 가지만 하고자 합니다. 방금 두 사람은 혼인서약에서 '예' 하고 대답한 그대로 서로 사랑하고 존경하며, 고락을 함께 하며 살아가시기를 당부합니다. 거기에 부단히 가꾸고 헌신하는 노력이 따른다면 더욱이나 좋습니다.

　신랑 신부가 저에게 인사 왔을 때 장장 A4 용지 여덟 장 분량의 '보고서'를 가지고 왔었습니다. 거기에 보면, 서로 꿈에 대한 이야기를 나누다가, 너무도 할 이야기가 많아서 그냥 함께 살아가기로 했다는 고백이 담겨 있었습니다. 이런 아름다운 말은 아무나 쉽게 할 수 있는 표현이 아니라고 봅니다. 부디 지금부터 두 사람은 그 동안 주고받은 꿈 이야기를 가정 안팎에서 실천하며 살아가는 축복을 누리시기를 빕니다.

　　　　　　　　　　　　한승헌 변호사 스피치의 현장

노파심에서 덧붙이는 말씀인데, 앞으로 두 사람만의 행복에 안주하지 말고 부모님에 대한 효도, 형제 가족 사이의 우애, 나아가서 세상 사람들과의 화목에도 마음을 써야 할 것입니다. 혈연의 울타리를 넘어서 나와 세속적 인연이 없는 사람들에 대한 사랑까지 실천한다면 그 이상 바랄 바가 없습니다.

인생살이에서 지켜야 할 여러 덕목이 있지만, 저는 그 중에서 '참을 인(忍)' 자 한 자를 새겨드리고 싶습니다. 참는다는 것에는 어려움을 견디는 인내, 욕망을 억제하는 자제, 그리고 노여움과 화나는 것을 참는 관용, 이 세 가지가 모두 중요합니다. 그런데 제가 살면서 느낀 바로는 그 중에서도 세 번째 즉 화를 참는 것이 제일 어려웠습니다. 참지 못하고 노기를 드러내버리면, 실익도 없으면서 부작용이나 불화만 증폭되고, 스스로도 후회를 하게 됩니다. 아량 있는 인품을 갖추기 위해서도 참는 연습을 많이 하는 것이 좋습니다.

사람은 어차피 불완전한 존재입니다. 그러므로 상대방의 완벽을 기대하거나 자신이 완벽하다고 착각하지 말고, 서로 이해하고, 채워주고, 힘이 되어 부축해주면서 먼 인생길을 더불어 가는 아름다운 반려자가 되시기를 당부합니다.

감사하는 마음, 긍정적인 사고를 견지하는 것이 좋습니다. 저는 연초에 '낙천지명(樂天知命)'이라는 문구를 연하장에 써보았습니다. 삶의 역동성을 높여 나가는데 일조가 될 만한 글귀입니다.

오늘 많은 하객들을 모신 자리에서 감격스럽게 배필의 새 출발을 하는 두 분은 부디 초심을 항상 마음에 새기며 바르게 살아가실 줄 믿습니다. 두 분의 앞날에 무한한 축복과 보람이 함께 하기를 빕니다.

오늘의 초심 살려 서로 헌신하는 사랑

황지욱 군 · 박리라 양 혼례 주례사(2006.6.18.)

먼저 신랑 황지욱 군과 신부 박리라 양의 혼인을 진심으로 축하합니다. 그리고 이런 뜻 깊은 경사를 맞으신 양가의 혼주와 가족 여러분에게 경하의 말씀을 드립니다. 일요일 오후 귀한 시간을 내시어 이 축복의 자리에 와주신 하객 여러분께도 감사를 드립니다.

저는 신부 아버지 되시는 박 회장님과 오랜 친분을 나누어 온 사이입니다. 박 회장님께서는 사업을 하시면서 남을 위해서 좋은 일도 많이 하시는 분이십니다. 이 세상 위해서 옳은 일 하는 사람, 또는 어려운 처지에 놓인 사람들을 직접 간접으로 많이 도우셨습니다. 이런 분의 가정의 혼사이기에 저는 기쁜 마음으로 주례를 승낙하고 이 자리에 서게 되었습니다.

신랑·신부 두 사람은 방금 혼인서약에서 서로 사랑하고 존경하며 일생 동안 고락을 함께 하기로 맹서하였으니, 그 맹서대로만 살아가기를 간곡히 당부합니다. 사실, 이제 와서 둘 사이의 사랑이나 도리에 관해서 무슨 설교조의 이야기를 하는 것은 새삼스럽다고 하겠습니다.

그러나 인생의 선배로서 굳이 말을 보태자면, 부부간의 사랑은 의무나 본능에 따라가는 그런 사랑이 아니라 부단히 가꾸고 헌신하는 사랑이어야 한다는 것입니다. 오늘의 아름다운 초심을 살려서 변함없이 날로 아름다워지는 그런 삶을 가꾸어 나가시기를 바랍니다.

사랑은 신랑·신부 두 사람만의 영역을 넘어서야 합니다. 부모님에 대한 효도를 잊지 말아야 합니다. 부모님에 대한 관심이나 전화 한 통화로도 효도는 가능합니다. 형제간의 우애, 화목, 상부상조도 소홀히 해서는 안 되며, 나아가서 혈연의 울타리를 넘어서 나와 세속적 인연이 없는 형제들에 대한 사랑까지도 실천하며 살아야 합니다.

사랑이 한갓 생각에 그쳐서는 안 될 것입니다. 위로와 격려도 중요하지만 구체적인 인간의 손길이 닿는 사랑의 실천이 중요합니다. 눈에 보이는 형제를 사랑하지 못하는 자가 어찌 눈에 보이지 않는 하느님을 사랑한다고 말할 수 있겠느냐고 성서는 일깨워주고 있습

 한승헌 변호사 스피치의 현장

니다. 신랑과 신부는 감격적인 결혼 기념으로 불우한 소년소녀 가장을 지속적으로 돕는 결연을 한 바 있습니다. 참으로 갸륵한 일이었는데, 신부 부모님까지도 기쁨을 함께 나누는 뜻으로 역시 사랑의 결연을 하셨습니다. 매우 감동적인 사랑의 실천이 아닐 수 없습니다. 이러한 실천적인 사랑은 자신의 삶을 더욱 아름답게 하는 나눔의 보람이 되기도 합니다.

우리가 살아가는 인생에는 여러 덕목이 필요하지만, 그 중에서도 참는다는 것처럼 어렵고도 중요한 것은 없다고 봅니다. 참는다는 것에는 어려움을 견디는 인내, 욕망을 억제하는 자제, 그리고 노여움 또는 화나는 것을 참는 관용의 세 가지가 있다고 하겠는데, 그 세 가지가 모두 중요합니다.

그런데, 그 중에서도 세 번째 즉 화를 참는 것이 제일 어렵다 하겠습니다. 성서에도 '사랑은 오래 참고' 라던가, 또는 '노여움을 더디 하는 자는 용사보다 낫다' 는 말씀이 나옵니다. 참지 못하고 화를 내버리면, 실익보다 부작용이 더 커서 불화를 증폭시키는가 하면, 스스로도 후회할 때가 있습니다. 참는 것이 바로 덕이 된다는 것을 명심하고 살아가 주시기를 바랍니다.

두 분은 서로 상대방을 잘 이해해 주어야 합니다. 상대방의 완전

무결을 기대하거나 내가 완벽하다고 착각하지 말아야 합니다. 내가 채워주고, 힘이 되어주는 역할을 해야 합니다. 감사하는 마음, 긍정적 적극적 사고를 가지고 삶의 역동성을 높여 나가야 합니다. 두 분은 언제나 바르게 사는 길을 가시기만 바랍니다. 비록 그 길을 가는 것이 어렵고 당장은 손해 나는 것처럼 보일지라도, 그것이 바른 삶을 가꾸는 왕도입니다. 반면에 일시적 편법이나 부정·욕심 등은 이기주의가 빚어내는 더 큰 마이너스를 불러들입니다. 인생을 길게 보아야 하며 양심의 거울에 자신을 비춰보며 살아가야 합니다.

두 사람이 서로 존중하되, 신랑이 신부 말을 더 존중하고 귀담아 듣도록 하시기 바랍니다. 그래야 실질적 평등이 이루어집니다.

두 분의 앞날에 무한한 축복과 보람이 함께 하기를 빕니다.

사랑의 외연을 넓혀가는 반려로

이욱 군 · 김상미 양 혼례 주례사(2007.10.26.)

　　오늘 이 혼례를 통해서 부부가 되는 두 젊은이에게 하나님께서 크신 축복과 은총을 내려주시기를 빕니다. 신랑의 아버님이신 이 목사님은 저의 신앙의 스승이요, 동갑 친구이자 터무니없는 시국사건으로 함께 감방살이를 한 동지 사이이기도 합니다.

　　그런데, 지난날 군사독재 하에서 탄압 받으신 목사님께서 군 내부에서 쉬쉬 했던 의문사 사건의 진상을 밝혀내는 위원회의 책임자가 되시어 그 조사 결과를 어제 만천하에 공표하고 오늘 이런 경사를 맞이하셨으니, 타이밍이 아주 잘 맞아서 더욱 기쁘시리라 믿습니다.

이제 백년가약을 맺게 되는 이 두 사람은 척 보면 알 수 있을 만큼 범절 있는 양가 어른 밑에서 자라면서 교육을 받은 그야말로 선남선녀입니다. 서로 알게 되어 교제를 한 지 불과 반년 만에 결혼하기로 합의했다고 하니, 사랑에서도 매우 부지런하고 결단력 있는 젊은이들임에 틀림이 없습니다.

저는 더러 농담반 진담반으로, 부모를 닮아서 훌륭하게 자란 2세들을 보면서 '메이커가 좋으면 제품도 좋은 법'이라고 비유를 해서 사람들을 웃기기도 합니다. 물론 오늘같은 엄숙한 자리에서 그런 말을 입 밖에 낼 수야 없지만, 오늘도 제 머리 속에서는 잠시 그 말이 떠올랐습니다.

신랑 신부 두 사람이 조금 전 혼인 서약과 성혼선언에서 나온 말을 평생 마음에 새겨 실천 준행해 나간다면 주례로선 더 이상 바랄 것이 없습니다. 그래도 노파심에서 두어 가지만 당부하고자 합니다.

저는 두 남녀가 한 가정을 이루는 것을 스포츠의 복식 경기에 비유해서 생각해볼 때가 있습니다. 지금까지는 각자의 환경 속에서 단식 선수로서의 역량을 쌓아왔지만, 이제부터는 두 사람이 한 팀을 이루게 된 이상 팀플레이를 잘해야 합니다. 다시 말해서 피차에 호흡을 잘 맞추어야 함은 기본이고 서로 무언중에 통하는 바가 있어야 합니다. 굳이 말을 거치지 않고도 소통이 되어야 합니다. 좋은 플레이에는 칭찬을 하고, 실수를 했을 때에는 위로하고 격려하며 다독이는 그야말로 베타하프(Better half)가 되시기 바랍니다. 서로 의지하고, 힘을 실어주고, 이끌어주는 것, 이것이 부부라는 복식 선수들이 명심해야 할 게임 운영의 왕도입니다.

두 사람 사이의 사랑이 외연을 넓혀서 부모님에게 효도하고 형제자매 간에 우애를 두터이 해야 합니다. 너무 부부의 사랑에만 몰입한 나머지 집안 어른과 혈육들을 소홀히 하는 사람도 있는데, 그것은 옳지 않습니다. 실인즉 그런 혈연을 넘어선 보다 넓은 사랑까지 주문하고 싶은 것이 이 주례의 심정입니다.

제가 알기에 신랑의 부모님은 사랑의 지평을 넓혀 이 세상을 바로잡기 위해서 헌신하는 가운데 고난을 겪으신 분들입니다. 두 젊은이도 부모님의 이 세상을 향한 그런 고귀한 사랑까지 본받았으면 하는 저의 욕심을 말해둡니다.

가정의 평화, 집안의 화목, 세상 사람들과의 화친에 마음을 써주기를 당부합니다. 그러자면 어느 정도 자기중심의 생각을 억제하고 참아야 할 때가 있습니다. 제가 해방 직후 초등학생으로 서당에서 한문을 배울 적에 '인지위덕(忍之爲德)' 이라는 말을 알게 되었습니다. 참는 것이 곧 덕이 된다는 말이지요. 또 '백인당중유태화(百忍堂中有泰和)'란 문장도 배웠습니다. 백번 참는 집안에 태평과 화목이 있다는 뜻입니다. 비록 옛날 한문의 문구지만 시대를 뛰어넘는 이치가 거기 있다고 생각합니다.

끝으로 한 가지 더 당부합니다. 부부는 서로 존중해야겠지만, 남편이 아내의 말을 더 존중해야 실질적인 부부평등이 이루어진다고 봅니다. 신랑 마음에도 수긍이 갈지 모르겠습니다. 오늘 이 결혼식에 함께 온 아내가 저더러, 주례사 길게 하지 말라고 하면서, 주례사 길게 하면 신랑신부 다리만 아파서 축복 아닌 고통이 된다고 하더군요. 이 자리에서 제가 아내의 말을 존중하는 시범을 보이는 뜻에서 저의 주례사를 이만 줄이겠습니다.

신랑 신부 두 분께 하느님의 크신 축복이 함께 하시기를 빕니다.

복식경기의 한 조가 된 선수처럼

이선우 군 · 김수민 양 혼례 주례사(2010.2.6.)

만장하신 하객 여러분의 축복을 받으며 지금 이 주례 앞에 서 있는 신랑 신부에게 축하의 말씀을 드립니다. 또한 오늘 이런 경사를 맞기까지 여러모로 노고를 다 하신 양가 혼주와 가족 여러분에게 경하의 말씀을 드립니다. 아울러 오늘 모처럼 주말에 바쁘신 일도 많고 교통도 복잡한데 이 자리에 왕림하신 하객 여러분에게 감사의 말씀을 드립니다. 특히 멀리 부산에서 여기까지 불원천리하고 축하하러 오신 신부 측 하객 여러분에게 더욱 고맙다는 말씀을 드립니다.

저는 신랑의 아버님과 한 교회에 나가는 신도의 한 사람입니다. 이 권사님은 훌륭한 시인이기도 해서 저하고는 가까운 사이입니다.

바로 앞뒤자리에 앉아서 예배를 드리는가 하면, 교회 공동식사 때에도 옆자리에 나란히 앉아서 담소하며 식사를 할 때가 많습니다. 그러기에 오늘의 혼례에 주례를 맡게 된 것을 더욱 기쁘게 생각합니다.

어느 날 부처님께서 길을 가시다가 땅에 떨어진 종이를 보시고 저게 무슨 종이냐고 수행하는 비구승에게 물었습니다. 비구승은 종이를 들어 보이며, 이것은 향을 싼 종이입니다. 종이에서 향내가 납니다. 그렇게 대답했습니다. 부처님께서 더 가시다가 새끼가 땅에 떨어진 것을 보시고 다시 물었습니다. 저것은 무슨 새끼냐. 네 이것은 생선을 꿴 새끼입니다. 새끼에서 비린내가 납니다. 부처님께서 들으시고 이렇게 말씀하셨습니다.

"사람은 본시 선하게 태어났는데 어떤 사람과 인연을 맺느냐에 따라서 복을 부르기도 하고 화를 부르기도 한다. 그것은 마치 향을 싼 종이에서 향내가 나고 생선을 꿴 새끼에서 비린내가 나는 것과 같은 이치다."

오늘 착하고 귀하게 자란 두 젊은이가 천생연분으로 백년가약을 맺는 것은, 부처님의 표현에 의하면 분명 향내가 나는 결연이며 미래의 복을 기약하는 의식입니다. 조금 전 두 사람은 혼인서약에서 서로 사랑하고 존경하며 어른을 공경하고 평생 동안 고락을 함께하겠다고 다짐을 했습니다. 이 서약대로만 실천한다면 부부로서의 기본과목은 합격이라고 하겠습니다. 오늘의 이 신랑·신부 두 사람은 그런 기초과목은 이미 다 마스터 했을 것으로 보고, 여기서는 거기에 더해서 한두 가지만 당부를 하려고 합니다.

조금 전 혼인서약에 두 사람은 서로 사랑하고 존경한다고 했는데, 여기서 '서로'는 두 사람 끼리라는 뜻입니다. 제가 바라기는 두 사람 끼리의 사랑과 존중은 물론 중요하지만, 그보다 외연을 넓혀서 두 사람 사이만이 아닌, 수직적인 사랑 즉 부모님에 대한 효도를 잊지 마시기 바랍니다. 효도라는 것이 지금 세상에선 빛이 좀 바랜 것 같지만, 이건 신식이냐 구식이냐를 떠나서 사람의 근본이 되는 도리이기 때문에 마땅히 지켜야 할 규범입니다. 효도가 그렇게 어려운 게 아닙니다. 가끔 전화 한 번씩 걸어서 문안드리는 것만으로도 부모님은 기뻐하십니다. 그러니까 전화 한 통화도 효도가 되는 셈입니다. 그리고 형제들이나 그밖에 집안 친척들 사이에 우애를 돈독히 하는 것도 유의하시기 바랍니다.

거기에다 주례가 한 가지 더 주문을 한다면, 혈연과 학연, 또는 직장 등에 연고가 없는 사람에 대해서도 사랑을 베풀고 이 세상 모든 사람을 위해서 뭔가 헌신하는 삶을 살아간다면 얼마나 좋을까,

그런 생각을 해봅니다.

두 사람이 하나가 된다는 것은 하나에다 하나를 보태는 단순한 덧셈이 아니고, 그 둘의 합산을 넘어서 플러스알파가 따르는, 그런 차원으로 업그레이드되는 격상(格上)의 과정입니다. 저는 두 젊은 이의 혼인을 스포츠에서 복식경기에 비유해 생각할 때가 있습니다. 지금까지 단식으로 훌륭하게 플레이를 해 온 두 젊은이가 앞으로는 한 팀이 되어 이 세상을 살아나가는데 있어 복식선수처럼 서로 잘 화합하고, 이해하고, 척하면 이심전심 서로 뜻을 알아차리고, 상대 가 약할 때 힘을 보태주고, 넘어지면 일으켜주고, 마음 상할 때 위로해주는, 이것이 복식경기 하는 선수들 사이의 최소한의 매뉴얼입니다.

앞으로 두 분 사이에 서로 관용하고, 내가 완벽하지 않다는 것을 자인하고, 항상 겸허함과 동시에 상대 또한 완벽하지 않다는 점을 이해하면서 그 완벽하지 못한 대목을 이쪽에서 잘 채워주고 붙들어 주시기 바랍니다. 그것이 부부의 윤리이기도 합니다.

그리고 누구나 새 가정을 이루는 신랑 신부에게 부디 잘 살라고 축복을 합니다. 그런데 잘 산다는 것은 무엇일까요? 우선 물질적으로 궁핍하지 않고 풍족하게 사는 것을 우리는 '잘 산다' 고 합니다.

물론 그것을 소홀히 할 수는 없지요. 그러나 그런 물질의 충족과는 별개로 '바르게 사는 것' 이 정말로 잘 사는 것이라고 생각해주시기 바랍니다. 바르지 않은 가운데서 물질적으로만 잘 사는 것, 과연 이 것이 축복일까요? 아닙니다. 물질에서 조금 아쉽더라도 바르게 산 다는 것, 정당하게 얻은 물질에 만족하고, 그 가운데서 보람을 쌓고, 가치를 추구하고, 사랑을 실천하는 그런 삶이 정말 값있는 삶이라 는 것을 잊지 마시기 바랍니다.

요즈음 초등학생이나 중학생도 알 수 있는 영어로, '산다' 는 단 어에서 '리빙'과 '라이프'를 구분해서 말하는 사람도 있습니다. 그 러니까 리빙 즉 먹고 사는 데에는 두 분의 가정에 별 부족함이 없겠 지만, 적어도 라이프를 풍요롭게 하기위해서는 더 많이 사색하고, 시야를 넓혀서 노력하며 헌신해야 된다고 생각합니다.

사랑과 존중은 상대방에게 내가 기대하는 게 아니라, 내가 먼저 그렇게 행하고 내가 사랑받을만한 남편, 사랑받을만한 아내, 존경 받을만한 남편, 존경받을만한 아내가 되어야 한다고 믿습니다. 이 점도 깊이 명심해주시기 바랍니다.

신랑·신부 두 분에게 거듭 축하를 드립니다.

초심을 살려 부단히 가꾸는 사랑을

신창근 군 · 이선연 양 혼례 주례사(2009.12.13)

오늘 이 혼례의 주인공인 신창근 군과 이선영 양의 혼인을 진심으로 축하합니다. 이런 경사를 맞기까지 오랜 동안에 걸쳐 많은 노고를 다해주신 양가 혼주와 가족 여러분에게도 경하의 말씀을 드립니다. 일요일 오후 귀한 시간에 여기까지 왕림해주신 하객 여러분, 감사합니다.

저는 신랑 아버님과의 인연으로 이 귀한 의식에서 주례를 맡게 되었습니다. 신 사장님은 제가 사외이사로 있는 기업의 CEO로서 역량과 덕망으로 존경을 받는 분이십니다.

신랑은 한국 외국어대학교에서 경제학을 전공하였고, 지금은 이름난 기업에서 근무하고 있으며, 신부는 이화여자대학교 중어중문과를 졸업한 뒤 유명한 건설회사에서 일하고 있는 재원입니다.

신랑·신부 두 사람은 방금 혼인서약에서 맹서한대로 초심을 살려 서로 사랑하고 존경하며 고락을 함께 하며 살아가시기 바랍니다. 부부간의 사랑이란 본능이나 의무감에 끌려서 하는 사랑이 아니라, 마음에서 우러나서 부단히 가꾸고 헌신하는 사랑이어야 합니다. 오늘의 이 성스럽고 감사하고 아름다운 마음, 그 초심을 소중히 간직하고 살려나가는 가운데 진실된 사랑이 꽃피는 것입니다.

두 사람의 영역을 넘어 외연을 넓혀나가는 사랑이 소중합니다. 무엇보다도 부모님께 효도하는 것을 소홀히 하지 마시기 바랍니다. 제가 해방 직후 초등학교에 다니면서 밤에는 서당에 가서 한문공부를 했는데, 그때 효자는 인지본야오(孝者人之本也), 즉 효라는 것은 사람의 근본이라는 문구를 배웠습니다. 반드시 거창한 섬김이 아니더라도 작은 정성이 부모님을 기쁘게 해드리는 것입니다. 가령 부모님께 문안 전화 한번 드리는 것으로도 효도의 실천이 됩니다.

형제자매 사이에 우애를 살려나가는 것도 중요합니다. 친척들과의 화목을 소홀히 해서도 안 됩니다. 혈연의 울타리를 넘어서 나와 인연 없는 사람들에게도 사랑을 베풀 수 있다면 금상첨화가 될 것입니다. '눈에 보이는 형제를 사랑하지 않는 사람이 어찌 눈에 보이지 않는 하느님을 사랑한다고 말할 수 있겠느냐' 고 성서는 가르칩니다. 그리고 사랑은 마음속으로 또는 말로만 하는 것으로는 모자랍니다. 구체적인 손길과 실천이 따라야 합니다. 두 분은 이 점을 유념하시기 바랍니다.

좀 낡은 잠언처럼 들릴지도 모르겠는데, 두 분은 덕을 쌓으며 살아가시기를 당부합니다. 이 말은 앞서 말한 사랑의 실천과 상통하는 면이 있습니다. 남을 존중하고 도와주고 위로·격려해줄 줄을 알아야 합니다. 그것은 곧 자기 자신의 기쁨이자 보람으로 보상 받게됩니다.

새 출발을 하는 신랑·신부에게는 누구나 '복 받고 잘 살라' 는 축복을 보냅니다. 저도 물론 그렇게 되시기를 빕니다. 다만 그런 말은 재물만으로 측정되는 것이 아니고 정신적·도덕적인 요소가 수반되어야만 한다는 사실을 명심하시기 바랍니다.

다시금 두 분의 앞날에 큰 축복이 함께 하기를 빌고, 아울러 하객 여러분께서도 매사가 만사형통하시기를 빕니다.

월드컵 경기에서 배우는 인생항해

황일성 군 · 김동희 양 혼례 주례사(2002.6.19.)

오늘 이 경사스러운 혼례의 주인공으로 제 앞에 나란히 서있는 신랑 · 신부 두 분에게 뜨거운 축하의 말씀을 드립니다. 그리고 이런 경사를 맞으시기까지 두 사람을 위해서 노고와 사랑을 다해주신 양가의 혼주와 가족 여러분께 경하를 드립니다.

어제 저녁 월드컵 축구 16강전 응원하시고 홍겹게 기쁨을 나누시느라고 잠도 설치고 피곤하셨을 텐데, 이 혼례시간을 기억하시고 이렇게 왕림해주셔서 감사합니다. 사실은 저도 대전에 가서 경기를 보고 새벽에야 집에 돌아와서 좀 피곤했지만, 저의 가족과 절친한 황 사장님 댁 혼례여서 기쁜 마음으로 여기에 왔습니다.

성스러운 혼례를 집전하는 주례가 주례사를 할 때에는 일반적인 틀과 용어가 있기 마련입니다. 그러나 오늘은 그런 통례를 벗어나서, 요즘 온 국민이 열광하는 축구 이야기를 통해 인생살이를 조명하면서 신랑·신부에게 참고가 되는 말씀을 해보고자 합니다.

어제 오후 대전에서 열린 월드컵 16강전 한국과 이태리와의 경기에서는 참 감동적인 장면이 많았습니다. 안정환 선수는 경기 초반 페널티킥을 실축하여 '죄인' 처럼 되었습니다만, 연장전에서 역사적(?)인 역전골을 넣음으로서 승리의 일등공신이 되었습니다.

이처럼 오늘 출발하는 인생이란 경주에서도 밝음과 어둠은 서로 뒤엉키는 것이니만큼 한때의 실패에 주저앉아서도 안 되고, 한때의 기쁨에 도취되어서도 안 됩니다. 실패의 아픔을 딛고서 노력하면 반드시 그 아픔을 보상하고도 남을 기쁨이 찾아온다는 이치를 어제 안정환 선수의 역전골이 가르쳐주고 있습니다. 이처럼 신랑 신부 두 사람이 어떤 어려움을 당하더라도 마지막까지 좌절하지 말고 최선을 다해 주시기 바랍니다. 그러면 반드시 좋은 결실을 기대할 수가 있습니다.

우리의 세상살이를 위해서는 무엇보다도 스스로의 힘을 길러야 합니다. 제가 어릴 적에 배운 한문에 '부지런한 것이 성공의 근본이

  한승헌 변호사 스피치의 현장

다(勤者成功之本也)’라는 말이 있었습니다. 어찌 보면 아주 평범하고 당연한 말씀 같지만, 부지런하지 못하면 실패한다고 뒤집어 생각하면 정신이 번쩍 듭니다. 두 분은 아무쪼록 매사에 근면하고 최선을 다하는 인간이 되기에 힘쓰시기를 바랍니다.

세상은 참으로 많은 사람들과 다양한 관계 속에서 살아가는 것입니다. 그러기에 알게 모르게 남의 도움을 받게 됩니다. 그런 도움을 잊지 말고 감사할 줄 알아야 합니다. 어제 이태리와의 연장전 후반 종료 2분을 남겨 놓고 안정환 선수가 천금같은 역전 결승골을 넣어서 온 국민의 갈채를 받지 않았습니까? 그러나 그 골은 안 선수 혼자 잘해서 성공한 것은 아닙니다. 그에게 공을 연결시켜 어시스트한 선수의 공로가 있었기 때문에 안 선수는 행운아가 될 수 있었던 것입니다. 남의 도움을 기억하고 감사하는 마음으로 보답의 길을 찾는 것이 사람의 도리라 할 것입니다.

저는 이 두 사람이 이 세상을 바르게 살아가기를 권면합니다. 힘들고 어려운 세태와 현실에서 바른 길을 벗어나서 이익을 도모하는 사람이 많습니다. 긴 안목으로 볼 때 그런 처신은 손해를 부릅니다. 또 떳떳하지도 못 하지요. 운동경기에서 이겨보겠다고 반칙을 하다가는 경고를 먹거나 퇴장을 당하는 것과 같은 이치라 하겠습니다. 그러니, 비록 당장에는 답답하고 손해 보는 것처럼 보일지라도 바르게 살아가는 길이 축복으로 통하는 길임을 명심해야 할 것입니다.

스포츠에서 환상의 콤비라는 말이 있지 않습니까? 바로 오늘의 신랑·신부 두 사람이 환상의 콤비입니다. 두 젊은이의 맺어진 사연도 그렇거니와 제가 처음 두 사람을 보았을 때 직감으로 그것을 느꼈습니다. 만인의 부러움을 사고 또 만인의 모범이 되는 그런 부부가 되시기를 간절히 축원합니다.

노파심에서 할 말이 조금 더 있습니다만, 이 자리에는 주례사 짧게 하라고 늘 당부하는 저의 집사람이 앉아 있어서 주례사를 이만 줄이겠습니다. 부디 행복한 가정 이루시기를 빕니다.